# 目　　录

导　论 …………………………………………………………………………… (1)

第一章　两岸经济互赖的概念性解析 ……………………………… (18)

第一节　“相互依赖”的定义辨析 ……………………………………… (19)
第二节　经济互赖的全球化和区域化背景 ………………………… (27)
第三节　相互依赖的理论延展和分歧 ……………………………… (34)
小　结 …………………………………………………………………… (42)

第二章　两岸经济互赖的形成与表现 ……………………………… (44)

第一节　海峡两岸经济关系的性质 ………………………………… (45)
第二节　两岸经济互赖的形成与发展 ……………………………… (55)
第三节　两岸经济互赖的具体表现 ………………………………… (66)
第四节　两岸经济互赖的主要特征 ………………………………… (83)
小　结 …………………………………………………………………… (94)

第三章　两岸经济互赖的经济效应 ………………………………… (96)

第一节　经济互赖与两岸经济合作 ………………………………… (97)
第二节　经济互赖与台湾经济安全………………………………… (114)
第三节　经济互赖与区域经济合作………………………………… (131)
小　结………………………………………………………………… (143)

第四章　两岸经济互赖的政治效应 ……………………………… (145)

第一节　经济互赖与台海和平安全………………………………… (146)
第二节　经济互赖与两岸政治对立………………………………… (160)

第三节 经济互赖与两岸民众认同 …………………………（177）
小 结 …………………………………………………（189）

**第五章 两岸经济互赖的机制化效应** ……………………（191）

第一节 两岸经济互赖的机制化意涵 ……………………（192）
第二节 两岸经济互赖的机制化趋向 ……………………（200）
第三节 ECFA 与两岸经济互赖 …………………………（217）
小 结 …………………………………………………（229）

**结 语 经济互赖与两岸关系和平发展** ……………………（231）
**参考文献** …………………………………………………（237）
**后 记** ……………………………………………………（256）

# 导 论

## 一、选题意义

海峡两岸的经济关系已经进入了一个相互依赖的时代。两岸经济关系在过去二十几年的发展过程中表现出的相互依赖特征和一体化的趋势，无论作为表象还是现实，人们已经积累了很多感性的认识，很多专家学者也从不同的角度进行过探讨，但如何从理论层面探讨两岸经济相互依赖的效应尚有一定的研究空间。

从上个世纪80年代以来，随着祖国大陆改革开放的不断深入和海峡两岸打破隔绝走向缓和，两岸民间关系在经济、社会、文化等各个层面都蓬勃发展起来。在影响两岸关系发展进程的诸多关系中，两岸经济关系所处的地位和所发挥的作用相当突出，已然形成了“你离不开我、我离不开你”的相互依赖态势。这种经济上的相互依赖在两岸交流的各个层面，在经济、政治、社会、安全等多个领域，对两岸关系的发展都产生了重要和深远的影响。虽然台海地区在过去十几年里时常呈现紧张、严峻、复杂的形势，两岸政治关系发展中还有不少政治难题有待破解，台湾当局也曾不断对两岸经贸关系设置重重障碍，从李登辉时期的“戒急用忍”到陈水扁上台后的“积极开放、有效管理”和“积极管理、有效开放”，都未能从根本上阻挡住两岸经济关系相互依赖、紧密相依态势的形成和深化。2008年5月，台湾岛内政局发生重大积极变化后，两岸关系开始展现和平发展的新局面，两岸经济相互依赖也进入一个新的阶段。

2006年4月16日，中共中央总书记胡锦涛在会见前来参加两岸经贸论坛的中国国民党荣誉主席连战和台湾各界人士时表示，“和平发展理应成为两岸关系发展的主题，成为两岸同胞共同为之奋斗的目标。20多年来，两岸民间交流合作蓬勃发展，基本形成了互补互利的格局，两岸同胞的利益已更加紧密地联系在一起。在经济全球化和区域经济一体化趋势加快发展的形势下，两岸有识之士对深化两岸经贸合作都有着强烈的紧迫感。深化两岸经贸合作，是关系两岸发展前途和两岸同胞利益的大事。"[①] 2008 年 12 月 31 日，胡锦涛总书记在纪念《告台湾同胞书》发表三十周年座谈会上进一步强调，我们要牢牢把握两岸关系和平发展的主题，积极推动两岸关系和平发展，实现全民族的团结、和谐、昌盛。两岸同胞要开展经济大合作，扩大两岸直接"三通"，厚植共同利益，形成紧密联系，实现互利双赢。两岸同胞是血脉相连的命运共同体。包括大陆和台湾在内的中国是两岸同胞的共同家园，两岸同胞有责任把她维护好、建设好。[②]

笔者认为，胡锦涛总书记对两岸关系和平发展主题的重要论述，以及对深化两岸经贸合作关系的强调，包括两岸"命运共同体"和"共同家园"的表述，都是在深刻把握两岸关系历史发展和现实规律基础上提出的。正如贾庆林主席所指出的那样，两岸关系和平发展的思想，是"立足于对台工作长期的丰富实践，体现了实事求是的科学精神，反映了对两岸关系发展规律的深刻认识"；牢牢把握两岸关系和平发展这一主题，"既符合当前推进两岸关系的实际需要，又反映了两岸关系发展的客观趋势，同时也是坚持和平统一方针的必然要求"。[③]同时，两岸"命运共同体"和两岸同胞的"共同家园"不仅仅是民族情感上的，也不仅仅是历史文化渊源上的，它也越来越多地表现在两岸经济关系领域，并向两岸关系其他领域进行全方位延展。随着两岸经济相互依赖的逐渐加深，有学者认为，大陆作为台湾"利益制造者"的角色将日益显现，两岸经济命运共同体正逐渐形成。[④] 这种以相互依赖为特征的"经济命运共同体"必定会对两岸关系的和平发展，对祖国统一大业

① 《胡锦涛会见连战和参加两岸经贸论坛的台湾人士》，新华网，北京，2006 年 4 月 16 日电。

② 胡锦涛：《携手推动两岸关系和平发展，同心实现中华民族伟大复兴》，新华网，北京，2008 年 12 月 31 日电。

③ 贾庆林：《在学习贯彻胡锦涛总书记重要讲话座谈会上的讲话》，新华网，北京，2009 年 12 月 30 日电。

④ 朱磊：《回望 2009：两岸关系改善，经贸交流突破连连》，《人民日报（海外版）》，2010 年 1 月 7 日。

的最终完成产生重要和深远的影响。

笔者从 1999 年国际关系专业硕士研究生毕业以来，绝大多数时间都在从事台湾政治和两岸关系的研究。在日常研究过程中，我明显地感觉到，两岸关系错综复杂，牵涉到方方面面的问题，仅从政治的逻辑研究不足以解释两岸关系中的诸多现象，比如说经济与政治、安全之间相互影响、相互制约的关系就是一个非常深刻和值得研究的课题。2004 年，我报考了厦门大学台湾研究院区域经济学专业的博士研究生，希望通过对经济学的学习和研究，一方面填补我经济学方面知识的匮乏，另一方面结合我所掌握的政治和经济两方面的知识背景，对两岸关系进行更全面、更深入、多视角地研究。在一番苦思冥想之后，我发现相互依赖是一个可以有效结合两岸经济和政治研究的课题。虽然研究的难度可能比较大，需要补充的知识也不少，但笔者愿意并乐于挑战这一课题。2007 年，我又以这一选题申报教育部人文社会科学研究一般项目，并成功入选，这使我更加坚定了对这一课题进行深入研究的信心。

两岸的相互依赖从表面上看似乎是一种经济现象，在某种意义上也是一种政治现象，它所产生的效应有经济方面的，也有政治方面的。两岸经济上相互依赖的形成一方面是经济和市场规律作用的结果，同时又离不开两岸特殊的政治背景。相互依赖对大陆和台湾的经济发展、政治安全形势所产生的影响，既有正面的，积极的，也有负面的，消极的。笔者选择这样的题目，就是希望能够从两岸经济关系的相互依赖现象入手，运用相关经济学和政治学理论，探讨两岸相互依赖的性质、程度和影响，并试图解释两岸关系中出现的所谓“政经背离”现象。两岸经济关系是两岸关系的重要组成部分，笔者认为，厘情经济与政治之间的关系，深入分析相互依赖给大陆经济发展、台湾经济发展，以及两岸的政治、安全关系所带来的效应，两岸政治关系对经济相互依赖所产生的影响，以及两岸经济互赖对两岸关系机制化所产生的影响，对于构建两岸关系和平发展框架，确保台海地区和平稳定，共谋两岸同胞的利益福祉，最终实现祖国的完全统一，有着重要的理论和现实意义。

## 二、文献回顾

学术界对国家或地区间相互依赖现象的研究并不是一个新的课题，在国际政治经济学领域，这种研究已经比较深入。具体到两岸经贸关系研究领域，多数学者都敏锐地观察到两岸经济相互依赖的现象，并进行过一些研究，研究的重点议题主要有：如何计算和解读两岸的贸易依存度，两岸相互依赖的表现形式、相互依赖对台湾相关产业的影响、相互依赖对大陆经济发展的影响、相互依赖与台湾的“经济安全”、相互依赖与台湾当局的两岸经贸政策、大陆对台经贸政策中的政治考量、相互依赖与两岸经济一体化等等。但由于两岸经贸关系的蓬勃发展还是近二十几年的事情，加上两岸政治形势的复杂和微妙，海内外学者对两岸经济相互依赖的研究，绝大部分成果或观点还只是散见于各种研究两岸经贸关系著作的某些章节，或作为学术论文的一部分湮没于眼花缭乱的期刊杂志中，迄今专门研究两岸经济相互依赖的学术著作并不是很多。台湾学者徐淑敏出版的《敏感性与脆弱性：互赖理论下的两岸关系》，以及台湾学者林崇诚在大陆出版的《产业与政治：两岸相互依赖的时代》是两本专门针对这一议题研究的论著。大陆学者中专门研究两岸经济互赖的著作还比较鲜见。

两岸学者对经济相互依赖的研究首先体现在对贸易依赖度或依存度的计算和分析上，有学者认为两岸的经济往来主要表现为台湾对大陆的依赖，也有学者指出大陆在投资领域对台湾的依赖同样不能忽视。厦门大学台湾研究院李非教授对两岸贸易依存度进行了计算、比较和研究后得出结论，台湾对大陆的贸易依存度较高，台湾在两岸相互依赖的贸易关系上，相对处于劣势，由于台湾的外贸依存度远高于大陆，两岸贸易的变动对台湾经济的影响相对较大。[①]他还从台湾经济循环结构变化趋向的角度对两岸经济相互依赖的演进趋势进行了分析，他认为，区域之间经济相互依赖度的不断加深，决定并规范着台湾经济的发展趋势；由于两岸高度互补的经济条件以及血缘、地

---

① 李非：《海峡两岸经济合作问题研究》，北京：九州出版社，2000 年版，第 136 页。

缘与文化背景等特殊因素，彼此之间的经济整合将迅速发展，两岸相互依赖关系将最终走向直接运用大陆技术与市场的“直接连环关系”，即“双环结构”①。

对外经济贸易大学的华晓红教授则认为对两岸经贸依存度的分析仅停留在贸易依存度的层面是不够的，她从贸易和投资两方面着手，分别以不同方法计算投资对海峡两岸各自产生的利益，试图客观分析海峡两岸经济依存度。她最后得出的结论是，相互依赖是海峡两岸经贸往来的基本特征，但是台湾地区对祖国大陆的经济依存度要明显高于祖国大陆对台湾地区的经济依存度；在投资领域，尽管目前的单向投资仅显示祖国大陆对台湾地区资金的依赖，但是从投资贡献的角度分析，台湾向大陆投资对台湾地区经济的贡献度要高于对大陆经济的贡献度。②

台湾政治大学“国家发展”研究所教授、曾经担任台湾“陆委会”副主委的童振源也对两岸在贸易和金融两个层面的互赖进行了研究。他认为，贸易依赖度只显示如果两岸贸易中断对于台湾或大陆贸易往来的潜在影响，但相较于大陆，台湾是一个高贸易外向地区，因此，贸易依赖度会低估两岸经济关系中断可能对台湾经济所造成的冲击，也就无法反映两岸经济真正的相互依赖程度。事实上，两岸最重要的经济互赖是金融的互赖。两岸贸易中断或在大陆台商活动受到影响，都会对大陆的区域经济发展产生冲击。③童振源的上述观点代表了相当部分台湾学者的研究视角，即从维护台湾“经济安全”或“政治安全”的角度对两岸经济相互依赖进行研究，假设如果两岸中断经济联系或大陆对台湾进行经济制裁可能会对两岸经济政治形势产生怎样的冲击。

曾任台湾“国安会”副秘书长、现任台湾“陆委会”副主委的台湾“中华经济研究院”高长教授在20世纪90年代初期就提出，随着台湾当局大陆政策的开放和台商赴大陆投资日增，台湾对大陆之贸易依存度也随之攀

---

① 李非：《台湾经济发展通论》，北京：九州出版社，2004年版，第6、508页。

② 华晓红、赵旭梅：《对祖国大陆与台湾地区经济依存关系的分析》，《国际贸易问题》，2005年第4期，第110－115页。

③ 童振源：《海峡两岸经济分工与相互依赖》，载李非主编：《21世纪初期海峡两岸经济关系走向与对策》，北京：九州出版社，2002年版，第31－33页。

高，这相对提升了大陆对台湾实施经济制裁的筹码。[①] 另一位台湾学者陈春山则认为，大陆鼓励与台湾之间的经贸关系，当台湾从经贸关系中获利时，其将更依赖于大陆的经贸活动，当此经济利益成长时，台湾当局将忧虑于丧失经济利益，大陆遂可以利用此等经济依赖性以期达到其政治目标。[②]

在两岸经济相互依赖对大陆经济和台湾经济发展影响的问题上，两岸的学者也进行了一些有益的探讨。大陆学者的主流观点是两岸经济是一种互利共赢的关系，大陆和台湾都应该从这种相互依赖的关系中获益。中国社科院台湾研究所张冠华研究员认为，两岸经贸关系发展加快了各自经济结构调整与产业升级。对大陆而言，台资已成为推动大陆改革开放、加快产业结构调整和升级的重要力量；对台湾而言，两岸经贸关系，将不仅是促进台湾经济复苏的重要动力，也将是推动台湾经济完成新一轮转型的重要因素。[③]

台湾著名经济学家、“中央研究院”院士于宗先认为，台湾与大陆的关系是相互依存的，台湾经济自由化与国际化的历程对大陆扮演示范的角色；而中国大陆对台湾的持续发展，提供了具比较优势的生产资源，也提供了具潜力的市场。[④]台湾地区副领导人、前两岸共同市场基金会董事长萧万长先生也指出，问题很清楚，两岸经贸合作对台湾有利。我们不能单纯假设台资流向中国大陆，只对中国大陆经济有利，事实上台资在中国大陆赚到的钱，也会用各种方式汇出，其中有相当部分流回台湾，寻找新的投资机会。[⑤]

对于两岸经济相互依赖中的贸易不平衡和投资不对称现象，两岸学者也提出了自己的分析和看法。厦门大学台湾研究院的石正方教授认为，两岸经贸关系的严重失衡，不仅使大陆因长期贸易逆差而利益受损，而且由于台资

---

① 高长：《大陆经改与两岸经贸关系》，台北：五南图书出版股份有限公司，2002年第三版，第302页。

② 陈春山：《两岸经贸政策解读：两岸关系与台湾经济之未来》，台北：月旦出版股份有限公司，1994年版，第59页。

③ 张冠华：《两岸经济关系发展及其政经影响》，《台湾研究》，2005年第2期，第14－15页。

④ 于宗先：《大陆经济台湾观》，台北：五南图书出版股份有限公司，2000年版，第103页。

⑤ 萧万长：《一加一大于二：迈向两岸共同市场之路》，台北：天下远见出版股份有限公司，2005年版，第89页。

单向流入大陆，两岸经济资源的交流不畅，无法实现优化配置，对岛内经济也产生不利影响。[①]中国社科院台研所王建民研究员认为，不能简单地看到台湾方面从两岸贸易关系中获得绝大顺差和经济利益，更不能将贸易盈余与政治因素完全挂钩，应更多地看到两岸贸易的积极意义；更不能曲解台商对大陆投资是“钱进大陆、债留台湾”，要正确认识台商投资大陆和返台投资对大陆和台湾经济发展的贡献。[②]

不少台湾学者在看到台湾对大陆高度贸易依赖的同时，也观察到大陆对台商投资的依赖性。高长教授就认为，台湾赴大陆投资，已使两岸产业结合程度日渐加深，对大陆经济发展，特别是资本形成、工业生产、出口创汇、创造就业机会、技术转移等方面贡献相当大。大陆若缺乏台资的投入，则其经济成长的亮丽成绩必然失去许多光彩。[③]

对于如何从政策上解决两岸经济相互依赖中的不对称、不平衡，以及可能产生的经济和政治风险问题，一些学者对台湾当局“戒急用忍”、“积极开放、有效管理”和“积极管理、有效开放”的两岸经贸政策提出质疑。台湾大学政治系教授张亚中观察到，台湾当局认为对大陆的经贸依存度过高，将会危及台湾的“国家”安全与发展的看法，却抵不过厂商为求生存与发展的思考。他因此提出，与中国大陆对抗或管制态度来面对，或许可收一时之功，但并不能够形成稳定而长久的策略。张亚中教授表示，如何能够以参与中国大陆的发展方式来消解台湾对彼岸的政治及经济压力，是一个值得思考的方向。[④]全国台研会常务副会长周志怀也曾指出，台湾当局的大陆经贸政策，无论是“禁重于导”，还是“导禁并重”或“导多于禁”，但基本上均落后于岛内工商业的实际步履，落后于两岸经贸关系发展的现实，使台湾

---

① 石正方：《“三通”于两岸经济共同发展之效应分析》，《台湾研究集刊》，2003年第2期，第84页。

② 王建民：《两岸经贸关系发展的不对称性分析及思考》，《台湾研究》，2004年第5期，第25页。

③ 高长：《大陆经改与两岸经贸关系》，台北：五南图书出版股份有限公司，2002年第三版，第306页。

④ 张亚中：《全球化与两岸统合》，台北：联经出版事业股份有限公司，2003年版，第159－160页。

大批工商业者长期在“违法”状态下从事两岸经贸交流活动，这无疑加大了工商业者的经营风险。①

除了上述问题外，也有学者观察到大陆和台湾在政治上的歧见使得两岸经贸充满政治的色彩，台湾当局在政治和安全的考量下，对两岸经贸采取消极的态度，台湾的两岸经贸政策陷入政治与经济的两难。因此，探讨两岸经贸问题时，不可能忽视政治因素，纯粹就经济角度思考，寻求突破两岸经贸关系之道，也应当从政治角度入手。②越来越多的研究两岸关系的学者在试图对两岸“经济热、政治冷”的“政经背离”现象进行解释，即两岸经济上的相互依赖为什么不仅未能导致政治僵局的化解，两岸关系反而出现越来越严峻的趋势。

对这个问题，学者们之间的看法不尽相同。不少学者认为，两岸经济交流与合作的发展毫无疑问地有助于缓解和减轻双方在政治关系上的对立和分歧，之所以目前还没有出现这样的结果，主要是因为时机未到，台湾经济对大陆的依赖尚未达到一定的比例或程度，只有达到一定的临界点，相关效应才会显现。厦门大学台湾研究院的邓利娟教授认为，两岸经济关系与政治关系之间会相互影响，但并不存在着必然关系。尽管两岸经贸关系的发展无法消除“台独”观念及其势力，但不容忽视的事实是，二十多年来两岸所形成的极其密切的经贸关系已经成为遏制“台独”势力发展的重要力量。③

也有学者在研究世界范围内的相互依赖后认为，经济相互依赖不一定必然导向政治上的统一。欧盟国家之间的经济相互依赖越来越强，但多数依然坚持保持政治上的自主性。经济相互依赖可能会导致某些经济主权的让度，但永远不会消弭国家或地区对主权的坚持。南开大学的曹小衡教授指出，经济一体化与政治一体化是两个截然不同的概念，经济一体化趋势，并不意味

① 周志怀：《酝酿结构性变化的两岸经贸关系》，《台湾研究》，2001年第2期，第6页。

② 蔡学仪：《两岸经贸之政治经济分析》，台北：新文京开放出版股份有限公司，2003年版，第46页。

③ 邓利娟在2004年“两岸经贸论坛”上的发言，中新社杭州2004年7月29日电。

着承认政治的一体化趋势。[①]福建省社科院现代台湾研究所所长吴能远研究员也指出，国际上有不少学者预期两岸经贸关系发展必将加速两岸政治整合乃至统一，低估了两岸关系中政治的决定性作用。也有学者不适当地夸大了两岸经贸关系对于政治的促进作用，因而赋予两岸经贸关系过高的政治意涵，所有这些都无助于两岸关系问题的解决。两岸经贸关系发展的决定因素是政治，取决于执政当局的政策。如果两岸政治上的对立和对抗继续加深，两岸关系很可能会陷入危机，从而对两岸经贸关系造成重大挫伤。[②]

对经济相互依赖可能产生的政治和社会影响。台湾学者陈陆辉和耿曙认为，对台湾民众而言，两岸经贸的意义益显错综复杂，既涉及国家认同、军事安全，又牵涉经济发展、生涯机会，难怪有关两岸经贸开放与否，成为台湾社会争议话题之一。[③] 台湾大学的张亚中教授同样认为，对两岸双方而言，经济绝非纯经济而已，而是带有相当色彩的政治目的。两岸的经济互动如果总是在政治不信任下发展，两岸人民之间的相互认同将不会随着经济交流的密切而增加，这对于未来和平以及善意解决两岸问题绝对是负数。[④]台湾中兴大学国际政治研究所袁鹤龄教授认为，在两岸关系的互动中，由于双方“政府”在政治立场上都有所坚持，所以有一方企图要以经济实力来换取对方政治上的让步是不切实际的想法。[⑤]

美国研究中国问题和两岸关系的学者也关注到两岸经济相互依赖的问题，他们更多讨论的问题也是两岸经济上的相互依赖是否会导致政治上的融合，是否符合美国的国家利益和台海政策，更重要的是，是否可以避免台海地区发生可能危及到美国国家利益的军事冲突。

---

① 曹小衡：《东亚经济格局变动与两岸经济一体化研究》，北京：中国对外经济贸易出版社，2001 年版，第 49 页。

② 吴能远：《两岸关系中经济与政治呈现巨大反差》，人民网，杭州，2004 年 7 月 28 日电。

③ 陈陆辉、耿曙、涂萍兰、黄冠博：《理性自利或感性认同？影响台湾民众两岸经贸立场因素的分析》，台湾《东吴政治学报》，2009 年第 2 期，第 112 页。

④ 张亚中：《全球化与两岸统合》，台北：联经出版事业股份有限公司，2003 年版，第 287 页。

⑤ 袁鹤龄：《两岸经贸与政治影响力关系之探讨》，《台湾政治学报》，1997 年第 29 期，第 22 页。

美国亚太安全研究中心高级研究员丹尼·罗伊认为，两岸不断加强的经济合作看似为台湾问题的政治解决提供了希望，这不仅有利于两岸的人民，也与美国表达的政策相一致。他进一步分析说，经济合作可能导致台湾对大陆经济的依赖或削弱台湾经济，从而使“台独”的支持者失去影响力；另一方面，紧密的经济合作也可能重振台湾经济，提高台湾的安全感。①

美国兰德公司的一份报告中也指出，两岸的相互依赖，即大陆需要台湾的投资和台湾需要大陆的市场和便宜劳动力，意味着限制了双方使用经济手段解决两岸争议的能力。也许中国大陆可以在一场极端的危机中对台商投资采取措施，但却可能在吸引全球投资方面产生深远的负面影响；同样，当台商越来越多地前往大陆投资，他们会对台海局势的不稳定更加敏感，这会导致他们向台湾当局施加压力，迫使当局采取更温和的台海政策，这并不是北京要求他们这么做，而是他们出于自身的根本利益的行为。②

从以上的文献回顾中，我们可以看出，两岸和海外的学者对两岸经济相互依赖现象的分析和解释虽然观点各有不同，但都有独到之处，这些看法对本书的写作无疑有很大的启发意义。因为研究本身就是“需要一种争论、寻求和探索的气氛，从而能不受约束地去发现”③。

笔者认为，各位先进的研究尚存以下几个可补漏之处：首先，迄今为止，多数学者只是将相互依赖作为两岸经贸关系中的一个次经济现象来研究，研究层次仅停留在对贸易、投资、金融依赖度的现状一般特性的描述和推导，在系统、宏观、全面地研究两岸经济相互依赖方面尚有很大的空间。其次，多数学者在研究两岸经济相互依赖时，感性探讨多于理论剖析，特别是在相互依赖如何对两岸政治关系、台海地区安全形势产生影响的问题上，其实可以更多地借鉴国际政治经济学中相对成熟的相互依赖理论进行解释，

---

① Denney Roy, *Cross-Strait Economic Relations: Opportunities Outweigh Risks*, (Honolulu: The Asia-Pacific Center for Security Studies, 2004), p. 10.

② Michael S. Chase, Kevin L. Pollpeter, James C. Mulvenon, *Shanghaied? The Economic and Political Implications of Information of the Flow of Information Technology and Investment Across the Taiwan Strait*, (Arlington: Rand Corporation, 2004), pp. 144-145.

③ [美] 唐·埃思里奇：《应用经济学方法论》，北京：经济科学出版社，1998年版，第13页。

特别是对两岸经济依赖的性质、类型、特征、判断途径等要有基本的厘清。第三，台湾或大陆某些学者对两岸经济相互依赖所产生的经济、政治效应的研究，往往只是从利己的角度来解读，并未从“将心比心”和两岸共同利益的角度分析，特别是从合作与机制的角度对相互依赖进行分析时，这样的结合显得尤为重要。第四，学者们对两岸经济互赖的研究更多的是在两岸关系紧张时期进行的，在当前两岸关系形势缓和，和平发展已经成为两岸关系主题的情况下，相互依赖的效应还有探讨的空间。

因此，笔者认为，既然相互依赖已经成为两岸经济关系中最显著的特征之一，我们就需要从相互依赖的角度来切入全面研究包括经济关系在内的两岸关系，需要运用包括西方经济学、区域经济学、国际政治经济学、政治学、国际关系学等多学科的理论和研究方法，从经济、政治、安全、社会等多个角度来研究相互依赖，而不仅仅只是将相互依赖作为两岸经济关系的一个次现象来研究。只有这样，才能够比较全面、客观、深入地将两岸经济相互依赖的状态及其产生的效应呈现给读者，这也是本研究希望能够努力的目标。

## 三、理论架构和研究方法

美国著名学者肯尼思·沃尔兹曾经说过：“理论是科学的根基，理论扎根于观念”。[①] 台湾研究也可以是一门科学，它同样必须运用科学的理论和方法来进行学术性的研究。倡导提出“台湾学”的资深台湾问题专家陈孔立教授就认为，台湾学是一种学术研究，首先应强调它的学术性，只有把台湾学当做一门科学看待，才能使台湾研究具有科学性，才能具有科学价值；台湾研究是一种区域研究，在运用各种理论、模式、方法进行研究的同时，要力图寻找出适合研究台湾的理论、模式和方法，以利于更科学、更深入、更准

① ［美］肯尼思·沃尔兹著，胡少华、王红缨译：《国际政治理论》，北京：中国人民公安大学出版社，1992 年版，第 1 页。

确地认识台湾。[①]两岸经济关系的研究是区域经济学的一个特殊研究领域，也是台湾研究的重要内容。相互依赖是两岸经济关系的一个重要特征，要想使两岸经济相互依赖的研究更具科学性和创新性，就必须运用科学的理论和研究方法。

两岸经济关系从学科归属上说属于应用经济学的研究范畴，因为它是"为获得解决某个特定问题的信息所进行的特定研究"，并且有一个明确的目标。[②]本论文的研究目标是对两岸经济相互依赖的现象、关系、原因、效应、影响等做出解释，了解两岸的相互依赖是如何形成、为什么会形成、形成后产生的效应、如何来对待和处理它等问题。笔者拟以马克思主义基本经济理论为指导，以区域经济学理论和国际政治经济学为基础，并参考和结合西方经济学、产业经济学、制度经济学、发展经济学、国际经济学、国际关系学等学科理论，对两岸相互依赖的经济特性和所产生的经济和政治效应进行综合和系统地研究。具体来说，本书的论述将建构在以下相关理论的基础上：

区域经济学是指导本研究最基础的理论之一。作为研究和揭示区域与经济相互作用规律和相互关系的学科，它对区域经济增长与发展的研究、区域产业结构的研究、区域协调与区际关系的研究、区域经济发展战略的研究等等，都对研究大陆和台湾这一个国家内部两个区域之间的经济关系有直接的意义。

国际政治经济学同样是指导本研究的最重要的理论基础之一。20世纪70年代以来，相互依赖理论成为研究国际政治经济现象时使用得最广泛的概念之一，被称为是"国际政治经济学中理论上最精致完美、政治与经济结合得最好的理论"[③]。两岸经济相互依赖的形成、发展及其政治效应，必须借鉴其他学科特别是国际政治经济学的相关理论来进行分析。

宏观经济学中的经济周期与经济增长理论、失业与通货膨胀理论、宏观

---

① 陈孔立：《台湾学导论》，台北：博扬文化事业有限公司，2004年版，第26－27页。

② Andrew, Chris O., and Peter E. Hildebrand, *Planning and Conduction Applied Agricultural Research*, (CO: Westview Press, 1982), p. 3, pX.

③ 樊勇明：《西方国际政治经济学》，上海：上海人民出版社，2001年版，第57页。

经济政策理论等在考察两岸经济相互依赖对大陆和台湾的整体经济增长、经济运行状况、就业水平、经济安全、两岸的经贸政策等问题时都会有所涉及。

产业经济学中的产业分工理论、产业结构理论、产业布局理论等都可以为研究两岸经济相互依赖对工业、农业、第三产业等产业的产业分工、产业转移、产业合作，以及对两岸产业政策协调等带来的影响等问题提供理论支撑。

发展经济学具有较强的实用性，它是源于解决发展问题，提供政策建议的需要。它通过对各种发展理论和战略、经济体制和可行性对策的比较，探索发展中国家经济发展的过程和规律。[1] 该理论中的经济增长理论、利用外资理论、外贸发展理论等，对研究经济相互依赖对两岸经济发展的影响有重要意义。

国际经济学研究的是国家或地区之间的商品、资本、其他生产要素的流动所形成的经济联系，其中的古典贸易理论、标准贸易理论、要素禀赋理论、经济一体化理论、国际投资理论等都是我们在讨论两岸贸易、投资相互依赖所产生的效应，以及两岸经济一体化趋势时所必须运用的理论。

制度经济学中的制度创新、制度变迁理论与相互依赖理论有着密切的联系，它不仅可以用来研究两岸经济相互依赖可能产生的区域性效应和制度化需求，也可以分析两岸关系中可能实现的制度创建、变迁、功能以及影响等。

既然本论文的研究涉及多个学科，需要运用多种理论，某种单一的研究方法就难以满足本研究的需要，因此，本文将在辩证唯物主义和历史唯物主义基本方法的指导下，综合运用以下方法来进行研究：

结构分析与系统分析方法相结合。本文将运用结构分析法来分析两岸关系包括两岸经济关系的大格局、大趋势，以及两岸经济相互依赖的表现形式、具体效应等；运用系统分析法分析大陆和台湾的经济政策对两岸相互依赖的影响，以及两岸经济相互依赖所产生效应之间的关系等。

---

① 张宗斌、王庆功主编：《现代西方经济学教程》，北京：北京师范大学出版社，2002 年版，第 325 页。

规范分析和实证分析方法相结合。本文将运用实证的方法来总结出两岸的经济相互依赖到底在哪些领域产生了哪些规律性的效应，并以是否有利于两岸关系和平发展作为标准，运用规范分析法来回答两岸“应该如何应对”经济相互依赖所产生的效应等问题。

静态分析与动态分析方法相结合。本文将运用静态分析法考察某一时间点上两岸相互依赖所产生的效应，也将运用动态分析法分析在两岸经济关系发展过程中相互依赖所产生效应的变化轨迹和趋势。

定量分析与定性分析方法相结合。本文将采用定量分析法，将经济理论与数理统计方法相结合，对两岸相互依赖中的某些现象，通过建立相关数学模型的方式进行分析。在此基础上，再通过定性分析法，对定量的结果做出规律性的解释。

比较分析与个案分析方法相结合。两岸经济相互依赖的研究需要研究大陆与台湾之间的产品、资本、劳动力、经济政策之间的相互联系及其规律，必须运用比较的方法，进行横向和纵向的比较，并得出一些相同或相异的结论。同时，也需要运用个案研究方法对两岸关系中的某一个事件或现象进行研究，以便做出比较深刻和全面的认识。

## 四、篇章结构安排

为了深入和全面解读海峡两岸经济相互依赖的政治和经济效应，本论文将分成七个部分进行论述，即“导言”、“两岸经济互赖的概念性解析”、“两岸经济互赖的形成与表现”、“两岸经济互赖经济效应”、“两岸经济互赖的政治效应”、“两岸经济互赖的机制化效应”，最后以“经济互赖与两岸关系和平发展”作为总结。

导言部分首先指出了本书的选题意义，然后对海内外对两岸经济互赖的研究作了简单的文献回顾，对本研究中所涉及的理论框架和研究方法、本书的篇章结构安排作了介绍，并对研究资料和数据来源作了说明。

第一章“两岸经济互赖的概念性解析”，讨论的是两岸经济相互依赖的相关概念问题。厘清概念是任何学术研究的前提，对于什么是相互依赖，海内外很多学者都提出了自己的定义。笔者在分析比较的基础上提出了自己的看法。相互依赖作为一种经济现象，存在于一定的时空背景之下，全球化和区域经济一体化是经济相互依赖最重要的两个背景，笔者也对此进行了分析。相互依赖理论是一个不断发展中的理论，笔者在第三节讨论了这一理论的延展和分歧，并就相互依赖理论对两岸关系研究的适用性问题进行了分析。

第二章“两岸经济互赖的形成与表现”，讨论的主要是两岸经济相互依赖的性质、形成及表现特征。笔者首先厘清了两岸经济关系的性质，它不同于国家与国家之间的关系，也不完全是按照国内经济规律运行的特殊经济关系。然后，笔者回顾了1987年以来的两岸经贸关系发展历程，并介绍了两岸经济相互依赖度的测量和计算方式，用图表和数据说明了两岸在贸易、投资及其他领域相互依赖的形成经过和相互依赖程度。第三节笔者从互补性与竞争性、对称性与非对称性、敏感性与脆弱性的角度分析了两岸经济相互依赖的主要特征。

第三章“两岸经济互赖的经济效应”，主要是从经济的角度讨论经济互赖对两岸经济合作、台湾的经济安全以及区域经济合作所产生的效应。笔者先从理论上探讨了经济互赖与合作之间的关系，即经济互赖是否会导致合作，怎样才能导致合作的问题。随后讨论了经济互赖对两岸经济增长的促进效应，对两岸投资、贸易、产业分工合作、经贸关系正常化的影响。第二节讨论的是台湾方面对经济互赖可能对台湾经济安全影响的忧虑，笔者先从理论上分析了经济互赖与经济安全之间的关系，并总结出台湾方面对经济安全的几点疑虑，最后分析出台湾忧虑经济安全的实质。第三节讨论的是两岸经济互赖对亚太区域经济合作，以及对大陆内部长三角、珠三角、环渤海及海峡西岸经济区等台商投资集中区域的经济影响效应。

第四章“两岸经济互赖的政治效应”，讨论的是两岸经济互赖对台海地区和平安全、两岸政治对立以及两岸民众认同的影响。第一节笔者先从理论上讨论了相互依赖与和平之间的关系，并运用这一理论解释大陆在解决台湾问题上的和平意愿，以及台湾方面在和平安全问题上的一些考量。第二节笔者从马克思主义“经济基础决定上层建筑”和相互依赖对主权的影响等理论出发，探讨两岸关系中的所谓“政经背离”现象，以及相互依赖是否会影响到两岸在“主权”问题上的立场。第三节笔者先从理论的角度探讨了相互依赖与认同的关系，随后讨论了两岸经济互赖对台湾民众“国家认同”与两岸建构“共同认同”的影响。

第五章“两岸经济互赖的机制化效应”，主要讨论的是经济互赖与两岸关系机制化之间的关系。第一节主要是从理论的角度分析两岸关系机制化的意涵，以及相互依赖会如何影响两岸关系机制化建构。第二节则在回顾两岸关系机制化历程的基础上，进一步讨论两岸关系机制化的需求和路径。第三节针对两岸正在商谈的经济合作框架协议（ECFA）问题进行具体分析，探讨的是 ECFA 的性质，对经济相互依赖的影响，及其可能产生的经济与政治效应。

结语“经济互赖与两岸关系和平发展”，讨论的是在两岸关系发展的新形势下，经济相互依赖到底会呈现怎样的趋势，与两岸关系和平发展是一种怎样的关系，到底能够发挥怎样的作用，这也是本书的结论。

## 五、数据和资料来源

在经济学的研究中，资料及数据的权威性和科学性是进行数据分析和模型建构的基础。对外经贸大学华晓红教授在分析为什么很多学者“对台湾地区向祖国大陆投资对海峡两岸经济依存度的影响分析停留在一般性的描述和推导”时指出，究其主要原因是，第一，对台湾地区对祖国大陆投资所得的计算缺少基本统计数据，第二，海峡两岸经贸交流的非正常化造成对市场需求的扭曲，因而在目前的统计数据下难以分析海峡两岸经济依存关系。①

即使在两岸贸易的统计中，由于两岸的贸易关系尚未实现正常化，经常会出现祖国大陆海关总署、台湾海关部门、台湾“行政院陆委会”的统计数据并不一致的情况。如 2006 年，根据祖国大陆的海关统计，两岸贸易额为 1078．4 亿美元；但台湾海关的统计则为 765．9 亿美元，而台湾“陆委会”的估算则为 881．78 亿美元。台湾自身的统计数据就不一样，其中一个分歧就是有无计算通过香港转口的部分，根据香港海关统计，2006 年两岸经香港

① 华晓红、赵旭梅：《对祖国大陆与台湾地区经济依存关系的分析》，《国际贸易问题》，2005 年第 4 期，第 110 页。

转口贸易总额为216. 17亿美元，这个金额是否应该算在两岸的总贸易额中，各方就有不同的看法。

为了确保研究数据的客观性和准确性，笔者在使用数据的过程中，力求呈现各个部门统计数据的原貌，在应用数据时指明数据的来源和出处。在涉及数据计算的时候，尽量使用统一口径的数据，避免交叉混用的现象发生。由于2009年的经济数据尚不完整，本书的很多年度数据只能截止到2008年年底，希望这不会导致读者对本书时效性的疑问。

本书的资料全部来自两岸官方正式发表的政策文件和重要讲话，以及学者公开出版的论文、期刊和专著，即使是引用网络的材料也要仔细检阅其来源的正当性。这样做的目的就是为了避免引用一些未经证实、出处不明，甚至是盲目揣测、道听途说的资料数据。

# 第一章 两岸经济互赖的概念性解析

相互依赖已经成为当今世界经济的一个显著特点，这个特点在过去二十多年的两岸经济关系中也得到了明显的体现。但是，与两岸经贸关系二十多年发展历史不同的是，世界各个国家或地区间的相互依赖现象并不是近二十多年才出现的。早在19世纪中期，马克思和恩格斯就在《共产党宣言》中指出，“资产阶级由于开拓了世界市场，使一切国家的生产和消费都成为世界性的了”，“过去那种地方的和民族的自给自足和闭关自守状态，被各民族各方面的相互往来和各方面的相互依赖所代替了”。①进入20世纪以后，各个民族、国家或地区之间的那种局部的、片面的相互依赖迅速被全局的、全面的相互依赖所代替。②特别是20世纪六七十年代以后，各个国家或地区之间的经济相互依赖特征更加明显，发展也更加迅猛。八十年代末九十年代初以来，随着冷战的结束，经济因素在国际关系中的地位变得日益重要，经济相互依赖也越来越成为大家关注的重点。

从上个世纪六七十年代开始，政治学、经济学领域的学者们就从理论和现实两个层次上开始对相互依赖进行深入研究。从理论根源上看，相互依赖理论源于古典自由主义经济学。美国经济学家理查德·库珀在1968年出版的《相互依赖经济学：大西洋社会的经济政策》一书中首次提出了现代意义上的“相互依赖”概念。1977年，美国著名政治学者罗伯特·基欧汉和约瑟夫·奈在《权力与相互依赖》一书中做出了进一步的阐释，为相互依赖理论建立了“一个清晰的理论框架”。从那以后，伴随着世界经济“全球化”和“区域化”的步伐，不断有学者在引用、求证、深化和丰富这个理论。

两岸经济关系是一种特殊的区域经济关系，它既存在于“全球化”和

---

① 《马克思恩格斯选集》（第一卷），北京：人民出版社，1972年版，第254－255页。

② 蔡拓：《国际关系学》，天津：南开大学出版社，2005年版，第284－285页。

“区域化”的大背景中，又与推动两岸关系和平发展的进程，以及最终实现中国完全统一大业有着密切的关系。我们在理解两岸经济关系中的相互依赖现象时，不仅需要从两岸关系和平发展的架构下来理解，更要借鉴二十世纪以来学者们对“相互依赖”的概念解析和理论建构，它们对两岸经济关系同样具有很强的解释力。

## 第一节　“相互依赖”的定义辨析

对概念进行界定是任何学术研究的基础和前提，不同的定义可能会衍生出对同一名词南辕北辙的理解。虽然“相互依赖”是一个大家耳熟能详、相当流行的词汇，但目前学术界尚没有一个公认的、能够被普遍认同和接受的定义，不断有学者从经济学、政治学、法学、社会学、国际关系学等不同的角度对“相互依赖”进行诠释。美国学者小约瑟夫·奈就认为，“相互依赖”同其他诸如“民族主义”或者“帝国主义”之类的政治词汇一样，是一个含义不清的词，人们对它的理解往往是五花八门、相互矛盾的，政治家和分析家运用它的动机也不一样。[①] 在这一节中，笔者就试图从他们目前已经给出的解释中寻求灵感，找到最适合解释两岸经济相互依赖现象的定义。

### 一、“相互依赖”的定义

“相互依赖”也简称“互赖”，英文是“Interdependence”，中文又被译作“相互依存”。从语义学的角度看，根据韦伯斯特美语词典的解释，“inter”的意思是“between，among”（在…之间，在…之中）；而“dependence”的一个意思是“relying on someone or something else for aid or support”（依靠其他的某人或某物寻求支持和帮助），另一个意思是“not in isolation，subordinate”（不隔绝、不孤立、从属）。[②]中国社会科学院语言研究所编辑的

① ［美］小约瑟夫·奈著，张小明译：《理解国际冲突：理论与历史》，上海：上海世纪出版集团，2002年版，第275页。

② Gerard M. Dalgish 主编：《韦氏美语学习词典》，北京：外语教学与研究出版社、兰登书屋出版集团，1997年版，第684、367页。

《现代汉语词典》对“相互”的解释是“两相对待的”；对“依赖”的解释同样有两种，一种是“依靠别的人或事物而不能自立或自给”，另一种解释是“指各个事物或现象互为条件而互不分离”。①

从中英文词典的解释中，我们可以发现，从字面上理解，“相互依赖”就有主观和客观两个层面的意思，一个层面是客观上的“不隔绝、不孤立”和“互不分离”的状态，另一个层面是带有一定主观色彩的由于不能“自立”、“自给”而导致的“依靠”、“依附”或“从属”。海内外学者在对包括经济在内的各种“相互依赖”进行定义时，都无法脱离其语义学上的含义。主要有三种类型：

（一）一部分学者将定义的重点放在对相互依赖现象的描述上。

理查德·库珀认为，“相互依赖”指的是一国的经济运动对另一国经济运动双轨的、相互的作用和影响程度，这种相互依赖是双向的传递，而不是单向的。②

新自由制度主义的代表人物罗伯特·基欧汉和约瑟夫·奈指出，“依赖”指的是为外力所支配或受其巨大影响的一种状态；简而言之，“相互依赖”即彼此相依赖，是以国家之间或不同国家的行为体之间相互影响为特征的情形；这种影响往往源自国际交往——跨越国界的货币、商品、人员和信息流动。③

美国学者罗伯特·吉尔平则把经济相互依赖描述为一种“实力关系”和“经济力量”，这种力量可被一个行为主体用来对抗另一个行为主体。经济上的相互依存产生了一种可供利用和操纵的脆弱性。因此，经济上的相互依存在不同集团和国家之间或多或少地建立起一种等级森严的、依赖性的实力关系。作为这一情况的对策，各个国家均在努力加强自己的独立性，而增加他

---

① 中国社科院语言研究所词典编辑室编：《现代汉语词典》，北京：商务印书馆，1983年版，第1254、1350页。

② Richard Cooper, *The Economics of Independence*, (New York: Mcgraw Hill, 1968), pp 52 – 53.

③ [美] 罗伯特·基欧汉、约瑟夫·奈著，门洪华译：《权力与相互依赖（第3版）》，北京：北京大学出版社，2002年版，第9页。

国对自己的依赖性。①

中国大陆学者张季良在描述国际关系领域的相互依赖时表示，“相互依赖”作为一种国际关系的状态，表现为国际关系各行为体在政治、经济、军事和文化领域极为深刻的相互联系、相互渗透、相互作用和相互转化的状况。②

而另一位大陆学者俞正梁对“相互依赖”的描述是，“各国或地区间的经济依赖日益加强，任何一个国家都不可能在封闭的状态下求得发展，任何一个国家的经济活动必然会以某种方式，通过某种渠道传递到其他国家，同样也接受着他国对自己的传递影响”。③

（二）也有学者的定义是从“相互依赖”到底是“过程”、“状态”、“条件”、“关系”还是“现象”入手。

美国学者斯坦利·霍夫曼将“相互依赖”定义为“社会的相互渗透”，“世界经济中不同国家政策的相互联系”，它既是“一种条件”，也是“一个过程”。④

格哈特·马利则表示“相互依赖”是“一种复杂的跨国现象，它包括国家之间多层次、多方面的互动模式，并产生明显的相互敏感性和脆弱性”⑤。

美国学者托马斯·谢林强调“相互依赖”是这样一种状态，即“一个参与者实现其目标的能力在很重要的程度上取决于另一个参与者将做出的选择或决定”。⑥

---

① ［美］罗伯特·吉尔平：《国际关系政治经济学》，北京：经济科学出版社，1989年版，第30页。

② 张季良：《国际关系学概论》，北京：世界知识出版社，1989年版，第116页。

③ 俞正梁等著：《全球化时代的国际关系》，上海：复旦大学出版社，2000年版，第191页。

④ Stanley Hoffmann, *Contemporary Theory of International Relations*, (Prentice - Hall, 1960), pp. 268 - 272.

⑤ Gerherd Mally, *Interdependence—the European - American Connection in the Global Context*, (Atlantic Council of the United States, 1976), p. 5.

⑥ Thomas C. Schelling, The Strategy of Conflict, (Boston: Harvard University Press, 1960), p. 5.

台湾学者宋镇照认为，经济相互依赖是一种“情境”，也是一种“状况”，是一种“动态关系”，而不是“静态的情境”，是“由国际政治经济互动关系的动力所模塑”。①

（三）还有学者不仅仅从经济角度对相互依赖进行定义。

美国的詹姆斯·多尔蒂和小罗伯特·普法尔茨格拉夫从权力角度将“相互依赖”定义为一国对其他国家的影响力量，“相互依存”意味着一国以某种方式影响着他国的能力。如果依存是相互的，中断彼此之间业已存在的关系将会对双方都带来损害。②

约瑟夫·奈也认为“相互依赖”可以用于意识形态目的和用于研究目的，他提请大家注意这两种用法的不同。他形象地指出，作为一个政治动词，“相互依赖”可以表述为“我依赖，你依赖，我们依赖，他们统治”。③

通过对上述相互依赖定义的分析，我们可以发现，“相互依赖”可以从以下四个层次进行诠释和理解。第一，相互依赖的属性。即相互依赖到底是一种“条件”、“情形”、“状态”还是“过程”。第二，从双边角度理解的相互依赖。即相互依赖可以是两个国家、地区或行为体之间一对一的相互影响关系。第三，从多边或整体角度理解的相互依赖。即多个国家、地区或行为体构成的一对多、多对多、单个对整体、多个对整体等网状错综复杂的相互影响关系。第四，从权力和政治的角度理解相互依赖，即相互依赖不仅仅只是一种经济现象，其中也包含着权力政治的动机。

综合这三个层次的诠释和理解，笔者倾向于将“经济相互依赖”定义为：各个国家、地区或其他经济体之间，以及它们与区域经济或世界经济体系之间发生的、且难以摆脱的一种相互影响、相互制约、相互作用的关系。它既是一种静态的客观状态和事实，也是一种动态的发展趋势；它既是一种经济现象，也是一种政治现象。因为，任何国家或地区间的相互依赖并不仅

① 宋镇照：《发展政治经济学——理论与实践》，台北：五南图书出版股份有限公司，2005年版，第104页。

② ［美］詹姆斯·多尔蒂、小罗伯特·普法尔茨格拉夫著，阎学通等译：《争论中的国际关系理论（第五版）》，北京：世界知识出版社，2003年版，第79页。

③ ［美］约瑟夫·奈著，张小明译：《理解国际冲突：理论与历史》，上海：上海世纪出版集团，2002年版，第275页。

仅体现于经济领域，在政治、安全、社会等领域都会存在相互依赖的现象，因此，上述定义是有一定的拓展性，可以延展到其他领域的相互依赖。

依照这个定义，本书所研究的“海峡两岸经济相互依赖”，无论是作为一种静态的客观状态和事实，还是作为动态的发展趋势，在狭义上是指祖国大陆与台湾地区之间形成的且难以摆脱的一种相互影响、相互制约和相互作用的经济关系；在广义上还包括两岸经济关系与区域经济和世界经济之间的一种难以摆脱的相互影响、相互制约和相互作用的关系。

从“相互依赖”的定义中，我们可以总结出相互依赖的几个基本特征：

首先，相互依赖的行为主体可以是国家、地区或以其他身份出现的经济体。在国际或跨地区经济活动中，甚至在国际政治领域中，国家早已不是唯一的行为主体，很多非国家非政府的经济实体、单独关税区、跨国公司、国际组织等都加入到行为主体中来。但是，在国际关系中，国家依然是最核心和最重要的主体。在两岸关系中，由于大陆和台湾从本质上就不是国家与国家之间的关系，因此，相互依赖的主体就是大陆地区和台湾地区，或者是大陆作为代表整个中国的经济体，与台澎金马单独关税区这两个主体之间的关系。

其次，相互依赖反映出的是各个国家、各地区或各经济体之间的一种“你中有我、我中有你”、“你离不开我、我离不开你”的双向互动关系。虽然相互依赖表现出来的是一种状态或情形，但它的概念核心是“关系”。在两岸经济相互依赖中，核心是两岸经济关系或两岸经贸关系。笔者在本书中无意区分两岸经济关系与两岸经贸关系的差别，因为它们更多的只是一种表述习惯的不同。虽然两岸经济关系在很长一段时期内带有“单向、片面和间接”的特点，但两岸经贸往来毕竟不是单方面的事情，这种不正常的两岸经济关系依然具有双向互动性。

第三，相互接触并不等于就是相互依赖，理解相互依赖概念的关键在于，行为体之间的互动是否带来了需要付出代价的结果，如果交往并没有带来显著的需要各方都付出代价的结果，则它只不过是相互联系而已，“相互依赖关系之所以总包含着代价，是因为相互依赖限制行为体的自主权”。[①]有学者因此认为，“由于无法事先认定某种关系的收益会大于其所付出的代价，因此互利并不是相互依赖的特征”[②]。因此，两岸经济往来并不等于两岸经济互赖，两岸经济相互依赖是两岸经济关系发展到一定阶段与程度的结果。

## 二、“相互依赖”与“依附”辨析

在国际或地区经济发展中，与相互依赖理论有一定的联系，但同时存在区别的另一个重要理论就是“依附理论”，也有台湾学者直接称之为“依赖（Dependency）”理论[③]。相互依赖与依附之间既有联系，又有区别。美国学者罗伯特·吉尔平认为相互依赖就包括了依附，即“相互依赖是相互的但又不平等的依附关系”[④]。这是因为，在普遍存在的相互依赖关系中，不平等不对称也是一种普遍现象，这种不对称的特征就隐含着一个国家或地区依附于另一个国家或地区的可能性。在具体的国家或地区间的经济合作中，他们的关系到底是“相互依赖”还是“依附”，不仅取决于客观上的经济联系状况和密切程度，有时候也取决于主观上的认知。比如对于两岸经贸合作日益密切的现实，多数学者认为两岸之间已经形成了一种相互依赖的经济关系，但也有一些人鼓吹大陆经济对台湾的“磁吸效应”已经导致台湾经济对大陆产生了单方面的依赖或者是依附关系，这种关系不断威胁到台湾的“经济安全”。因此，区分相互依赖与依附相当重要。

笔者认为，相互依赖与依附的概念还是有明显的区别的。《中国现代汉语词典》对“依附”的解释是“附着、依赖；从属”[⑤]。巴西学者多斯桑托

① [美] 罗伯特·基欧汉、约瑟夫·奈著，门洪华译：《权力与相互依赖（第3版）》，北京：北京大学出版社，2002年版，第10页。

② 卢泰宏、贺和平：《渠道理论中的相互依赖新模式》，《财贸经济》，2004年第12期，第53页。

③ 宋镇照：《发展政治经济学—理论与实践》，台北：五南图书出版股份有限公司，2005年版，第43页。

④ 罗伯特·吉尔平：《国际关系政治经济学》，北京：经济科学出版社，1989年版，第24页。

⑤ 中国社科院语言研究所词典编辑室编：《现代汉语词典》，北京：商务印书馆，1983年版，第1350页。

斯对“依附”的解释最具代表性，他认为，“依附”是这样一种状况，即一些国家的经济受到另一国经济发展和扩张的影响，两个或更多国家的经济之间以及这些国家的经济与世界贸易之间存在着相互依赖的关系，但是结果某些国家（统治国）能够扩展和加强自己，而另外一些国家（依附国）的扩展和加强自己则仅是前者扩展的反映，这种相互依赖的关系就呈现依附的形式；不管怎样，依附状态导致依附国处于落后和受统治国剥削这样一种局面。[①]多斯桑托斯的定义提到了依附与依赖的关系，但对二者的区别并没有非常明晰地指出来。有中国学者就更清楚地指出，“依附”是不发达国家在同发达国家交往过程中表现出来的一种状态，反映了不发达国家缺乏自主发展能力而对发达国家的依赖关系。[②]从字面上理解，“相互依赖”与“依附”或“依赖”的最大区别在于“相互”二字，虽然它们之间有不少相似的地方，但相互依赖理论和依附理论却是两种有着不同发展背景和解释领域的理论。

依附理论在20世纪60年代成为发展经济学中的重要理论学派之一。它所解释的是西方发达国家与发展中和不发达国家之间的经济关系，主要是从全球范围着眼，从不平等的国际分工和贸易格局的角度出发，运用“中心－边缘”、“核心－外围”、“依附”等概念来寻找发展中国家欠发达的原因和出路。它与其他的世界经济发展理论最大的区别是，其他理论都是发达国家的学者站在维护发达国家利益的角度提出的，依附理论则是以分析不发达国家的不发达问题为自己的唯一使命，站在不发达国家的角度对世界经济政治关系进行了独特的阐释。

依附理论经历了从古典依附理论到依附发展理论的演变。古典的依附理论把外围国家与核心国家定位为依附与支配的关系，外围国家的经济发展只能居于从属地位，仅取决于追求最大利润为目标的发达国家的经济需要，外围国只是为中心国服务的。中心国家的“发达”是靠剥削外围国家，使后者

---

① ［巴西］特奥托尼奥·多斯桑托斯著，杨衍勇译：《帝国主义与依附》，北京：社会科学文献出版社，1999年版，第302页。

② 孙来斌、颜鹏飞：《依附论的历史演变与当代意蕴》，《马克思主义研究》，2005年第4期，第74页。

处于“不发达”状况才得以实现的。[①]这种理论在一定程度上割裂了依附与发展的关系，认为只有通过激进改革消灭资本主义体系才能够摆脱依附。

随着世界经济形势的发展变化，越来越多的学者开始强调应辨证看待不发达国家某些发展，指出依附和发展并非对立排斥的两个范畴，而是同时发生并存的一个过程，发展中国家在处于依附条件下仍可能会取得相当的经济发展，并由此而逐步摆脱依附，走上政治独立、经济自主的道路，这也被称为依附发展理论。巴西社会学家费尔南多·卡尔多索就认为，“依附性发展是当今世界上发展中国家取得经济发展的唯一途径，依附是发展中国家取得自立的必要代价”[②]。依附发展理论在很大程度上开始接近相互依赖理论，它更强调发展而不是依附，主张主动融入全球资本主义体系，而不是消极地受制于这一体系；它还强调落后国家可以从相互依赖中获益，相互依赖可以使核心和边缘国家互利互荣。[③]

综上所述，相互依赖与依附的主要区别存在于以下几个方面：

第一，依附根据经济发达程度将经济行为主体分为核心和边缘，体现一种垂直型的不平等关系；而相互依赖更强调经济行为主体地位上的平等性，是平行型的关系。台湾学者张亚中就认为，平等是国际间在协商时必须遵守的原则，但是往往基于每个国家的国力与资源，其结果往往是不对称。[④]我们就不能简单地将这种“平等而不对称”的关系称之为依附。

第二，依附体现的是一种单向性的从属关系，即不发达一方对发达一方的依附，发达一方则从这种依附关系中单向获益，不发达一方则利益受损；相互依赖则强调关系的双向性，“一荣俱荣，一损俱损”，双方都从这种关系中获益，虽然这种获益的水平和程度可能是不平衡的。

第三，依附是一种被动行为，不发达一方在经济活动中往往缺乏主导权和主动权，只能受到支配和剥削；相互依赖则是双方的一种主动行为，各方

---

① 周雷、徐滢：《关于经济全球化中依附发展理论的思考》，《济南大学学报》，2001年第1期，第86页。

② 樊勇明：《西方国际政治经济学》，上海：上海人民出版社，2001年版，第79页。

③ 简军波：《落后国家与依附性发展》，《战略与管理》，2002年第3期，第80页。

④ 张亚中：《两岸统合论》，台北：生智文化事业有限公司，2002年版，第100页。

都主动发展与他方的经济关系，以便从中获益。

第四，依附发展理论和相互依赖理论虽然都强调在依附或依赖中发展，但相互依赖的视角更为宽泛，讨论的不仅是发达与不发达经济体的关系，而是所有经济行为体之间，包括发达国家之间、发展中国家之间、发达国家和发展中国家之间，以及其他非国家经济体与各发展程度不同的国家之间的关系等。

### 三、相互依赖的分类

作为一种经济关系现象，我们可以从不同的角度将相互依赖分成各种类型，以便能够更深入地探寻相互依赖的基本特征。从相互依赖的范围来分，相互依赖可以分为全面和限定的相互依赖，多边和双边的相互依赖，全球性和地区性的相互依赖。从相互依赖的表现形式来分，可以分为直接和间接的相互依赖，自然形成和人为诱发的相互依赖，主动和被动的相互依赖。从相互依赖产生的效果来分，可以分为积极和消极的相互依赖，平等和不平等的相互依赖。从当前的世界范围来看，全面的、多边的、诱发的、间接的、全球性的相互依赖趋势正在日益强化。①从海峡两岸经济相互依赖来看，它更多表现出的是一种地区性的、双边的、有限定的、自然形成的、积极的和平等的相互依赖关系。

也有学者认为上述对相互依赖的分类描述太过宽泛，难以揭示相互依赖背后纷繁复杂的客观现实和意涵实质，因此，国外的学术界对相互依赖的类型进行了深层次的概括：敏感性相互依赖和脆弱性相互依赖、对称性相互依赖和不对称的相互依赖、战略性相互依赖和战术性相互依赖等。同前面的分类模式相比，这些对相互依赖的分类更具学术性和研究意义。本书的第二章将从这些角度对两岸经济相互依赖的性质和特征进行分析。

## 第二节　经济互赖的全球化和区域化背景

国际社会的相互依赖主要表现在国际经济关系中，世界经济的全球化、

① 蔡拓：《国际关系学》，天津：南开大学出版社，2005 年版，第 290 页。

区域化特征对相互依赖有着重要影响，它们之间既有联系，又有区别。经济全球化是指世界上多个国家或地区之间形成的相互依赖网络构成的一种世界经济状态；区域化是指世界上某个区域的国家或地区之间相互依赖的经济关系构成的一种状态。同相互依赖相比，全球化和区域化的观察视角更为宏观，它们更强调的是相互联系的网络状态，而不仅仅只是双边意义上的相互联系。但无论如何，相互依赖都是世界经济全球化和区域化形成的一个重要因素，可以说，没有各个国家或地区间的经济相互依赖，就不会有世界经济的全球化和区域化进程。

## 一、经济相互依赖的形成背景

西方国家经济的相互依赖发展并不是从冷战时代才开始的。相互依赖伴随着资本主义工业经济而产生，是国际分工、国际贸易和国际投资不断发展的结果。当社会生产力发展到一定的阶段后，国内社会分工便会跨越国界形成国与国之间的劳动分工。18 世纪 60 年代第一次产业革命后，真正意义上的国际分工形成，国际商品交换开始出现和发展，资本主义世界市场最终形成。之后，在第二次产业革命的带动下，世界各国的经济通过国际分工、世界市场、交通、信息和通讯业的发展，而逐渐成为相互影响、相互依存、相互补充的统一的世界经济体系。

“二战”以后的第三次科技革命更是导致国际分工、国际贸易、国际投资从内容到形式，从广度到深度都取得了巨大发展。由于各国经济的迅速发展，商品国际化、资本国际化和生产国际化程度不断提高，各国之间的利益融合不断加强，促进了相互依赖的发展。日本学者山本吉宣提出，相互依赖的根本依据是，与日俱增的世界性福利和广泛的超国界流动人口的各种需要，是以跨国交流活动的扩大为源泉，以扩大整体利益和个别利益为基准，并在不同的层次水平上揭示国际社会整体利益与国家的利益、国家利益与各部门的利益、国家利益与国内各集团的利益。①

当前世界各个国家或地区间经济相互依赖的形成与上个世纪 60－70 年

---

① ［日］山本吉宣著，桑月译：《国际相互依存》，北京：经济日报出版社，1989 年版，第 2 页。

代的世界政治、经济形势的大背景也有着密切的联系。理查德·库珀认为，相互依赖是20世纪60年代出现在工业化国家中间的一个强劲趋势，它的出现和发展是战后国际关系的一个突出变化。当时，美苏两极格局在长期对峙之后开始出现松动的迹象，两大阵营之间的交流合作开始增多，特别在经济、社会、文化领域的交流合作迅速发展，全球范围内的各国经济联系也在不断加强。与此同时，美苏两个阵营内部也开始出现新的变化，特别是西欧、日本在经济发展之后，不再希望扮演"从属"美国的角色，美欧、美日是"相互依赖的不一致"的经济关系的声音开始抬头，让美国不得不思考赋予西欧和日本相对平等的经济地位，这期间西方国家之间经济上相互依赖的态势越来越明显。

冷战后期和冷战结束后，包括中国在内的不少国家开始实行开放政策，东西方经济开始更密切地联系在一起，世界经济领域出现了一些更为显著的变化。货币、商品、人员、信息、服务以前所未有的速度大规模跨国界流动，加上跨国公司的迅速发展和地位的提升，全球金融市场初具规模，国家或地区间的多边合作加深，非政府组织的出现和迅猛发展，都极大地促进了各个国家和地区间相互依赖趋势的发展。匈牙利经济学家约瑟夫·努伊拉斯就表示，在当今时代，世界上任何一个国家的生产、甚至其生存的本身也或多或少地依赖别国的生产，任何一个国家生产的发展亦有赖于别国生产的发展，这是国际社会相互依赖的最基本现实。[①]在新一波世界经济发展的大潮中，不仅各国之间的经济相互依赖日益凸显，各国与世界经济体系之间的相互依赖也越来越明显。

## 二、经济全球化与相互依赖

全球化已经是当前世界经济的主要特征之一，但对于什么是"全球化"，学术界的争论迄今没有停止。各国学者对全球化的研究可以分成不同的流派，如自由经济学派、世界体系理论学派和现实主义学派等，他们都从各自不同的角度对全球化提出解释。中国大陆学者孙平认为，经济全球化是指生

① ［匈］约瑟夫·努伊拉斯主编：《世界经济现行结构变化的理论问题》，北京：人民出版社，1984年版，第6页。

产、贸易、投资、金融等经济行为在全球范围的大规模活动，生产要素按照市场经济的要求自由流动、合理配置与重组，是世界各国经济高度相互依赖、相互融合的表现。①

美国学者基欧汉和奈最近提出，可以从全球主义的角度来理解相互依赖和全球化的关系。全球主义，是指世界各国都被卷入多个大陆的相互依赖网络的一种状态。全球主义是一种相互依赖，但全球主义有两个特殊的属性：其一，全球主义指联系的网络（多种关系），而非单一的联系；其二，一种联系的网络，如果被认为是"全球的"，必须是包括多个大陆之间的而不仅仅是地区的联系。②

而国际货币基金组织对全球化的定义是："全球化是指跨国商品与服务贸易及国际资本流动规模和形式的增加，以及技术的广泛迅速传播使世界各国经济的相互依赖性增强"。③

有中国学者从更细致的角度对"世界经济全球化"与"国际经济关系全球化"进行了区分，认为"世界经济全球化"是指生产要素以空前的速度和规模在全球范围内流动，以寻求相应的区位进行最佳的资源配置；而"国际经济关系全球化"则是指在此基础上各国之间在全球范围内所形成的密切联系和交往的一种结构状态。④

中外学者们的上述定义基本上勾勒出了全球化的概念，其中有一致的地方，也有不同的角度，但本文并不想局限于"全球化"概念的讨论，而是希望将重点放在全球化与相互依赖关系的阐述上。

从严格意义上来说，相互依赖与全球化并非两个平行的概念。从被学术界广泛讨论和关注的时间上看，"相互依赖"的概念在20世纪70年代就引

---

① 孙平：《经济全球化与区域经济一体化》，《经济评论》，2001年第4期，第118页。

② Robert O. Keohane & Joseph S. Nye Jr. ，"Globalization：What' s New ？What' s Not？(And So What?）"，Foreign Policy ，Spring 2000 ，p. 105.

③ 国际货币基金组织：《世界经济展望》（中文版），北京：中国金融出版社，1997年版，第45页。

④ 柳建平：《当代国际经济关系政治化问题研究》，北京：人民出版社，2002年版，第114页。

起广泛的讨论，而“全球化”的概念在20世纪90年代才被集中关注，并延续至今。科学技术的进步，尤其是现代通讯和交通的发展，使得这个世界越来越像一个“地球村”，不仅各个国家或地区间的经济联系空前紧密，越来越多的国家或地区融入以国际分工为基础的全球经济网络，全球化已经深深渗透到世界经济领域的方方面面，特别在生产、贸易、投资、金融等领域，各个国家或地区间的相互依赖在全球化的浪潮下也日益加深。不管是否喜欢，人们已经身处在全球化的浪潮之中。这股不可阻挡、不可逆转的全球化潮流在外延和内涵上都影响到国家或地区间业已存在的相互依赖关系，赋予了“相互依赖”概念在经济和政治方面新的特征。

相互依赖与全球化之间的密切关系可以体现在以下几个方面：首先，经济全球化与相互依赖都是建立在经济开放、贸易自由的环境基础之上的。任何一个国家或地区不可能在封闭的条件下实现相互依赖，更不可能发展成为全球化。经济全球化要求所有的生产要素的经济关系能够跨越国家或地区的界限自由流动，形成国际分工和国际合作，只有在此基础上，各个国家或地区之间才能发展相互开放、相互联系、相互依存的经济关系，最终形成涵盖全球范围的有机经济整体。同时，世界贸易越来越朝向自由化的方向发展也为国家或地区间经济的相互依赖，以及经济全球化的形成创造了条件。贸易自由化是指战后依赖经济全球化和市场化的趋势在国际贸易领域的反映，它是各国通过单边、双边、区域和多边等途径，根据互惠互利的安排，在国际贸易中消除歧视性待遇，大量降低关税和坚守其他贸易壁垒的过程，其最终目标是在全球范围内实现资源的最佳配置，扩大商品和服务的生产和贸易。[①]虽然贸易保护主义不时抬头，但贸易自由化的大趋势使得各个国家、各个地区或各区域集团之间出现了经济互动和互融的局面，越来越多地加入到经济相互依赖和全球化的进程中来。

其次，各个国家或地区间经济的相互依赖促进了全球化的形成，无数个相互依赖的关系才能构成全球化的网络。从某种意义上说，全球化是建立在各国各地区经济相互依赖的基础之上的，是相互依赖不断深化的必然结果。

① 陆燕：《贸易自由化、经济全球化与我国外经贸发展》，《经济研究参考》，2001年第4期，第26页。

相互依赖虽然可以分为国家或地区之间的相互依赖，国家或地区对世界经济体系的相互依赖，但毕竟更强调双边或多边意义上的关系，在某种程度上是从微观的角度进行考虑。而全球化则强调在各个国家或地区间相互依赖的基础上，要求将整个世界的资源配置作为基点，进行全球布局，以此来考量国际合作和协调的问题；它往往是以多边合作机制为基础，以统一的世界市场和国际经济规则为标志，促进全球生产要素和商品服务的自由流动。因此，全球化是国家间经济相互依赖和经济国际化的进一步发展和更高的表现形式。

第三，经济全球化的发展反过来也可以促进各国各地区间经济相互依赖的深化。经济全球化已经将各个国家或地区的经济紧密联系在一起。在经济全球化的大潮中，生产早已实现了国际化，一件产品往往是多个国家或地区分工生产的结果，很难辨别他们的国别属性。由于运输、通讯产业的迅猛发展，使得国际交往空前增加，货币、商品、人员以及信息等都无时无刻不在进行跨国界的大规模流动。任何一个国家或地区一旦被卷入全球化的浪潮，都再难以自外于这个浪潮之外。实际上，在生产、贸易、资本流动高度国际化的时代里，世界各国各地区经济的相互依赖都明显加深了。

## 三、区域经济一体化与相互依赖

全球经济体系是有一系列区域经济体系组合而成的，经济全球化与区域经济一体化有着逻辑上和现实上的联系。很多学者认为“经济区域化是走向全球化或全球经济一体化的一个中间步骤或一个阶段”[①]，区域经济一体化是借助经济全球化大背景的有力推动，成为世界经济一体化在区域层面上的体系，区域经济一体化有助于进一步推动经济全球化，成为世界经济一体化的先驱和基石。[②]我们在从全球的角度对经济全球化与相互依赖的关系进行分析后，依然有必要从区域的角度研究区域经济一体化与相互依赖之间的联系和区别。

---

① 李琮：《经济全球化新论》，北京：中国社会科学出版社，2005 年版，第 156 页。

② 伍贻康：《区域整合体制创新》，上海：上海财经大学出版社，2003 年版，第 54 页。

区域经济一体化的现象出现于20世纪50年代，经过几十年的发展，世界上的绝大多数国家或地区已经加入一个或多个区域经济一体化组织，区域经济一体化也已经成为世界经济的重要特征之一。巴拉萨在《经济一体化理论》一书中将区域经济一体化定义为"既是一个过程，又是一种状态。作为一个过程，强调了国家间取消经济歧视的动态性质；作为一种状态，强调了国家间完全不存在各种经济歧视的静态性质"。[①]中国学者曹宏苓认为，区域经济一体化就是在一个区域范围内，两个或两个以上国家为了共同的目标，不同程度地消除人为障碍，使商品和生产要素能跨国界自由流动，有关国家在平等互利的基础上，协调经济政策，甚至制定共同的经济政策与制度。[②]

区域经济一体化与相互依赖同样有着密切的联系。首先，区域经济一体化是国家或地区间经济相互依赖加深的必然要求。随着生产力的迅速发展和国际分工的深化，在一个区域内，当各个国家或地区的经济关系越来越密切，相互依赖不断加深时，他们为了寻求建立更加稳定的经济关系，以便获得更加广阔和稳定的国际市场，就在客观上要求采取国界壁垒，实现自由贸易，建立共同市场，甚至要求国家之间进行更深入的政策协调，经济一体化就成为必然的趋势。因此有学者认为，从理论本身的逻辑发展看，区域一体化是区域体系中相互依存的更高发展阶段，抑或说一体化是相互依存的最理想状态。[③]

其次，区域经济一体化加深了区域内各个国家或地区间的相互依赖。区域经济一体化具有各种形式，主要包括优惠贸易安排、自由贸易区、关税同盟、共同市场、经济联盟、完全的经济一体化等。不管是那种形式，经济区域化的最典型表现就是各个国家或地区间的经济合作关系更为密切，各成员国之间的产品、资本、劳动力、服务等更加不分彼此，相互之间经济政策的协调也更为频繁，区域内国家经济的集聚效应和互补效应发挥得更为充分。

---

① Bela Balassa, *The Theory of Economic Integration*, (London: Allen & Unwin, 1962), p. 1.

② 曹宏苓:《国际区域经济一体化》，上海：上海外语教育出版社，2006年版，第3页。

③ 丁志刚:《国际体系、相互依存、一体化、国际秩序》，《世界经济与政治》，1997年第7期，第7页。

这种区域内各国各地区的经济合作具有很强的不可逆性，任何国家或地区一旦被卷入这种区域经济一体化的浪潮，就难以脱离，最终只会更加深化他们之间的相互依赖关系。

第三，在强调区域经济一体化与相互依赖的联系时，我们也必须看到他们之间的差异。经济的相互依赖并不必然导致一体化，美国耶鲁大学教授卡尔·多伊奇也提出，相互依赖只有在一定条件下才可能转换为一体化，即“如果相互依赖是高度的、积极的，并为参与方所珍重，它就有可能转向一体化”。①而且，区域经济一体化对不同区域国家间的经济相互依赖有时会产生消极影响。随着经济全球化的发展，很多分属不同区域的国家之间经济上都形成了相互依赖关系，但区域经济一体化往往最初都只是在某一区域内实现。区域经济一体化的一个基本特征是开放性与排他性并存，即区域经济组织在加强成员国对内开放、促进区域贸易自由化的同时，对外则通过共同的关税和非关税壁垒等保护措施，限制非成员国商品进入。②这在某种程度上反而不利于不同区域国家间的经济相互依赖关系的发展和深化。

## 第三节　相互依赖的理论延展和分歧

我们在讨论国家或地区间相互依赖的时候，涉及的不仅仅是经济层面的问题。它是一个多维度的现象，包括政治、经济、军事、社会等各个方面，其中经济的相互依赖是整个国家或地区间相互依赖的基础。同任何理论一样，学术界对相互依赖的理论研究与探讨也经历了一个不断争鸣、完善的过程，但经过三十多年的发展，相互依赖理论已经形成了一个相对完整的理论体系，本节将就相互依赖的理论延展和分歧进行阐述。

### 一、相互依赖理论内容的延展

学术界对相互依赖的研究是从研究国与国之间的经济关系开始的，在理

---

① ［美］卡尔·多伊奇著，周启朋等译：《国际关系分析》，北京：世界知识出版社，1992 年版，第 354 页。

② 陈漓高等：《世界经济概论》，北京：首都经济贸易大学出版社，2006 年版，第 313 页。

查德·库珀1968年出版的《相互依赖经济学》一书中，他首次对相互依赖作了学术理论上的分析。他以西欧联合为例，针对“二战”以后国际合作和国际贸易的新变化，比较系统地阐述了北大西洋公约组织成员国经济间的相互依赖关系。他观察到战后工业化国家间不断增长的对外经济发展具有敏感性，因此他强调，研究国家间的关系，特别是国家间的经济关系，关键是要了解一国经济发展与国际经济发展之间的敏感反应关系。当时，学术界对相互依赖的研究重点还是在经济领域，主要探讨的是各国间的相互依赖和经济发展的关系。

但随着时间的发展，越来越多的学者观察到，国家或地区间的相互依赖并不仅仅表现在经济领域，它可以有更多的研究维度和视角。在约瑟夫·奈和罗伯特·基欧汉1977年出版的《权力与相互依赖》一书中，他们总结了相互依赖发展的两个趋势：一是从单一型到复合型，即从研究经济上的单一相互依赖到研究包括政治、经济、军事和外交在内的复合相互依赖；二是从区域型到全球型，即从研究仅限于发达资本主义国家范围内的相互依赖到研究包括发展中国家在内的全球范围的相互依赖。①实际上，在相互依赖理论的发展过程中，其研究内容发生有了很大的拓展，具体可以概括为以下几个方面：

第一，从国际关系行为体方面来看，国家已经不再是唯一的国际关系行为体，其地位和影响力的下降与非国家行为体的上升形成鲜明对比。跨国公司、国际恐怖集团、国际非政府组织等也已成为国际关系行为体，且影响力日益上升，他们在国家或地区间相互依赖关系的发展中起着越来越重要的作用。

第二，合作是一个与相互依赖密切相连的概念。加强国际经济合作是建立和发展相互依赖关系的基本条件和动力，国家或地区间应该采取各种形式，通过各种途径来加强彼此间的经济交流与合作，以顺应人民在经济发展、社会繁荣等方面的需求。

第三，国家或地区所面临的类似能源、环境、粮食、人口、裁军等发展

---

① 倪世雄等：《当代西方国际关系理论》，上海：复旦大学出版社，2001年版，第336页。

问题已经具有"全球性"的特征，难以靠个别国家或地区自行解决，而相互依赖使各国各地区在这些领域拥有越来越多的共同利益，以此为基础建立的国际协调机制在国际关系中的作用日益重要。

第四，由于各国家各地区间业已形成的相互依赖关系，传统的"高级政治"（国家安全、国家利益、军事战略等）与"低级政治"（经济社会发展等问题）已很难区分孰高孰低，经济与政治之间的相互依赖、相互影响日益加深。

第五，相互依赖让国家或地区间的关系具有脆弱性和敏感性，每个国家或地区在相互依赖关系中都会收到对方和外在环境的影响，在采取行动时不能为所欲为，必须考虑到其他各方的利益。

第六，相互依赖要求世界上的国家或地区采取更为开放的经贸政策和对外政策。对外开放是一个国家或地区经济发展的重要条件，又是各国在全球化条件下相互依存的前提。①几乎没有一个国家的问题可以被视为纯粹的国内问题，往往要收到外部因素的影响并影响国际社会，任何国家的闭关自守都只能导致自己自外于国际体系，损害自身的利益。

第七，国家或地区间相互依赖日益加深的态势要求他们以合作代替对抗，用对话谈判代替使用武力，用接触代替遏制，来解决彼此间的矛盾和冲突，这将会导致国际或地区形势不断趋向缓和的方向发展。

相互依赖的另一个重要理论延展是发展出了国际机制的概念。国际机制理论是从20世纪70年代国际关系的复合相互依赖模式发展而来的。不少学者观察到，相互依赖导致了某些规则和制度的安排。基欧汉和奈就提出，认识国际机制的发展和崩溃，是理解相互依赖政治的关键。相互依赖关系发生在调节行为体行为并控制其行为结果的规则、规范和程序的网络中，或受到该网络的影响，并将对相互依赖关系产生影响的一系列控制性安排称为国际机制。②他们认为现代西方国际经济学并没有对国际经济相互依赖提出国际机制变迁理论上的解释，而新古典经济分析只是一种简单化的解释法，他们于

① 蔡拓等：《国际关系学》，天津：南开大学出版社，2005年版，第288页。

② ［美］罗伯特·基欧汉、约瑟夫·奈著，门洪华译：《权力与相互依赖（第3版）》，北京：北京大学出版社，2002年版，第39、20页。

是从国际机制变迁的角度对相互依赖进行了研究。中国学者门洪华对此指出，从人类发展的漫漫历程来看，相互依赖与国际机制存在着正比的关系，所谓全球化是相互依赖规模最大化的结果，也是国际机制的规模和作用最大化的契机。①

## 二、相互依赖理论的学派分歧

自从相互依赖理论产生以来，学术界的争鸣就没有停止过。对于相互依赖理论到底有哪些理论流派，学术界的分类也并不一致。美国学者罗伯特·利珀认为大致有四种流派观点：一是全球主义或制度主义学派，他们强调经济因素是国际关系的首要因素。二是修正学派，他们对相互依赖改变国际秩序的能力持保留态度。三是新现实主义或结构现实主义学派，他们认为国家间存在的是一种不彻底的相互依赖，它是由国际无政府状态造成的。四是马克思主义的依附论，他们认为国际关系是不对等的相互依赖，是发展中国家对发达国家的依附。②

但在约瑟夫·奈和罗伯特·基欧汉的眼里，过去的相互依赖理论只有“传统派”和“现实派”两大思想体系，传统派是仅仅关注国际关系中政治和安全领域的国家间权力斗争的学派；现代派则过于强调国际关系中的经济社会因素，而忽视了传统权力政治在一定意义上的延续性。③因此，约瑟夫·奈和罗伯特·基欧汉将这二者取长补短，对“权力与相互依赖”的关系进行了深入分析，提出了复合相互依赖的概念和分析模式。这也导致了学术界对相互依赖的研究重点由研究经济相互依赖与经济发展的关系，逐渐转向经济与政治、安全关系相结合的研究上。

当前，学术界对相互依赖理论的最大分歧在于相互依赖与和平的关系。自由主义认为，相互依赖有助于减少和缓解国家或地区间的冲突，增进国际

---

① 门洪华：《构筑新自由制度主义的理论基石》，载罗伯特·基欧汉、约瑟夫·奈著：《权力与相互依赖（第3版）》，北京：北京大学出版社，2002年版，第15页。

② Robert Lieber, *No Common Power: Understanding International Relations*, (Harpa Collins College Publishers, 1995), pp343 – 346.

③ 倪世雄等：《当代西方国际关系理论》，上海：复旦大学出版社，2001年版，第340页。

和地区和平，其代表性的观点是“贸易和平论”。最先提出“相互依赖”概念的库珀从古典经济学中的比较优势理论出发，以经济自由主义所崇尚的自由放任、自由经营、自由贸易和市场竞争原则为基础，认为“贸易带来和平”，认为国与国之间的经济交往既增加了各国因地制宜而采取行动的自由，同时又限制了这种自由。因此，他认为相互依赖的中心问题是“如何在享受不受限制的广泛的国际经济合作带来的多种好处的同时，又能让国家追求合理的经济目标”。他总结了经济上相互依赖及其后果的三种表现，即经济结构上的相互依赖，一个国家发生的经济事件势必对其他国家产生影响；经济目标上的相互依赖，即各国经济政策目标受到共同制约；经济手段的相互依赖，即各国的经济目标和经济政策为他国所用。

上述观点在当代也有一定的影响力和一些支持者。美国学者理查德·罗森克兰斯就认为，现代世界经济和相互依赖的发展使越来越多的国家成为“贸易国家”，“如果国家的经济发展政策依赖于世界市场的扩大，这样的国家就很难指望推行领土侵略和扩张”①。冷战结束以后，随着“民主和平论”的兴起，“市场经济可以推动民主化”、“民主国家在贸易上可以结成更好的伙伴”、“贸易可以带来和平”、“相互依赖可以导致和平”等自由主义观点再次得到关注，甚至一度成为西方的主流意识形态。

现实主义理论和依附论的主张者并不同意自由主义的看法。他们认为相互依赖与国家或地区间的战争与和平并无关系，有时候相互依赖反而会增加冲突的几率。他们首先从历史经验出发，提出质疑说，冷战时期的西方经济相互依存是二战前相互依赖发展趋势的恢复和继续。如果按照经济自由主义的观点，自由贸易和投资带来相互利益的融合，相互依赖关系的发展将带来国际和平。但第一次和第二次世界大战的爆发已经证明这种观点是错误的，至少是简单化的。他们认为，国家或地区之间经济上的相互依赖关系只是实现和平的一个条件，但远远不是充分条件。

坚持认为相互依赖会导致依附关系的阿尔伯特·赫胥曼指出，贸易不会自动导致国际关系的和谐，不对称的依附关系中存在滥用权力的现象，这会

---

① Richard Rosencrance, *The Rise of the Trading State*: *Commerce and Conquest in the Modern World*, (New York : Basic Book , Inc. , 1986) , p113.

对国家间的关系产生负面影响。①新现实主义的代表人物肯尼思·沃尔兹甚至认为“相互依赖着的国家必定会发生冲突，并将不时地陷入暴力中，因为它们的关系没有任何控制。如果相互依赖的发展速度超过中心控制的发展速度，那么相互依赖便会加快战争的到来。”②

对于相互依赖理论的分歧，不少学者希望调和他们之间的不同观点，也有学者对这些分歧的产生原因进行了分析。有学者经过实证研究发现，相互依赖与和平的关系与衡量变量的角度和范围有关，即如果从成本的角度衡量，相互依赖会导致国际冲突的增加；但如果从收益的角度衡量，相互依赖会降低国际冲突。③ 也有学者认为贸易是否能够促进和平是与各国国家或地区经济关系中的依赖类型相关的，一般来说，对称的相互依赖关系可以促进和平，而不对称的相互依赖可能产生更多的摩擦和冲突。④中国学者余万里则认为，自由主义、现实主义和依附论关于相互依赖与和平关系的理论分歧在很大程度上起源于相互依赖的定义问题。因为在现实政治中，国家间的相互依赖通常同时包含着敏感性和脆弱性，两者很难被割裂；正是不同学派的学者对敏感性和脆弱性这两个不同方面的认知导致了相互依赖理论的根本分歧。⑤

## 三、相互依赖理论对两岸关系的适用性

运用相互依赖的概念和理论研究两岸关系在政治上和学术上均具有适用性。从当前学术界对经济相互依赖的研究来看，主要是运用到经济学与国际政治经济学两个学科的理论。虽然国际政治经济学是国际关系学的一个重要

---

① Albert O. Hirschman , *National Power and the Structure of Foreign Trade* , ( Berkeley: University of California Press , 1980) , pp176 - 178.

② 肯尼思·沃尔兹著，胡少华等译：《国际政治理论》，北京：中国公安大学出版社，1992 年版，第 167 页。

③ Mark J. Gasiorowski, Economic Interdependence and International Conflict: Some Cross national Evidence", *International Studies Quarterly*, Vol. 30, No. 1 (March, 1986), pp23 - 38.

④ Katherrine Barbieri, Economic Interdependence: A Path to Peace or Source of International Conflict ?" *Journal of Peace Research* , Vol. 33 , No. 1 (1996) , pp29 - 49.

⑤ 余万里：《相互依赖研究评述》，《欧洲研究》，2003 年第 4 期，第 53 - 54 页。

分支，但对两岸相互依赖的研究离不开国际政治经济学的相关理论支撑。从科学研究的角度来说，运用国际关系中的理论研究两岸问题与将两岸关系作为国际问题来研究有着本质上的区别。美国学者肯尼思·沃尔兹认为，理论是解释规律的陈述，它揭示恒定或可能存在的联系为什么普遍存在；所有事物之间都互相联系，一个领域与其他领域也不可割裂。[①]理论也不例外，任何理论在保持自有领域个性的同时，也必然有共性的一面，特别是与其他理论共有边界的概念和开放的思维模式完全可能被其他学科和相似领域所借鉴。[②]

台湾问题和两岸关系在本质上是中国的内部事务，涉及中国的和平统一大业，但在学术研究过程中，我们不能简单地认为用国际关系理论和方法来思考研究两岸关系就是要将台湾问题国际化，而是要将理论、方法与立场、观点区分开来，关键还是在于我们出于怎样的研究目的，以及如何来运用好国际关系理论得出我们自己的观点。[③]适当地汲取多学科、多领域的理论知识，将有助于我们开阔视野，提高台湾研究的理论和方法水平。特别是在两岸经济相互依赖问题的研究过程中，无论是运用经济学的相关理论，还是借鉴国际经济学的相关理论，都不影响台湾问题是中国内部事务的根本性质。

我们判断相互依赖理论是适用于两岸关系的研究，关键在于看这种理论中对两岸关系中的具体问题是否具有解释力。从某种意义上讲，两岸已经形成了一定程度的复合相互依赖，而经济互赖是这种复合相互依赖中的核心内容。根据基欧汉的总结，复合相互依赖具有如下三个特征：其一，各社会之间的多渠道联系，包括政府精英之间的正式非正式联系或对外部门的正式安排，跨国组织等。其二，国家间关系的日程包括许多没有明确或固定等级之分的问题。其三，当复合相互依赖普遍存在时，一国政府不在本地区内或在某些问题上对他国政府动用武力，然而，在本地区或在某些问题上，军事力

---

① 肯尼思·沃尔兹著，胡少华等译：《国际政治理论》，北京：中国公安大学出版社，1992年版，第6页。

② 李鹏：《台海安全考察》，北京：九州出版社，2005年版，第8页。

③ 李鹏：《国际关系理论运用于两岸关系研究中的局限》，《台湾研究集刊》，2003年第2期，第35页。

量在政府间关系中也起着非常重要的作用。①

如果用三个特征来观察两岸关系中的相互依赖现象，我们就会发现，他们之间有一定的契合度。第一，虽然两岸官方尚未建立起直接的联系，但两岸半官方、政党、民间之间的联系已经非常密切；第二，两岸在政治、经济、社会、文化领域的诸多关系，解决起来虽然有先后之分，但难有孰轻孰重之分。第三，两岸都希望用和平的方式解决彼此的歧见，但大陆也并没有完全在万不得已的时候采取非和平方式的选择。因此，两岸之间已经具备了一定复合相互依赖的特征，但并未形成完全的复合相互依赖，与其他领域相比，两岸在经济领域的相互依赖显得更为明显和成熟。笔者在本研究中将从经济相互依赖切入，以复合相互依赖的视角，分析其经济和政治效应，并试图得出相关结论。

根据上述对相互依赖理论的内容阐述，笔者认为相互依赖理论运用于两岸关系研究至少有助于解释下列问题：

第一，既然相互依赖研究的对象是国家或地区等行为体之间的经济联系，那么它自然可以用来解释“两岸之间日益加强的经贸联系是否已经构成了相互依赖，表现在哪些方面，相互依赖度有多高”等问题。

第二，既然最初的相互依赖理论是研究相互依赖与经济发展之间的关系，那么“两岸之间的经济相互依赖关系对祖国大陆和台湾的整体经济发展、两岸经济合作等产生了怎样的影响”理应成为研究的重要内容。

第三，既然相互依赖与全球化及区域经济一体化有着密切的联系，那么“在全球化和区域经济一体化背景下的两岸经济相互依赖将对全球和区域经济，包括大陆内部的区域经济发展产生怎样的影响”也需要进行研究。

第四，既然当前对相互依赖的研究已经延展到政治、安全领域，那么“在两岸关系的特殊情势下，两岸经济相互依赖对两岸的政治关系，特别是对维护台海地区的和平稳定是否有影响，会产生哪些影响”自然也是值得研

① ［美］罗伯特·基欧汉、约瑟夫·奈著，门洪华译：《权力与相互依赖（第3版）》，北京：北京大学出版社，2002年版，第27页。

究的内容。

第五，既然相互依赖理论认为相互依赖会导致某些规则和制度的安排，那么我们将此引入到“两岸经济相互依赖是否导致两岸关系中产生了机制化的需求”的问题研究也是应有之义。

第六，既然相互依赖对国家或地区行为体的经贸和对外政策提出了新的挑战，那么在两岸关系和平发展的新局下，我们自然需要探讨如何来应对经济相互依赖所产生的效应，维护两岸关系和平发展的问题。

上述这些问题涉及相互依赖理论的多数内容，对这些问题的回答实际上是将相互依赖理论运用于两岸关系，特别是两岸经济关系研究的一次尝试，笔者将在此后的章节中对这些问题一一进行讨论。

## 小　结

本章主要讨论了“相互依赖”的概念及其对两岸关系研究的适用性。两岸经济相互依赖是指祖国大陆与台湾地区之间形成的且难以摆脱的一种相互影响、相互制约和相互作用的经济关系，海峡两岸与区域经济和世界经济之间的一种难以摆脱的相互影响、相互制约和相互作用的关系。它既是一种静态的客观状态和事实，也是一种动态的发展趋势；既是一种经济现象，也是一种政治现象。它的核心概念是关系，是双方在互动中付出一定代价后所形成的一种关系。

相互依赖伴随着资本主义工业经济而产生，是国际分工、国际贸易和国际投资不断发展的结果。相互依赖与全球化并非平行的两个概念。全球化与相互依赖之间、区域经济一体化与相互依赖之间，都是一种相辅相成的关系。

相互依赖理论在不断争鸣中，经历了从研究经济上的单一相互依赖，到研究包括政治、经济、军事和外交在内的复合相互依赖；从研究仅限于发达资本主义国家范围内的相互依赖，到研究包括发展中国家在内的全球范围的相互依赖；从研究相互依赖本身发展到研究国际机制变迁的发展历程。学术界对相互依赖理论的最大分歧在于相互依赖与和平的关系。

相互依赖的概念和理论在很大程度上能够解释两岸经济关系中的相互依

赖现象。借鉴国际政治经济学的相关理论研究两岸经济相互依赖及其产生的经济与政治效应，并不影响台湾问题是中国内部事务的根本性质。两岸之间已经具备了一定复合相互依赖的特征，但并未形成完全的复合相互依赖。从经济相互依赖切入，从复合相互依赖的视角来研究两岸经济互赖的经济效应、政治效应和机制化效应，不仅可行，且有必要。

# 第二章　两岸经济互赖的形成与表现

两岸经济关系是推动两岸关系发展的最为活跃的因素①，也是两岸关系研究中的一个重要领域，更是区域经济学研究中的一个特殊研究方向。说它活跃，是因为过去二十多年来，虽然两岸政治关系时常遇到各种问题，有时甚至走到危险的边缘，时至今日还有不少难题没有破解，台湾当局也不断出台限制性的两岸经贸政策，试图阻碍两岸经贸关系的发展，但是两岸的经济关系却并没有因此而停滞，而是义无反顾地顽强向前发展，取得了令人瞩目的成就。说它特殊，是因为两岸经济关系不同于其他国家或地区间的经济关系，由于受到台湾问题的性质与两岸政治关系现实的影响，它在很多方面表现出不同的特征和内涵。在研究两岸经济相互依赖所产生的效应之前，我们需要首先了解两岸经济关系的性质，包括祖国大陆发展两岸经济关系的原则、台湾当局对两岸经贸关系的政治化考量、经济规律在两岸关系中的作用等。

对于两岸经济是否已经形成相互依赖关系，学者们并没有分歧，但对于两岸在什么时候形成的经济互赖，这种互赖在贸易、投资和其他领域都有怎样的表现，两岸的贸易、投资依赖的程度到底有多高，很多人的看法并不完全一致。约瑟夫·奈认为，相互依赖可以从根源、收益、相对成本及对称性这四个方面进行分析。② 如果将其套用到两岸经济相互依赖上，也就是我们要分析两岸经济相互依赖从何而来，两岸都从相互依赖中获得了怎样的利益，两岸在相互依赖中所付出的脆弱性和敏感性代价都表现在哪些方面，两岸经济相互依赖是否存在不对称或不平衡的问题等等。在本章，笔者将在讨

---

① 中共中央台办、国务院台办：《中国台湾问题》，北京：九洲图书出版社，1998年版，第127页。

② ［美］小约瑟夫·奈著，张小明译：《理解国际冲突：理论与历史》，上海：上海世纪出版集团，2002年版，第276页。

论两岸经济关系性质的基础上，回顾两岸经济相互依赖的形成过程，并深入讨论如何判断两岸在经济上是否已经形成相互依赖关系、如何测量相互依赖的程度、两岸经济相互依赖具体表现在哪些方面、具有哪些基本特征等问题。

## 第一节　海峡两岸经济关系的性质

"世界上只有一个中国，大陆与台湾同属一个中国，中国的主权和领土完整不容分割"，这是我们研究两岸关系，包括研究两岸经济关系的基础和前提。台湾问题专家李非教授对两岸经济关系的性质作了精辟的论述，他认为两岸经济关系在性质上属于一个国家内区域之间经济交流与合作的范畴，是中国主体同其尚待统一的特殊地区——单独关税区之间的经济关系；另一方面，两岸在政治上还暂时处于分离状态，两岸经济关系在运行方式上又带有一定的特点，基本上按照国际经济惯例和对外经贸制度的模式运行。①

### 一、祖国大陆发展两岸经济关系的基本原则

积极推动和促进海峡两岸经济交流与合作，实现两岸直接通邮、通航、通商，是祖国大陆政府的一贯主张和基本政策。在祖国大陆历次发表的台湾问题重要文献中，都有对发展两岸经济关系的论述。1979 年元旦，全国人大常委会发表《告台湾同胞书》，呼吁海峡两岸"相互之间应当发展贸易，互通有无，进行经济交流"②。1981 年 9 月 30 日，时任全国人大常委会委员长的叶剑英向新华社记者发表谈话，也提到建议双方"共同为通邮、通航、通商提供方便，达成相关协议"，"欢迎台湾工商界人士回祖国大陆投资，兴办各种经济事业，保证其合法权益和利润"。③ 1987 年台湾当局开放台湾民众赴大陆探亲之后，两岸经济关系进入一个迅速发展的新时期，祖国大陆立即制

① 李非：《21 世纪海峡两岸经济关系走向与对策》，北京：九州出版社，2002 年版，第 1 页。

② 《全国人大常委会告台湾同胞书》，《人民日报》，1979 年 1 月 1 日。

③ 中共中央党校、中共中央台办：《中共三代领导人谈台湾问题》，北京：九州出版社，2001 年版，第 496 页。

订了包括《关于鼓励台湾同胞投资的规定》等一系列政策法规，鼓励两岸的投资、贸易和经济技术交流活动。1994 年 3 月，全国人大通过了《台湾同胞投资保护法》，第一条就明确指出，“为了保护和鼓励台湾同胞投资，促进海峡两岸的经济发展，制定本法”①。

1995 年，江泽民同志在“为促进祖国统一大业的完成而继续奋斗”的讲话中，特别指出“面向二十一世纪世界经济的发展，要大力发展两岸经济交流与合作，以利于两岸经济共同繁荣，造福整个中华民族”②。2003 年 12 月 17 日，国务院台湾事务办公室专门发表“以民为本、为民谋利、积极务实推动两岸‘三通’”的白皮书，就两岸“三通”与经济交流问题进行了全面阐述。2005 年 3 月 14 日，全国人大通过《反分裂国家法》，其中也提到“鼓励和推动两岸经济交流与合作，直接通邮通航通商，密切两岸经济关系，互利互惠”③。4 月 29 日，胡锦涛在与连战会谈时就发展两岸关系提出四点主张，第二点主张就是“加强经济上的交流合作，互利互惠，共同发展”，认为“既是大势所趋，也是当务之急”④。

在积极推进两岸经济关系发展的过程中，祖国大陆逐渐总结出了发展两岸经济关系需要遵循的基本原则，即“坚持一个中国原则”、“对两岸经济交流与合作实行特殊管理，原则上按照对外经贸制度经济管理”、“坚持‘直接双向、互利互惠、形式多样、长期稳定、重义守约’的原则”。⑤除此之外，在具体的两岸经济关系实践中，“搁置政治争议，不以政治分歧影响、干扰两岸经济合作”、“平等协商、灵活协商”等等也都是发展两岸经济关系的重要原则。

第一，坚持一个中国原则是开展两岸经济合作与交流的基础与前提，按照对外经贸制度管理并不影响两岸经济关系的性质。

---

① 《中华人民共和国台湾同胞投资保护法》，《人民日报》，1994 年 3 月 6 日。

② 《为促进祖国统一大业的完成而继续奋斗》，《人民日报》，1995 年 1 月 31 日。

③ 《反分裂国家法》，《人民日报》，2005 年 3 月 15 日。

④ 《胡锦涛与连战会谈时就发展两岸关系提出四点主张》，新华社，2005 年 4 月 29 日电。

⑤ 中共中央台办、国务院台办：《中国台湾问题》，北京：九洲图书出版社，1998 年版，第 133 – 134 页。

1949年以来，尽管两岸尚未统一，但大陆和台湾同属一个中国的事实从未改变。这是两岸关系的现状，也是我们研究两岸关系的根本出发点和立足点。台湾从来都不是“一个主权独立国家”，因此不可能以“国家”的身份参与国际经济活动。两岸之间也不是“国与国的关系”，更不是“一边一国”，因此两岸经济关系就不绝对可能是“国家与国家之间”的关系。无论是在国际经济合作，还是两岸经济交流与合作中，都必须坚持一个中国原则。对于台湾当局在国际经济活动中制造“两个中国”、“一中一台”的言行，对于某些国家开展对华对台经济合作中违反一个中国政策的言行，对于台湾当局企图将两岸经济合作当做是“国家间合作”的任何言行，祖国大陆都会坚决予以反对。

考虑到台湾经济发展的需要和台湾同胞的实际利益，祖国大陆政府对台湾同外国发展民间性质的经贸关系不持异议，但必须在一个中国原则的前提下进行。在国际社会普遍接受一个中国原则的情况下，台湾在国际经济活动中的身份和定位已经由相关的国际章程明确规定。1985年11月，在中国政府与亚洲开发银行签署的谅解备忘录中，明确规定中华人民共和国作为主权国家参加亚行，而台湾作为中国的一个地区以“中国台北”（TAIPEI，CHINA）的名义参加亚行的活动。1991年8月，亚太经济合作组织高官会议通过决议，确定台湾以“中国台北”的名称以“经济体”的身份加入，台湾不能出席需要主权国家资格的外长会议，台湾领导人也不得参加APEC领导人非正式会议。[①] 1990年1月，台湾当局提出申请以“台湾、澎湖、金门、马祖单独关税区领域”的名义申请加入世界贸易组织，2002年1月，台湾以中国“台澎金马单独关税区（中国台北）”的名义正式成为世界贸易组织的会员。

上述事实都清楚地表明，台湾在国际经济活动中并不是以“主权国家”的身份或名义参与的，而只是作为中国的一个地区经济体或单独关税区的名义参加与非主权国家身份相关的活动，因此两岸经济合作的性质基本上可以定位为“中国主体与台湾地区经济体或单独关税区之间的经济关系”，这也

① 刘国深等著：《台湾政治概论》，北京：九州出版社，2006年版，第270－271页。

是一个中国原则在两岸经济关系领域的具体表现。

但是，两岸经济关系并不完全同于祖国大陆内部不同地区之间的经济关系，它具有一定的特殊性，特别在具体的经贸关系实践过程中，以大陆内部各个区域间的经济管理方式进行管理明显不合适，也难以操作，必须要实行特殊管理。有学者认为它是一种“按外贸进行管理的特殊的国内贸易”，台商投资视同港澳投资，属于外来资本的一个特殊部分；两岸航运则属于“特殊管理的国内航线”，按外贸运输进行管理。[①]将两岸经济关系“按照对外经贸制度经济管理”只是一种管理模式上的务实、灵活和变通处理，并不违背两岸经济关系必须遵循一个中国原则的基本原则。

第二，“不以政治分歧影响、干扰两岸经济合作”是促进两岸经济关系发展的重要保证，也符合两岸经济交流与合作中的市场经济规律。

在一个中国原则的基础上，祖国大陆主张不以政治分歧去影响和干扰两岸经济合作。虽然经济因素在两岸关系中发挥着重要作用，但两岸经济关系发展在一定程度上要受到政治因素的影响，台湾问题的最终解决还必须通过政治途径。大陆学者曹小衡认为，两岸目前的政治关系对两岸经贸合作的负面影响很大，它使互利与对抗、合作与提防始终贯穿于两岸经贸交流与合作过程之中，严重阻碍两岸经贸交流与合作的健康发展。[②]台湾学者蔡学仪也认为，两岸经贸间的往来，很多发展层面受到非经济因素的影响，两岸当局彼此互信不足所导致是主要症结，但是也有很多现象是显示两边执政者是以经贸为手段、政治为目标；当经贸往来只是过程与手段，而不是双方积极追求的目标，那么政治挂帅的经贸政策，当然就注定其发展必有其极限了。[③]

在笔者看来，两岸经济关系的发展受到政治因素的影响是必然现象，也是由当前两岸关系的客观现实所决定的；但这种影响并不意味着将一些经济问题“泛政治化”，而是应该想方设法将对经济问题的政治影响降到最低。

---

① 李非：《海峡两岸经济合作问题研究》，北京：九州出版社，2000 年版，第 24 页。

② 曹小衡：《东亚经济格局变动与两岸经济一体化研究》，北京：中国对外经济贸易出版社，2001 年版，第 7 页。

③ 蔡学仪：《两岸经贸之政治经济分析》，台北：新京文开发出版股份有限公司，2003 年版，第 53 页。

我们不能因为经济可能受到政治的影响，就不去积极推动两岸经济关系的发展；更不能因为两岸政治上的一些结构性难题在短时期内无法突破，就不去积极推动两岸经济关系的发展。正是为了解决政治和经济纠结在一起、政经不分的问题，祖国大陆提出了“不以政治分歧去影响、干扰两岸经济合作”[①] 的主张。

但是，这种“政经分离”并不意味着祖国大陆放弃坚持一个中国原则，放弃追求两岸关系和平发展和国家最终统一的根本目标。“政经分离”与“以经促政”是辩证统一的关系，体现了原则性与灵活性的统一。一方面，在一个中国原则下，两岸可以暂时搁置某些政治上的争议，大力发展经济关系，这样不仅有利于两岸之间的交流、沟通，增进双方的互信与理解，另一方面，也有利于进一步密切两岸经济联系，加深两岸经济的相互依赖，增强祖国大陆对台湾的吸引力，从而为促进祖国统一大业奠定坚实的经济基础。[②]

同时，不以政治分歧去影响、干扰两岸经济合作也符合市场经济的基本规律。两岸经济关系从本质上说并非某种集团性的“经济共同体”，而是一种以市场经济原则为取向的经济分工协作关系，理应由经济规律决定产业分工与协作的层次，由民间企业自发形成的经济力量推动两岸区域间的产业对接。两岸经贸关系发展的历史表明，虽然两岸政治上的难题一时难以破解，过去一段时间也曾对两岸经贸关系造成一定的阻碍，但两岸经贸关系依然能够突破政治障碍蓬勃发展，本身就足以证明两岸经贸关系的发展有其自身的规律，这就是市场的力量、经济的力量。只要我们排除人为的政治干扰，尽可能淡化政治色彩，降低意识形态的影响，就能够遵循经济学的相关原理，用市场和经济的力量来推动两岸生产要素流动的自由化，扩大两岸投资和贸易规模，推进两岸经贸关系进一步发展，造福于两岸人民。

第三，“直接双向、互利互惠、平等协商、方式灵活”是推动两岸经济交流合作的重要途径。

由于台湾当局多年的阻挠，海峡两岸的经济交流合作长期处在“间接、

---

① 《为促进祖国统一大业的完成而继续奋斗》，《人民日报》，1995 年 1 月 31 日。

② 李非：《海峡两岸经济合作问题研究》，北京：九州出版社，2000 年版，第 24 页。

单向、失衡”的状态，限制了两岸经贸关系的发展，是一种不正常的经济交往关系。2008 年 5 月以来，随着台湾岛内政治局势的变化，两岸经济关系的这种单向性特征有所改善，但离两岸经贸关系完全正常化还有一段距离。“直接双向、互利互惠”是发展两岸经济关系的基本要求，“平等协商、方式灵活”是促进两岸经济关系走向正常化的重要途径。两岸经济处于不同的发展阶段，客观上存在着互补的条件和巨大的发展空间，只有直接双向，才能够更好地节约成本、扩大贸易、吸引投资、刺激消费，不仅造福于台湾的厂商、有利于台湾经济的发展，更可以实现两岸经济持久健康的发展，实现经贸关系的互利互惠。

两岸平等协商是解决两岸经济关系发展中所衍生问题的最佳途径。即便是在李登辉和陈水扁当政时期，对于在发展两岸经济关系过程中遇到的事务性、技术性问题，祖国大陆也是主张本着“平等协商、方式灵活”的原则进行处理，也就是“协商方式可以尽量灵活，解决办法应当简单易行，力求使技术问题单纯化、解决方式便捷化”①。在上个世纪 90 年代海协会和海基会接触和对话期间，两岸之间就经贸关系发展中的诸多问题已经达成了协议。在台湾当局造成两会的对话、商谈无法恢复的情况下，祖国大陆又提出了“民间协商、达成共识、各自确认”② 的灵活处理办法，以图最大限度地解决两岸经贸关系发展中的实际问题，维护两岸同胞的共同利益。马英九上台后，两岸两会在“九二共识”的基础上迅速恢复协商，并分别在北京、台北、南京、台中进行了四次卓有成效的商谈，达成了十二项协议和一项共识，当前正就两岸经济合作框架协议问题进行协商，这些都对两岸经济关系的正常化和制度化发展有很大的裨益。

## 二、台湾方面对两岸经济关系的政治考量

与祖国大陆积极推动两岸经济关系发展不同的是，在很长一段时间内，

---

① 《以民为本、为民谋利，积极务实推进两岸“三通”》，《人民日报》，2003 年 12 月 17 日。

② 《以民为本、为民谋利，积极务实推进两岸“三通”》，《人民日报》，2003 年 12 月 17 日。

台湾方面对两岸经济交流与合作，特别是对两岸经济关系中日益明显和加强的相互依赖现象，始终保持着警惕和疑虑。在台湾的某些政党或政治势力看来，大陆强化台湾对大陆的经济依赖，是达成“以经阻独、以商促谈、以民逼官”这一政治目的的最佳策略手段，是要借“两岸经贸关系深化提高对台遂行经济统战之目的”。①因此，不论是李登辉时期的“戒急用忍”政策，还是陈水扁当政时期的“积极开放、有效管理”或“积极管理、有效开放”政策，都充满着政治上的考量。这些政治上的考量不仅影响到台湾当局的两岸经贸政策，更阻碍了两岸经济交流合作的正常发展。台前任“陆委会”主委陈明通 2007 年 6 月就表示，两岸经贸往来“能放得都放到差不多了”，如果要进一步开放，就会触到一个政治瓶颈；有些人说政治归政治，经济归经济，但实际上这是很现实的问题，如果这些政治问题不解决，“两岸经贸交流很难进一步突破”。②

马英九上台以后，台湾当局对两岸经贸关系的政治考量依然存在，但是与李登辉和陈水扁时期不同的是，马英九不仅仅只是看到两岸经贸关系可能给台湾带来风险的一面，更看到机会的一面。马英九当局在考量两岸经贸关系可能给台湾带来哪些负面影响的同时，更多的是从积极、开放的角度来看待两岸关系，来制定两岸经贸政策，以尽量减少对台湾经济负面的冲击，增加台湾可能获得的发展机会。回顾两岸经贸关系发展的历程，我们可以总结出，台湾方面对两岸经济关系的政治考量主要表现在以下三个方面：

第一，李登辉和陈水扁时期对发展两岸经贸关系都存在着背离一个中国原则和进行“台独”分裂活动的考量。

在 1987 年两岸开放往来以后，台湾当局就多次对经贸关系的发展采取“降温”的措施。1993 年，台湾当局就抛出“南向政策”，其中一个重要考虑就是降低台湾经济对大陆的依赖度，并运用经贸实力参与“政府间国际事务”。20 世纪 90 年代中期，正当两岸经贸关系处在快速发展的关键时期，李登辉当局出台了“戒急用忍”的经贸政策，提出发展两岸经贸应该“台湾安全第一，台湾利益优先、考量政治风险、规范大企业赴大陆投资”等政策

---

① 《“中华民国”95 年“国防”报告书》，台湾“国防部”，2006 年版，第 38 页。

② 《陈明通：两岸经贸卡在政治》，台湾《联合报》，2007 年 6 月 23 日。

主张。“戒急用忍”的背后有着明显的政治考量，当时李登辉当局在岛内外不断进行背离一个中国原则的分裂活动，将两岸关系定位为“两个对等互不隶属的政治实体”，“在国际上互为两个平行的国际法人”，甚至在国际上进行制造“两个中国”的活动。而“戒急用忍”就是在这样的背景下出台的，它的深层次考虑是，试图通过限制台商到大陆投资，拉开两岸经济的“安全距离”，降低台湾对大陆经济的依赖度，以利于维持“对等政治实体地位”。①

民进党上台之后，拒不接受一个中国原则，不承认九二共识，虽然将“戒急用忍”调整为“积极开放、有效管理”和“积极管理、有效开放”，但在两岸经济交流过程中，台湾当局依然声称，“在两岸互动上，必须确立台湾的主体性，坚持‘中华民国是主权独立的国家’，‘主权’属于2300万台湾人民，台湾前途任何的改变只有2300万台湾人民才有权决定。这是‘政府’两岸政策的最高指导方针”。②陈水扁在2007年元旦讲话中明确声称，台湾当局的两岸经贸政策，只有“台湾优先”的路线、只有“台湾主体意识”的路线，绝对没有（可能导致开放）的“苏修路线”。

在是否开放两岸“三通”直航的问题上，台湾当局的评估报告中列出了种种政治考虑，如直航可能会对台湾“国家主权”构成严重伤害、使台湾民众“敌我意识”趋于模糊、容易催化内部争议与对立、有利于中共对台统战、不利于台湾的国际宣传等等，报告声称“我们如果屈从中共当局的政治前提来推动直航，则势必严重伤害‘国家主权’及减损台湾‘国际地位’，这种无可弥补的代价绝非‘全国’民意所能接受”。③说到底，当时的民进党当局是担心两岸经济关系日趋紧密，两岸交流日益频繁，将不利于其声称的

---

① 刘映仙：《世纪之交的海峡两岸经贸关系之刍议》，《台湾研究》，1997年第3期，第1页。

② 台湾“陆委会主委”吴钊燮在2005年“大陆台商协会端午节座谈会”致词稿，台湾“行政院大陆委员会”网站，http：//www. mac. gov. tw/ct. asp? xItem = 61951&ctNode = 6226&mp = 1。

③ 台湾“陆委会”：《两岸“直航”之影响评估》，2003年8月15日，台湾“行政院大陆委员会”网站，http：//www. mac. gov. tw/ct. asp? xItem = 58241&ctNode = 5645&mp = 1。

“台湾主体意识”的建立，不利于其凝聚所谓“台湾的国家认同”，不利于其“台独”分裂活动的进行。

第二，台湾某些政党和政治人物经常将两岸经济问题“泛政治化”，从选举利益的考量出发，谋取政党和个人私利。

台湾一些政治势力将两岸经济关系政治化的另一个重要考量是选举利益的考量，特别是在民进党上台以后，这一考量表现得尤为明显。在以胜选为最高考量的情况下，民进党当局往往将两岸经贸政策的开放、两岸“三通”直航等问题作为选举的议题和工具来进行政治上的操弄，主要表现在两个方面：一方面，民进党当局为了向“台独基本教义派”做出交代，巩固泛绿阵营的基本票源，在选举的过程中除了攻击国民党等政治对手在两岸经贸关系上的开放政策主张以外，还经常指责两岸经济关系的发展造成了台湾经济的“空洞化”、造成台湾的失业问题，声称两岸直航可能会导致“中国并吞台湾”等等。为此，陈水扁当局不断向“台独基本教义派”许诺对两岸经贸关系进行限制，在任期内不开放两岸“三通”等。

另一方面，为了吸引中间选民的选票，向台湾的工商业者作出交代，并缓解来自美国、欧洲商界的压力，陈水扁当局在选举过程中又不得不在两岸经贸政策问题上做出一些看似会开放的表态。比如陈水扁在2003年8月提出“两岸直航三阶段说”，并表示2004年底推动全面直航，但实际上陈水扁只是希望将两岸直航作为一个选举的议题来炒作，暂时安抚中间选民和工商业者，以骗取他们的选票。民进党当局将两岸经贸政策与选举考量挂钩的直接后果是使台湾当局的两岸经贸政策受制于“台独基本教义派”。只要有选举，民进党就很难采取更为积极开放的政策，直接阻碍了两岸经济关系的正常发展。

第三，台湾普遍存在着对大陆经济依赖程度过深，会威胁台湾所谓“政治、军事、经济、社会安全”的思维。

台湾方面对两岸经贸关系的另一个重要考量是所谓“国家安全”的考量。台湾当局一向将大陆视为台湾“最大的外在威胁”，认为两岸经济相互依赖过深可能会危及台湾的“军事安全”、“政治安全”、“经济安全”与“社会安全”。这种想法不仅存在于台湾当局的执政思维中，也存在于很多学者和普通民众的思维中，成为台湾民众对发展两岸经济关系心存疑虑的一个重要原因。2005年6月，陈水扁在接受岛内一家电视台采访时表示，“中国的威胁，我们不能当成不存在，因为他不是一般的‘国家’，他不是美国、日本、东南亚或欧洲国家，它是对我们有威胁的，所以不管如何，我们的风险管理一定要考虑，不是只有所谓的互利互惠”。① 并声称“政府的角色必须积极负起管理的责任，才能有效降低开放的风险。执政者必须着眼于‘国家’长远的发展，为可以预见的风险把关，扮演经济安全的守门人，不能够讨好或取巧”。②连台湾的军方都有这样的担心，“倘若未来两岸关系恶化，中共有可能禁止我产品输往大陆或是冻结民生物资输往台湾，藉此对我施加经济制裁，用以瘫痪台湾经济、瓦解我方士气”。③ 因此，在维护所谓“国家安全”的幌子下，陈水扁当局对两岸经贸关系采取限制性政策，并阻挠两岸“三通”直航的实现。

马英九上台以来，台湾当局和民众对两岸经贸关系发展可能会影响台湾安全的疑虑并没有完全解除，但是与民进党时期相比，马英九当局的思维更加开放而不是继续选择保守的做法，其追求安全的路径是通过对话而不是对抗。2008年8月，马英九在接受媒体采访时表示，“中国大陆正在成为世界上最大的经济体，台湾无法避免中国大陆的经济冲击。我们应该慢慢地改变思考模式，以便适应一个崛起的中国之事实。我想要说的是，我们可以认为中国大陆是一个危险而增加我们的国防，或者认为中国大陆是一个机会，并毫不保留地开放自己”。④对于马英九当局新的安全观念，民进党和某些政治势力依然从保守僵化的思维出发，攻击马英九当局的做法是损害台湾的安全。

---

① 陈水扁接受非凡电视台“晚安台湾”节目专访，2005年6月27日，台湾“总统府”网站，http：//www. president. gov. tw/php-bin/prez/shownews. php4？Rid=10856&_ recNo=0。

② 《陈水扁2006年元旦祝词（2006年1月1日）》，台湾“行政院大陆委员会”网站，http：//www. mac. gov. tw/ct. asp？xItem=57212&ctNode=5645&mp=1&xq_ xCat=2006。

③ 《“中华民国”95年“国防”报告书》，台湾“国防部”，2006年版，第38页。

④ 《马英九接受义周刊专访》，台湾“中央社”台北2008年8月29日电。

# 第二节　两岸经济互赖的形成与发展

随着两岸经济关系的推进和发展，越来越多的人感觉到，两岸经济关系的依赖度逐步增强，互补互利的局面已经形成。台湾学者高长认为，两岸经贸关系愈来愈密切，这一方面表现在两岸经贸相互依存度不断提高，另一方面则是两岸整合程度逐渐加深，两岸经济交流也成为台湾参与国际产业分工的重要环节。①我们对海峡两岸经济相互依赖关系的分析首先就涉及以下几个方面的判断，即海峡两岸是否形成相互依赖？是怎样形成的相互依赖？相互依赖的程度有多高？

## 一、两岸经济相互依赖的形成条件

在第一章，我们讨论了相互依赖的概念，从这些概念中，我们大概可以初步总结出相互依赖形成的条件和判断标准。笔者认为，"开放"、"互动"、"代价"是我们在判断两岸是否形成相互依赖的经济关系时需要把握的关键词。

（一）两岸经济相互依赖的重要前提就是要实行开放的经济政策。

当今的世界是一个开放的世界，不论是祖国大陆还是台湾，其发展都离不开经济上的开放。对外开放不仅仅只是贸易往来，而是多领域、多渠道和全方位的开放，包括通过对外贸易对国际商品市场开放；通过引进外资、对外投资，对国际资本市场开放；通过技术交流和转让，对国际技术市场开放；通过对外劳务合作，对世界劳务市场开放等等。②

两岸之间的开放也是如此，大陆和台湾不仅各自要对世界上其他的国家或地区开放，两岸之间更应该保持一个开放的经济环境，以便让商品、资本、技术、人员等要素在两岸之间流动，利用各自的资源和生产要素的优势，增加资源供给，提高资源的利用效率，共同促进经济的发展。蒙代尔认

---

① 高长、王正旭：《两岸关系的回顾、新情势与前瞻》，台湾《远景基金会季刊》，2008年第3期，第177页。

② 刘赛力主编：《中国对外经济关系》，北京：中国经济出版社，1999年版，第6页。

为，当生产要素不能在两国间自由流动，同时又不存在任何贸易障碍的前提下，只要存在资源禀赋的相对差异，国家间就可以通过国际分工与相互贸易达到资源优化配置。[①]虽然两岸之间的政治障碍从1949年以来一直都存在，两岸的资本、人员等生产要素的流动受到一定的限制，但只要经济环境是开放的，经济互动的趋势就难以阻挡。

台湾经济对外开放比较早，台湾地区资源比较缺乏，土地面积有限，市场规模狭小，科技基础薄弱，经济发展受到制约，明显带有“浅碟子经济”特点。因此，对外开放的程度直接关系到其经济发展的成败。为了解决这个问题，台湾选择了外向型的经济发展道路，对外开放度一直都比较高，对海外市场和贸易的依存度也比较高。1980年，台湾经济对外贸易依存度高达95．6%，其中对出口依存度也达47．89%。[②]

相比之下，祖国大陆在1949年以后，由于受到内外环境的影响，很长的一段时期内维持着“闭关自守、只给自足”的经济发展模式，在发展对外经济关系的形式、规模、内容等方面都受到很大的限制，严重影响到国民经济的发展。两岸之间更是如此，从1949年到1978年，由于两岸处于政治、军事对峙状态，台湾当局对两岸经贸往来采取完全禁止的政策，两岸经贸联系也基本中断，虽然偶尔有一些间接贸易，但贸易额也是微乎其微。有学者形容这一时期的两岸经贸联系“处于某种特殊的历史断层带”[③]。在这一时期，两岸经济连交流合作的机会都没有，就更谈不上构成相互依赖了。只有在1978年祖国大陆也实行对外开放政策之后，两岸经济上形成相互依赖才存在可能性。

（二）正常、频繁、双向互动的经贸联系是两岸经济相互依赖的重要基础。

1979年之后，两岸经贸关系开始出现复苏的迹象。但是从1979年至1987年，两岸经贸关系并没有构成相互依赖，主要是因为，一方面，这一时

---

① 曹宏苓：《国际区域经济一体化》，上海外语教育出版社，2006年版，第85页。

② 中共中央台办、国务院台办：《中国台湾问题》，九洲图书出版社，1998年版，第25页。

③ 李非：《海峡两岸经贸关系》，对外贸易教育出版社，1994年版，第72页。

期的两岸经贸关系发展既不稳定，也不频繁，规模也不大，基本上是处在初兴和起伏发展的不正常阶段；另一方面，这一时期的两岸贸易主要以转口和单向为主，甚至处于地下或非法的状态，缺乏形成相互依赖的基本条件。

1983 年以前的两岸经贸范围以通过香港转口的间接贸易为主，处于暗中和非法的状态，贸易规模非常小，发展起伏不定，呈现大起大落的态势。1984 年以后，虽然两岸转口贸易有较大程度的增长，两岸的经贸往来范围也开始扩大，也有部分台商通过第三国或第三地来大陆投资设厂，但两岸贸易额度依然不大，成长起伏还是不够稳定，台商投资也处于规模小、层次低和非公开的状态。[①] 1985 年，台湾当局宣布“对港澳地区转口贸易三项基本原则”，对台湾与大陆的贸易由禁止改采“不接触、不鼓励、不干涉”的政策，等于变相同意台湾与大陆的间接贸易往来，台湾产品转口大陆实现了单向合法化，在规模上也实现了从 1979 年以来的第二次高潮。

**表 2－1　1978－1987 年海峡两岸进出口贸易统计**

（单位：亿美元，%）

| 年份 | 进出口总额 | | 大陆对台出口 | | 大陆自台进口 | |
|---|---|---|---|---|---|---|
| | 金额 | 增长率 | 金额 | 增长率 | 金额 | 增长率 |
| 1978 | 0. 46 | / | 0. 46 | / | 0 | / |
| 1979 | 0. 77 | 67. 4 | 0. 56 | 21. 7 | 0. 21 | / |
| 1980 | 3. 11 | 303. 9 | 0. 76 | 35. 7 | 2. 35 | 1019. 1 |
| 1981 | 4. 59 | 47. 6 | 0. 75 | －1. 3 | 3. 84 | 63. 4 |
| 1982 | 2. 78 | －39. 4 | 0. 84 | 12 | 1. 94 | －49. 5 |
| 1983 | 2. 48 | －10. 8 | 0. 9 | 7. 1 | 1. 58 | －18. 16 |
| 1984 | 5. 53 | 123 | 1. 28 | 42. 2 | 4. 25 | 169 |
| 1985 | 11. 01 | 99. 1 | 1. 16 | －9. 4 | 9. 85 | 131. 8 |
| 1986 | 9. 55 | －13. 3 | 1. 44 | 24. 1 | 8. 11 | －17. 7 |
| 1987 | 15. 16 | 58. 7 | 2. 89 | 100. 7 | 12. 27 | 51. 3 |
| 1988 | 27. 21 | 79. 5 | 4. 79 | 65. 7 | 22. 42 | 82. 7 |

资料来源：中华人民共和国海关总署，转自国务院台湾事务办公室网站。

① 崔之清、张世宏：《海峡两岸经贸关系的制衡因素及其发展趋势》，载《海峡两岸关系学术研讨会论文集》，全国台湾研究会、全国台联、中国社科院台湾研究所，1991 年版，第 532 页。

两岸经济关系真正频繁、正常、双向互动开始于1987年两岸开放之后。由于开放带来的两岸互动加剧，双方贸易往来进入新的转型时期，转口贸易逐渐实现双向合法化，两岸贸易由单向转向双向，由地下转为地上，贸易额大幅上升。这一时期，两岸投资关系也开始深化，台湾当局放宽外汇管制，加上开放探亲后台湾同胞到大陆考察、洽谈投资环境人数的增多，都导致台商投资大陆热潮的到来。在开展贸易和投资的过程中，虽然也存在一些竞争性和不平衡性，但两岸经贸往来的互补性逐渐凸现出来，而且随着经贸关系的发展表现得越来越明显，两岸经济关系相互依赖的条件逐渐成熟。从1988年至今，两岸经贸关系取得了长足发展，两岸经济的相互依赖关系也随之逐渐形成。

（三）两岸经济相互依赖形成的重要条件是双方都要为此付出代价。

两个行为体之间的相互联系不等于相互依赖，相互依赖必须在一定程度上限制了行为体的自主权。因此理解相互依赖概念的一个关键点在于，行为体之间的互动是否带来了需要付出代价的结果。相互依赖是建立在利益合作和协调的基础上的，处在国际分工网络中的每个国家或地区，作为一个独立的体系与其他国家相互依赖，其本质就是利益的相互依赖，没有合作和利益的协调一致，相互依赖就会对一个国家的经济利益造成损害。①在利益合作与协调的过程中，各个国家或地区在获得收益的同时，也必须付出一定的成本，也就是要付出代价。基欧汉和奈认为，“当交往活动产生需要各方付出代价的相互影响时（这些影响并不必然是对等的），相互依赖便出现了。”②

相互依赖一旦形成，这种代价就必须付出，它主要表现在两个方面，一方面，双方想要继续维持这种相互依赖的局面，就必须继续付出成本，以取得收益；另一方面，任何一方要想中止或退出这种经济关系，也必须付出代价，而这种代价往往是他们所难以承受或不想付出的。但是，相互依赖并非意味着彼此处于平等的经济地位，或经济利益分配上的平衡，或贸易上的平

① 金应忠、倪世雄：《国际关系理论比较研究（修订本）》，中国社会科学出版社，2003年版，第336页。

② ［美］罗伯特·基欧汉、约瑟夫·奈著，门洪华译：《权力与相互依赖（第3版）》，北京大学出版社，2002年版，第10页。

衡，相互依赖也不意味着没有依赖关系的存在或是没有经济剥削现象，而是一种处于互惠互利原则下的关系，是相互而有可能非平等的依赖，以比较现实的方式争取经济利益。①也就是说，我们在判断是否形成相互依赖时，是否平衡获利并不是一个必要条件，因为我们无法事先认定某种关系的收益会大于其所付出的代价。

如果从付出代价的角度来分析两岸经贸关系发展的历程，我们就会发现，从1979到1987年，两岸经济关系并不是很密切。根据台湾“陆委会”的数据统计，1981 年至 1987 年，大陆对台湾进出口贸易依赖度最高为2.06%，最低仅为0.67%，平均依赖度为1.19%；台湾对大陆的进出口依赖度最高为2.17%，最低仅为0.64%，平均为1.25%（见表2-2）。如果撇开政治上的代价不谈，仅仅从付出经济代价的角度来看，这一时期的两岸经贸关系尚没有达到一旦中断经济联系，双方的经济都会受到很大冲击，这种冲击让双方难以承受的程度；也没有达到两岸在经济上都不愿意付出中断经济联系这种代价的程度。

**表2-2　1981-1987年台湾与大陆贸易相互依赖度统计**

单位：%

| 年份 | 台湾对大陆依赖 | | | 大陆对台湾依赖 | | |
|---|---|---|---|---|---|---|
| | 出口依赖 | 进口依赖 | 总贸易依赖 | 出口依赖 | 进口依赖 | 总贸易依赖 |
| 1981 | 1.70 | 0.35 | 1.05 | 0.34 | 1.75 | 1.04 |
| 1982 | 0.88 | 0.44 | 0.68 | 0.40 | 0.94 | 0.67 |
| 1983 | 0.80 | 0.44 | 0.64 | 0.49 | 1.55 | 1.03 |
| 1984 | 1.40 | 0.58 | 1.06 | 0.38 | 1.01 | 0.67 |
| 1985 | 3.21 | 0.58 | 2.17 | 0.42 | 2.34 | 1.58 |
| 1986 | 2.04 | 0.60 | 1.49 | 0.47 | 1.89 | 1.29 |
| 1987 | 2.28 | 0.83 | 1.71 | 0.73 | 2.84 | 2.06 |

注：台湾对大陆的出口贸易依赖度指台湾对大陆出口金额占台湾出口总额的比重，

① 宋镇照：《发展政治经济学——理论与实践》，台湾五南图书出版股份有限公司，2005年版，第104页。

其他以此类推。

资料来源：台湾“行政院大陆委员会”，《两岸经济统计月报》，第65期，1998年1月。

但是从1988年至今，两岸经贸关系的快速发展使双方经济利益的融合越来越密切，利益量也越来越大。根据中国海关总署和台湾“行政院主计处”的统计，两岸贸易额在1987年仅15.16亿美元，到1993年突破100亿美元，达143.95亿美元，再到1998年突破200亿美元，达204.98亿美元；此后每一两年就以超过100－200亿左右的速度增长，直到2006年，两岸贸易额已经达到1078.4亿美元，台湾对大陆的贸易依赖度达25.3%，大陆对台湾的贸易依赖度达6.1%。[①]如此庞大的贸易额和高贸易依赖度让双方为了维持这种经贸联系所需要付出的成本越来越大，自然中断这种经济联系付出的代价也越来越大。虽然两岸的经贸关系由于受到台湾当局某些政策限制的影响，尚处于不平衡的状态，但双方互利互惠的局面已经形成。可以说，不管是大陆还是台湾，都依然希望能够在两岸经贸关系发展中付出成本，以取得更大的收益，同时，都不愿意也难以承担中断两岸经贸联系所付出的巨大代价。

## 二、两岸经济相互依赖的发展阶段

两岸经贸关系从1979年以来经历了不同的发展时期，每个时期都有自己的表现特征。对于两岸经济关系发展阶段的分期，学者们的看法并不完全一致。李非教授从两岸经济合作三次重大转折的角度出发，将1999年以前的两岸经济关系分成三个阶段，即1979－1987年是以贸易主导为特征的阶段；1988－1991年是以贸易主导向投资主导过度的阶段；1992－1999年是以投资主导为特征的阶段。[②]

曹小衡教授则从发展的程度出发，将两岸经贸关系分成三个阶段，即

---

① 《2006年两岸贸易额占各自对外贸易的比重》，中华人民共和国商务部台港澳司网站，http://tga.mofcom.gov.cn/aarticle/jingmaotongji/redht/200704/20070404548637.html。

② 李非：《海峡两岸经济合作问题研究》，北京：九州出版社，2000年版，第89－90页。

1979-1991年两岸紧张关系缓和，两岸贸易起步阶段；1991-1997年大陆经济驶入快车道，两岸贸易高速发展阶段；1998年之后的两岸贸易平稳发展，酝酿突破的阶段。①

台湾有学者从经贸关系发展的基本特征和政策演变的角度将1979-2000年两岸经济关系发展历程分成四个时期，即1979年到1986年为试探性阶段；1987年到1992年为成熟期阶段；1993年到1996年为谨慎保守阶段；1996年到2000年为戒急用忍阶段。②

另外也有人将1989-1992年描述为间接贸易交流时期；1992-1996年为政策法制化和经济关系深化时期；1997-2000年为“戒急用忍”政策时期；2001年至今为“积极开放、有效管理”与“积极管理、有效开放”时期。③

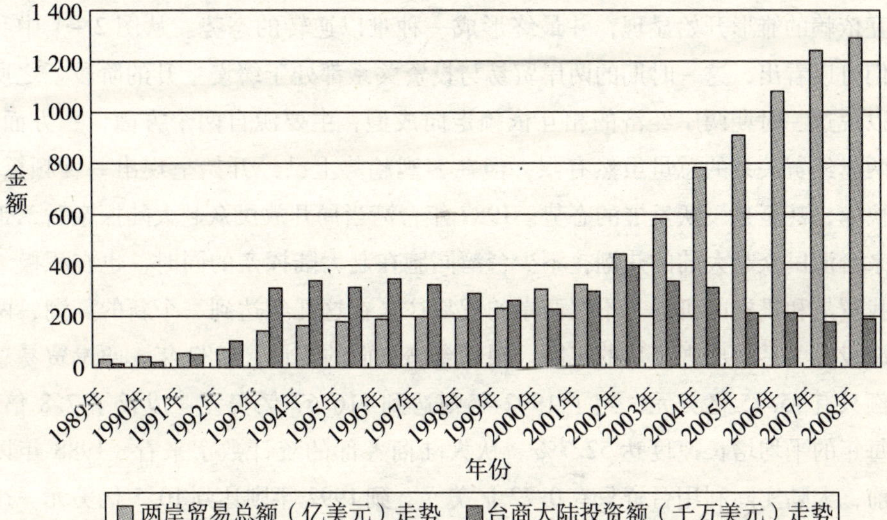


图2-1 1989-2008年两岸贸易投资走势图

注：制图数据来源于中华人民共和国海关总署和商务部。

---

① 曹小衡：《东亚经济格局变动与两岸经济一体化研究》，北京：中国对外经济贸易出版社，2001年版，第174-182页。

② 蔡学仪：《两岸经贸之政治经济分析》，台北：新京文开发出版股份有限公司，2003年版，第24页。

③ 刘婉婕：《由互赖理论探讨台海两岸经贸之发展（1989-2005）》，台中：中兴大学国际政治研究所硕士学位论文，第44-47页。

上述分期方法对分析两岸经济相互依赖关系的发展阶段有一定的借鉴意义，根据两岸经济关系的性质和相互依赖的形成条件，我们既要考虑到经济规律自身的影响与作用，从客观角度观察两岸经贸关系发展的现实状况，也需要从主观的角度出发，考虑到台湾当局某些限制性政策对两岸经贸关系发展的干扰作用。笔者根据商务部和海关总署的数据，对1989年以来两岸贸易总额、投资项目的发展进行图表交叉分析，得出两岸贸易投资的走势图（见图2-1），并在此基础上，结合祖国大陆政府和台湾当局的经贸政策演变，以及两岸经贸大环境的发展变化，将两岸经济相互依赖现象大致分为以下几个发展阶段：

两岸经济相互依赖的成型阶段（1988-1992年）：这一时期两岸经济相互依赖的雏形开始显现，并最终形成一种难以逆转的态势。从图2-1中我们可以看出，这一时期的两岸贸易与投资关系都处于缓慢上升的阶段。之所以说这一时期两岸经济的相互依赖走向成型，主要源自两个方面，一方面，两岸经贸关系的总量虽然有限，但在客观趋势上已经开始呈现出一种频繁、快速，甚至是飞跃发展的态势。1987年台湾当局开放民众赴大陆探亲后，带来台湾民众赴大陆的热潮，不少台湾同胞在赴大陆探亲的同时，也在积极寻找贸易和投资的机会。不仅两岸的贸易往来在这几年达到一个新的高潮，两岸投资关系也出现了质的飞跃。根据台湾方面的统计，1987年，两岸贸易总额只有15.15亿美元，到了1992年则达到116.67亿美元，成长了7.8倍，每年的平均增长速度达52.7%。从大陆商务部的统计数字来看，1988年以前，大陆实际利用台资只有0.22亿美元，到1992年则达到10.5亿美元。这一时期，两岸经贸关系的形态出现了质的变化，由过去的贸易带动投资转变为贸易与投资互相带动，意味着两岸经贸关系由贸易主导阶段向贸易与投资并重阶段。①

另外一方面，为了适应两岸经贸关系发展的新形势，祖国大陆和台湾当局在经贸政策上都进行了调整。祖国大陆适时出台了鼓励台商投资的相关政策法规，1988年2月，国务院颁布鼓励台商投资的《关于鼓励台湾同胞投资

① 李非：《海峡两岸经贸关系》，北京：对外贸易教育出版社，1994年版，第91页。

的规定》，在积极改善投资环境，给予在投资大陆的台商合法保护的同时，在政策上也给予特别的优惠和便利。1990 年 2 月，国务院又提出加强对台贸易工作目标，要求相关单位扩大对台贸易，强化对台经贸监管与协调，积极吸收台资以及改善大陆投资环境。面对两岸经济交流日益扩大、更为频繁的大趋势，台湾当局也不得不进行政策调整。1988 年 4 月，台湾当局规定，两岸间接贸易只要符合“不直接由大陆通商口岸出航、不直接与大陆进行通汇、不直接由台湾公司进行接触”等“三不”原则，就属于合法范畴。1990 年，台湾当局公布“对大陆地区投资和技术合作管理办法”，1992 年 7 月，台湾“立法院”通过“两岸人民关系条例”，为台商赴大陆投资提供“法源”依据。这些政策法规不仅在一定程度上解决了过去两岸经贸关系中的“非法、隐蔽、地下”等不正常情形，而且为今后的两岸经贸关系的长远发展提供了相对规范的政策框架和法律保障。

在客观形势与主观政策的双重影响下，两岸经济相互依赖的态势也逐渐成型。不仅两岸的贸易、投资数量达到一定的程度，两岸经贸关系初步形成了“你中有我、我中有你”的态势，而且这种态势是不可逆转的，两岸之间要割裂这种经贸联系，将要付出比过去大得多的代价，双方都需要审慎思考是否能够接受这种代价的付出。当然，我们也应该看到，这一时期的两岸经济相互依赖尚处于初级阶段，这种关系依然是脆弱的，无论是贸易还是投资，对两岸总体经济的影响还是比较有限。当时就有学者认为，大陆已经与世界上 160 多个多家或地区有经贸关系，吸引外资到大陆投资，台湾当局限制台商到大陆投资，对大陆的影响可以说是微乎其微的。[①]言下之意是，当时的台商赴大陆投资对大陆整体吸引外资的影响是极其微弱的，大陆可以承受不接受台商投资的代价。

两岸经济相互依赖的巩固阶段（1992 年 - 2001 年）：在两岸相互依赖的态势初步成型后，从 1992 年起，便进入了一个巩固发展的阶段。从图 2 - 1 中我们可以看出，从 1992 年到 2001 年，两岸贸易和投资发展的走势相对比

① 刘建兴：《怎样认识两岸经贸的互补、竞争和不平衡》，载《海峡两岸关系学术研讨会论文集》，全国台湾研究会、全国台联、中国社科院台湾研究所，1991 年版，第 491 页。

较平缓，中间偶尔还有波动和反复。如果依然从两岸经贸关系发展的客观情势和两岸当局的政策演变来分析，我们可以发现，在1992－2001年，两岸贸易和投资在深度和广度上都在持续、稳定发展，同时也出现了一些新的趋势。在近十年的时期内两岸每年的贸易总额基本上都维持在100亿美元到300亿美元左右的区间内，虽然每年的绝对贸易额都超过1992年之前，但年增长速度却并相对有限。从大陆吸收台商投资的情况来看，根据商务部的统计数据，从1993年到2001年，每年的实际利用台资额度都徘徊在30亿美元左右。笔者认为，这既是两岸经贸关系发展走向成熟的表现，也是两岸经济相互依赖的态势逐渐巩固的表现；也预示着这一时期两岸经贸关系在发展、调整、巩固的同时，正在蓄势待发，酝酿新的突破。

伴随着两岸经贸关系的稳定发展，祖国大陆和台湾当局对经贸关系的规范化与法制化步伐也在加强。两岸先后成立了“海基会”和“海协会”，1999年以前在两岸经贸交流的事务性商谈中扮演着重要角色。1994年全国人大常委会通过了《台湾同胞投资保护法》，1995年江泽民主席发表《为促进祖国统一大业的完成而继续奋斗》的讲话，提出要大力发展两岸经济交流与合作，以利于两岸经济共同繁荣。1996年交通部与外经贸部先后发表《两岸间航运管理办法》和《两岸间货物运输代理业管理办法》，1997年厦门、福州与高雄港开始试点直航。但是，这一时期，台湾当局对两岸经贸政策却采取了不少限制性的政策措施，导致两岸经贸关系处于“单向、间接、不对等”的状态。1996年9月，李登辉提出要以“戒急用忍”来处理企业赴大陆投资事宜。翌年9月，台湾当局颁布实施规范台商赴大陆投资新版办法，限制台湾企业赴大陆投资的上限和投资项目。台湾当局的限制性政策虽然并没有能够完全阻止台商赴大陆投资的步伐，但却使两岸经贸关系“发展到一定的程度难以继续发展”①。

这一时期两岸经济相互依赖出现的一个新特点是，两岸相互之间的贸易依赖度大幅提高。根据台湾“陆委会主计处”的数据，从1993－2001年，台湾对大陆贸易依赖度最高为2001年的12.10%，最低为1993年的9.32%；

---

① 曹小衡：《东亚经济格局变动与两岸经济一体化研究》，北京：中国对外经济贸易出版社，2001年版，第182页。

而大陆对台湾贸易依赖度最高为1996年的8.21%，最低为2001年的5.46%（见表2-6）。而且，从1992年起，台湾对大陆的贸易顺差每年平均超过台湾对全球贸易的顺差，也就是说，如果扣除台湾对大陆的贸易顺差，台湾将会在全球贸易中陷入巨额贸易逆差的窘境。①这些都表明，两岸之间的经济相互依赖已经达到一个相对较深的程度，无论是大陆还是台湾，特别是对台湾而言，都再也难以付出中断两岸经贸联系所带来的经济代价。

两岸经济相互依赖的深化阶段（2001年至今）：进入二十一世纪以来，两岸经济的相互依赖呈现出前所未有的持续深化的态势。从图2-1中我们可以看出，2001年以后的两岸经贸关系无论在数额上还是增长率上都呈现快速攀升的态势。在两岸投资关系方面，台商对祖国大陆的投资呈现快速扩张的趋势，不仅投资的地域越来越广，投资的规模越来越大，投资的形式也越来越多样，祖国大陆成为台湾对外投资最多的地区，台商在大陆的发展也进入了本土化经营的高级阶段。②特别是2002年以来，台湾对大陆的投资已经超过其对海外投资的一半以上。在台商投资大陆的带动下，两岸贸易关系也得到长足发展，两岸的贸易依存度持续攀升。2002年台湾对大陆的贸易依赖度首度突破20%，达22.56%，这一比例还在继续升高之中。到2003年，大陆已经成为台湾最大的贸易伙伴和最大的贸易顺差来源地，而台湾也成为大陆第二大进口市场，第五大贸易伙伴。而且，在2000年之后，台湾每年从祖国大陆获得的顺差都超过200亿美元，其中2005年为581.3亿美元，2006年为663.74亿美元，与大陆的贸易关系已经成为对台湾经济发展有举足轻重影响的重要方面。

在2001年后，两岸经贸关系改善还有一个大的背景，就是民进党当局改变“戒急用忍”的经贸政策为“积极开放、有效管理”，而且在2001年底和2002年初，大陆和台湾先后加入世界贸易组织，这些都为两岸经贸关系的发展创造了相对有利的环境。台湾当局先后减少了产业面的对大陆投资

---

① 蔡学仪：《两岸经贸之政治经济分析》，台北：新京文开发出版股份有限公司，2003年版，第26页。

② 邓利娟主编：《21世纪以来的台湾经济：困境与转折》，北京：九州出版社，2004年版，第340页。

限制，取消了5000万元的投资上限，开放了八吋晶圆赴大陆投资、分阶段开放大陆企业赴台投资服务业等。但是，当时的民进党当局并没有改变对两岸经贸关系进行限制的固有思维模式，即便在“积极开放、有效管理”的政策下，依然对高科技领域设备、技术、人才、资金等进行严格管控，依然设有对大陆投资不能超过净资产40%的投资上限等等。民进党当局的这些限制性政策并没有能够有效阻挡两岸贸易的快速发展，也没有能够阻挡台商对大陆投资的快速提升。这充分说明，两岸经济上的相互依赖已经发展到一个比较成熟和深入的状态，在一定程度上能够抵御政治和政策因素的影响。

马英九上台以来，两岸经贸关系的发展面临着新的历史机遇。随着马英九当局大幅调整和开放两岸经贸政策，两会协商达成多项有利于两岸经济合作的协议，加上两岸“三通”直航的实现，都为两岸经贸关系跃上一个新台阶创造了前所未有的条件。实际上，过去两年来，两岸经贸关系发展的政治、政策与法律环境都发生了重大变化，两岸经贸往来的方式也更加便捷直接，两岸双向投资也逐渐得以实现，两岸经贸的双向互动持续增强，两岸经济关系正常化已初见端倪。一旦两岸经济合作框架协议得以签署，两岸经济互赖关系也将进入一个新的阶段，两岸关系和平发展也会进入一个新的时期。

## 第三节　两岸经济互赖的具体表现

在从纵向的角度论述两岸经济相互依赖的形成和发展之后，我们也需要从横向的角度探讨两岸经济相互依赖的具体表现。一般来说，贸易、投资、金融关系是衡量经济相互依赖的最重要的三个领域。但从两岸经济关系发展的现实来看，两岸的金融往来由于受到台湾当局的严格限制一直呈现严重滞后的状态，维持着低层次的间接往来模式，相互依赖表现得并不明显和充分。因此，本节所要探讨的主要是两岸在贸易、投资及其他领域相互依赖的具体表现。

### 一、两岸经济相互依赖度的测量

相互依赖度是测量两岸经济相互依赖程度，以及两岸经济交往对两岸经济发展影响的重要指标。有的学者从利益得失的角度来分析相互依赖度，美国学者卡尔·多伊奇对相互依赖的幅度和范围做出了描述。他认为，一个国家或地区A对另一个国家或地区B的依赖幅度，就是A与B的交往，A最大的价值收益与最严重的价值损失之间所产生的差距。同样，由A引起B变化的得与失的幅度，构成B对A的依赖幅度。进一步说，A与其他国家或地区交往中的得失幅度，体现了它对世界其他部分的依赖幅度。A的内部事件能使世界其他部分产生变化的幅度，表示出世界对A的依赖幅度，这两个幅度的重合，就表示出世界与A之间的相互依赖。多伊奇还指出，一个国家或地区A对另一个国家或地区B的依赖范围，在于B所发生的变化能对A的各种活动和结构产生巨大影响；反之，B为对A的变化做出反应而可能发生重大变化的各类进程和结构，构成了B对A的依赖范围。两个依赖范围放在一起，即成为A与B之间相互依赖的范围。①卡尔·多伊奇更多的是从定性的角度来分析相互依赖的范围和幅度，这种模式在分析非经济领域，或者政治、经济等综合的相互依赖时有很重要的价值。

对于经济领域的相互依赖，传统经济学理论衡量相互依赖程度的三大指标是：(1）国际贸易的增长与国内生产总值的增长之比；(2）出口贸易占国内生产总值的比率；(3）国际间资本双项流动指标（这又包括非货币部门长期私人流动资本总额占国内生产总值比重、私人资本流动总额占国内生产总值比重）。②也就是说，相互依赖度的指标中应该既包括贸易依存度，也包括投资依存度，还包括贸易和投资依存度在内的经济依存度。具体到两岸经济相互依赖关系说，主要有以下几个方面的内容：

（一）两岸贸易依赖度的计算。

两岸贸易依赖度反映大陆或台湾的进出口贸易在各自的对外贸易总额和国内生产总值（GDP）中所占的比重，经常被用于表示两岸贸易在各自的贸易和经济发展中的地位及影响力，也有人认为可以间接反映出两岸相互之间的经济开放度。对两岸贸易依赖度的分析可以分解为以下几个部分：

---

① ［美］卡尔·多伊奇著，周启朋等译：《国际关系分析》，北京：世界知识出版社，1992年版，第352－353页。

② 陈刚：《经济全球化与相互依赖》，《外交学院学报》，2000年第2期，第90页。

1．出口依赖度。它包括两个方面，一是大陆或台湾对对方的出口对各自出口总额的比率，它在一定程度上反映出祖国大陆和台湾对两岸整体市场的依赖程度。计算公式为：

大陆对台湾的出口÷大陆对外出口总额　或

台湾对大陆的出口÷台湾对外出口总额；

二是大陆或台湾对对方的出口对各自国内生产总值的比率，计算公式为：

大陆对台湾的出口÷大陆国内生产总值　或

台湾对大陆的出口÷台湾的“国内生产总值”

2．进口依赖度。它同样包括两个方面，一是大陆或台湾自对方的进口对各自进口总额的比率，它在一定程度上反映出祖国大陆和台湾利用两岸资源和市场的程度。计算公式为：

大陆自台湾的进口÷大陆的进口总额 或

台湾自大陆的进口÷台湾的进口总额；

二是大陆或台湾自对方的进口对各自国内生产总值的比率，计算公式为：

大陆自台湾的进口÷大陆的国内生产总值　或

台湾自大陆的进口÷台湾的“国内生产总值”

3．贸易依赖度。它同样包括两个方面：一是两岸进出口贸易总额对各自对外贸易总额的比率，计算公式为：

两岸进出口贸易总额÷大陆对外贸易总额　或

两岸进出口贸易总额÷台湾对外贸易总额；

二是两岸进出口贸易总额对各自国内生产总值的比率，计算公式为：

两岸进出口贸易总额÷大陆国内生产总值　或

两岸进出口贸易总额÷台湾“国内生产总值”

如果进一步将上述这两个公式得出的数值相除就可以得出大陆与台湾的相对依赖度数值。

（二）两岸投资依赖度的计算。

两岸投资关系本来包括两个方面，一是台湾资本对大陆的投资，二是大陆资本在台湾的投资。但是由于受到台湾当局的政策限制，目前大陆资本还不能自由进入台湾进行投资，因此现阶段的两岸投资只是表现为台湾资本对大陆的投资。也就是说，我们目前所能够计算的是大陆对台湾资本的依赖度，一般的计算公式为：大陆吸引台资的额度÷大陆吸引海外资本的总额。但有的学者认为仅仅只是这样计算是不够的，还应该计算台资在大陆的实际投资额占大陆当年固定资产投资和GDP的比重。[①]其计算公式应该为：

大陆吸引台资的额度÷大陆当年固定资产投资总额 及

大陆吸引台资的额度÷大陆当年的国内生产总值。

（三）两岸经济依赖度的计算。

海峡两岸的经济相互依赖度是对两岸GDP的影响为基础，衡量两岸经济往来对于两岸经济发展的影响。[②]对于如何衡量两岸经济相互依赖度，大陆学者华晓红认为两岸经济依赖度的含义是，海峡两岸经贸往来所产生的经济贡献与台湾地区或祖国大陆的GDP的比值。由于目前海峡两岸经贸往来主要集中在贸易和投资领域，它们是经济贡献中最为主要的部分，因此，海峡两岸经济依赖度的计算公式应该为：

（贸易所得+投资所得）÷海峡两岸各自的GDP。[③]

但是，由于各方统计数据上的误差，特别在台商投资领域权威性数据的缺乏，如何比较精确地计算出两岸实际的贸易所得和投资所得成为一个难以逾越的问题。为了解决这一问题，有的学者引入了“外贸乘数（指的是透过开放或增加贸易所能获得的经济实际效益或福利，在两岸间即贸易导致两岸各自经济成长的比率）”的概念。他们认为要计算大陆和台湾的贸易所得，必须用两岸的贸易总额乘以各自的“外贸乘数”。台湾学者童振源在对美国学者的计算经过综合比较后认为，台湾和祖国大陆的“外贸乘数”介于

① 华晓红、赵旭梅：《对祖国大陆与台湾地区经济依存关系的分析》，《国际贸易问题》，2005年第4期，第113页。

② 李非主编：《21世纪初期海峡两岸经济关系走向与对策》，北京：九州出版社，2002年版，第34页。

③ 华晓红、赵旭梅：《对祖国大陆与台湾地区经济依存关系的分析》，《国际贸易问题》，2005年第4期，第113页。

14%到35%之间。[①]

童振源在研究两岸投资互赖时还使用了“附加价值（即利用工业附加价值对工业产值的比率来推导台资的经济贡献）”的概念，他引用美国华裔学者王直的计算，假设大陆台商的附加值为产出的26%[②]，但这个附加值的计算标准是否科学，尚有不同的看法；大陆学者华晓红则认为在计算两岸经济依赖度时需要将台湾经第三地对祖国大陆的转投资计算在内。[③]但是，对于到底有多少台资是经过第三地投资大陆，到底有多少台资在大陆是以内资的身份登记，各方并没有权威性的数据。加上两岸投资到现在为止整体上还只是处于单向的状况，这就使得将两岸投资互赖列入两岸经济相互依赖度的计算有相当的难度。

## 二、两岸贸易领域的相互依赖

在海峡两岸的经济关系中，贸易往来一直是最基础、最重要的部分之一。从1987年两岸开放以来，两岸贸易在祖国大陆的积极推动和台湾工商业者的广泛响应下，一直保持着快速发展的势头，两岸贸易额急剧扩大。虽然由于统计口径的不同，祖国大陆海关、香港海关、台湾海关和台湾“陆委会”对两岸贸易额的统计和估算出的数据并不一致（见表2-3），但却反映出共同的趋势。从1989年到2006年，两岸的贸易额基本上翻了几十倍。根据大陆海关的统计，在1989年，两岸贸易额还只有34.8亿美元，到了2008年，这个数字已经达到1292.2亿美元；而根据台湾海关部门的统计，1991年，两岸贸易额只有2.93亿美元，到了2008年，这个数字也达到了982.7亿美元。

---

① 李非主编：《21世纪初期海峡两岸经济关系走向与对策》，北京：九州出版社，2002年版，第34-35页。

② 李非主编：《21世纪初期海峡两岸经济关系走向与对策》，北京：九州出版社，2002年版，第35页。

③ 华晓红、赵旭梅：《对祖国大陆与台湾地区经济依存关系的分析》，《国际贸易问题》，2005年第4期，第113-114页。

**表 2－3　1990－2008 年两岸贸易各种统计数据比较**

（单位：亿美元）

| 年份 | 大陆海关统计 | | | 香港海关统计 | | | 台湾海关统计 | | | 台“陆委会”估算 | | |
|---|---|---|---|---|---|---|---|---|---|---|---|---|
| | 出口 | 进口 | 总额 | 进口 | 出口 | 总额 | 出口 | 进口 | 总额 | 出口 | 进口 | 总额 |
| 1990 | 3.19 | 22.5 | 25.7 | 7.65 | 32.78 | 40.43 | / | / | / | 7.65 | 43.9 | 51.6 |
| 1991 | 5.94 | 36.4 | 42.3 | 11.3 | 46.7 | 57.9 | 2.93 | 0.001 | 2.93 | 2.93 | 74.9 | 77.9 |
| 1992 | 6.98 | 58.8 | 65.8 | 11.2 | 62.9 | 74.1 | 7.47 | 0.01 | 7.48 | 7.47 | 105.5 | 112.9 |
| 1993 | 14.5 | 129.3 | 144 | 11.0 | 75.9 | 86.9 | 10.2 | 0.16 | 10.3 | 10.2 | 140 | 150.1 |
| 1994 | 22.4 | 140.8 | 163.2 | 12.9 | 85.2 | 98.1 | 18.6 | 1.32 | 19.9 | 18.6 | 160.2 | 178.8 |
| 1995 | 31 | 147.8 | 178.8 | 15.7 | 98.9 | 114.6 | 30.9 | 3.77 | 34.7 | 30.9 | 194.3 | 225.3 |
| 1996 | 28 | 161.8 | 189.8 | 15.8 | 97.2 | 113 | 30.6 | 6.23 | 36.8 | 30.6 | 207.3 | 237.9 |
| 1997 | 33.96 | 164.4 | 198.4 | 17.4 | 97.2 | 114.6 | 39.2 | 6.26 | 45.4 | 39.2 | 224.6 | 263.7 |
| 1998 | 38.69 | 166.3 | 205.0 | 16.5 | 83.6 | 100.2 | 41.1 | 9.14 | 50.3 | 41.1 | 198.4 | 239.5 |
| 1999 | 39.5 | 195.3 | 234.8 | 16.28 | 81.7 | 98.0 | 45.3 | 26.02 | 71.3 | 45.3 | 213.1 | 258.4 |
| 2000 | 50.4 | 254.9 | 305.3 | 19.8 | 96 | 115.7 | 62.3 | 43.9 | 106.2 | 62.3 | 250 | 312.4 |
| 2001 | 50 | 273.4 | 323.4 | 16.93 | 88.1 | 105 | 59 | 48.9 | 108 | 59 | 256 | 315.1 |
| 2002 | 65.9 | 380.3 | 446.2 | 17.08 | 103.1 | 120.2 | 79.7 | 105.3 | 185 | 79.7 | 315.3 | 395 |
| 2003 | 90 | 493.7 | 583.7 | 21.61 | 117.9 | 139.5 | 110.2 | 229 | 339 | 110.2 | 382.9 | 493.1 |
| 2004 | 135.5 | 647.8 | 783.2 | 24.85 | 147.6 | 172.5 | 167.9 | 363.5 | 531.4 | 167.9 | 489.3 | 657.2 |
| 2005 | 165.5 | 746.8 | 912.3 | 26.34 | 170.6 | 197 | 200.9 | 436.4 | 637.4 | 200.9 | 562.7 | 763.7 |
| 2006 | 207.4 | 871.1 | 1078.4 | 29.1 | 187.1 | 216.2 | 247.8 | 518.1 | 765.9 | 247.9 | 633.3 | 881.18 |
| 2007 | 234.6 | 1010.2 | 1244.8 | 29.2 | 212.1 | 241.3 | 280.2 | 626.2 | 904.3 | 280.2 | 742.5 | 1022.6 |
| 2008 | 258.8 | 1033.4 | 1292.2 | 29.5 | 200.3 | 229.9 | 314.0 | 668.9 | 982.7 | 313.9 | 739.8 | 1053.7 |

注：台湾统计数据方面，由于台商存在未据实填报目的地（大陆）却填报香港为目的地，会造成统计误差。类似情况也存在于大陆往台湾出口商品方面。

资料来源：中华人民共和国海关总署、香港海关、台湾“行政院主计处”、台湾“行政院陆委会”。

从贸易增长率的角度分析，从 1989 年到 2008 年，两岸贸易增长率的波动幅度还是比较大的，其中两岸贸易总额增长率最高的是1993年的94.26%，最低的是1998年的3.3%，二者相差30多倍；在大陆对台出口方面，最高增长率为1994年的53.21%，但大陆对台出口在1992年、1996年和2001年却出现过负增长；在大陆对台进口方面，最高增长率到105.6%，最低的却只有1.1%（见表2－4）。这种幅度的出现有经济方面的原因，也有受到政治方面因素的影响。但是，如果我们用算术平均数计算，两岸贸易在这20年的平均增长率约为22.87%。如果进一步分别从进口和出口的增长速度来计算，大陆对台出口的平均增长速度为24.56%，大陆自台湾进口的平均增长速度为24.37%。综合比较这三个数字就会发现，无论是算两岸的贸易总额，还是将进口、出口分开计算，其年平均增长速度都在24%左右，应该说这是一个比较高的增长速度。这也说明，虽然两岸贸易关系的发展过程起起伏伏，增长速度时快时慢，但却始终保持着一种快速增长的势头。

**表2－4　1989－2008年海峡两岸进出口贸易统计**

（单位：亿美元，%）

| 年份 | 进出口总额 | | 大陆对台出口 | | 大陆自台进口 | | 贸易 |
|---|---|---|---|---|---|---|---|
| | 金额 | 增长率 | 金额 | 增长率 | 金额 | 增长率 | 差额 |
| 1989 | 34.84 | 28 | 5.87 | 22.5 | 28.97 | 29.2 | －23.1 |
| 1990 | 40.43 | 16.08 | 7.65 | 30.41 | 32.78 | 13.18 | －25.13 |
| 1991 | 57.93 | 43.26 | 11.26 | 47.11 | 46.67 | 42.36 | －30.44 |
| 1992 | 74.1 | 23.9 | 11.2 | －0.6 | 62.9 | 34.7 | －51.72 |
| 1993 | 143.95 | 94.26 | 14.62 | 30.54 | 129.33 | 105.6 | －114.69 |
| 1994 | 163.2 | 13.44 | 22.4 | 53.21 | 140.8 | 8.87 | －118.44 |
| 1995 | 178.8 | 9.49 | 31 | 38.39 | 147.8 | 4.97 | －116.86 |
| 1996 | 189.8 | 6.1 | 28 | －9.6 | 161.8 | 9.5 | －113.79 |
| 1997 | 198.38 | 4.5 | 33.96 | 21.2 | 164.42 | 1.6 | －130.45 |
| 1998 | 204.98 | 3.3 | 38.69 | 13.9 | 166.29 | 1.1 | －127.60 |
| 1999 | 234.79 | 14.5 | 39.5 | 2.1 | 195.29 | 17.4 | －155.8 |
| 2000 | 305.3 | 31.1 | 50.4 | 27.6 | 254.9 | 30.6 | －204.54 |
| 2001 | 323.4 | 5.9 | 50 | －0.8 | 273.4 | 7.2 | －223.4 |

续表

| 年份 | 进出口总额 | | 大陆对台出口 | | 大陆自台进口 | | 贸易差额 |
|---|---|---|---|---|---|---|---|
| | 金额 | 增长率 | 金额 | 增长率 | 金额 | 增长率 | |
| 2002 | 446.2 | 38.1 | 65.9 | 31.7 | 380.3 | 39.3 | -314.9 |
| 2003 | 583.7 | 30.7 | 90 | 36.7 | 493.7 | 29.7 | -403.6 |
| 2004 | 783.2 | 34.2 | 135.5 | 50.4 | 647.8 | 31.28 | -512.3 |
| 2005 | 912.3 | 16.5 | 165.5 | 22.2 | 746.8 | 15.3 | -581.3 |
| 2006 | 1078.4 | 18.2 | 207.35 | 25.3 | 871.09 | 16.75 | -663.74 |
| 2007 | 1244.8 | 15.4 | 234.6 | 13.1 | 1010.2 | 16.0 | -775.6 |
| 2008 | 1292.2 | 3.8 | 258.8 | 10.3 | 1033.4 | 2.3 | -774.6 |
| 累计* | 8573.9 | / | 1518.4 | / | 7056 | / | -5537.6 |
| * 累计为1978年至2008年的数据计算所得。1992年以前的数据来源于香港海关的统计，1992年以后的来源于大陆海关的统计。 | | | | | | | |

资料来源：中华人民共和国商务部台港澳司网站。

从两岸贸易占各自对外贸易的比重来看，两岸贸易占台湾对外贸易中的比重相对比较高，而两岸贸易占大陆对外贸易中的比重也是处于稳中有升的状态。1991年，两岸贸易占台湾对外贸易的比重首次超过5%，1992年达到6.8%，1993年为8.48%，1994年则超过9%，1996年突破10%，到1999年达到11.09%，整个90年代，两岸贸易占台湾对外贸易比重以平均每年近一个百分点的比例不断提高。①到2000年以后，这一比例提高得更为明显，即使在2000年和2001年台湾经济遇到困难，出现经济负增长，对外贸易也出现大幅衰退的情况下，综合大陆海关和台湾“行政院”主计处的统计，两岸贸易占台湾对外贸易的比例依然达13.8%和10.2%。在2002年之后，这一数字基本上都维持在15%以上，而且呈逐年递增的趋势，在2005年超过20%，到2006年最高达到25.3%（见表2-5）。而根据台湾“陆委会”的估算，上述这些数字都有所增加（见表2-6），如他们估算2003年以后台湾

① 李非：《海峡两岸经贸关系》，北京：对外贸易教育出版社，1994年版，第135页。

对大陆的贸易依存度就已经超过25%，在2006年则高达28.27%。实际上，就在2003年，祖国大陆首度超过美国、日本，成为台湾最大的贸易伙伴，并成为台湾最大的出口市场和最大贸易顺差来源地。

如果进一步分别分析进口和出口情况，大陆对台湾的出口占台湾进口的比重相对比较低，在2000年这一比例只有4.4%，最高也只有2005年的11%。而大陆自台湾的进口占台湾出口的比重则比较高，最低的是2000年的17.2%，最高的则是2006年的38.9%。这充分说明两岸贸易相互依赖关系是呈现台湾商品流向大陆的“单向性”特征，祖国大陆对台湾保持着巨额的贸易逆差。

**表2-5　1989-2006年两岸贸易额占各自对外贸易的比重两岸贸易总额**

| | 两岸贸易总额 | | | 大陆对台湾出口 | | | 大陆自台湾进口 | | |
|---|---|---|---|---|---|---|---|---|---|
| | 金额（亿美元） | 占大陆进出口比重% | 占台湾进出口比重% | 金额（亿美元） | 占大陆进出口比重% | 占台湾进出口比重% | 金额（亿美元） | 占大陆进出口比重% | 占台湾进出口比重% |
| 2000 | 305.3 | 6.4 | 13.8 | 50.4 | 2.0 | 4.4 | 254.9 | 11.3 | 17.2 |
| 2001 | 323.4 | 6.4 | 10.2 | 50.0 | 1.9 | 5.5 | 273.4 | 11.2 | 19.1 |
| 2002 | 446.7 | 7.2 | 15.1 | 65.9 | 2.0 | 7.0 | 380.8 | 12.9 | 21.8 |
| 2003 | 583.6 | 6.9 | 16.6 | 90.0 | 2.1 | 8.6 | 493.6 | 12.0 | 23.5 |
| 2004 | 783.2 | 6.8 | 18.7 | 135.5 | 2.3 | 10.0 | 647.8 | 11.5 | 26.8 |
| 2005 | 912.3 | 6.4 | 20.0 | 165.5 | 2.2 | 11.0 | 746.8 | 11.3 | 28.4 |
| 2006 | 1078.4 | 6.1 | 25.3 | 207.4 | 2.1 | 10.2 | 871.1 | 11.0 | 38.9 |
| 2007 | 1244.8 | 5.8 | 19.4 | 234.6 | 1.9 | 12.8 | 1010.2 | 10.6 | 25.2 |
| 2008 | 1292.2 | 5.0 | 19.8 | 258.8 | 1.8 | 12.3 | 1033.4 | 9.1 | 26.2 |

资料来源：中华人民共和国海关总署、台湾“行政院主计处”，转自商务部台港澳司网站。2007年和2008年台湾的数据系笔者根据台湾海关的统计测算。

从大陆方面来分析，两岸贸易在大陆对外贸易中所占的比重一直不是很高。综合大陆海关总署和台湾“行政院”主计处的统计，从2000年到2008年，两岸贸易占大陆对外贸易的比重基本上保持在6%到7%左右，最高的为2002年的7.2%，最低的为2001年的6.1%（表2-5）。这些数值与台湾“陆委会”所估算的数据差距并不是很大，“陆委会”估算2000-2008年大陆对台湾的贸易依赖度约在6%左右（见表2-6）。①如果进一步分析进出口方面，大陆从台湾的进口占大陆总进口比重较高，达到11%-12%左右，而大陆向台湾的出口只占大陆对外总出口的2%左右，这在很大程度上是因为台湾当局的政策限制大陆商品销往台湾所致。目前，台湾是大陆第七大贸易伙伴、第七大出口市场、第五大进口市场、最大的贸易逆差来源地。

**表2-6　1987年以来台湾与大陆贸易相互依赖度统计比较**

单位:%

| 年份 | 台湾对大陆依赖 | | | 大陆对台湾依赖 | | |
|---|---|---|---|---|---|---|
| | 出口依赖 | 进口依赖 | 总贸易依赖 | 出口依赖 | 进口依赖 | 总贸易依赖 |
| 1987 | 2.28 | 0.83 | 1.71 | 0.73 | 2.84 | 1.83 |
| 1988 | 3.70 | 0.96 | 2.47 | 1.01 | 4.06 | 2.65 |
| 1989 | 5.03 | 1.12 | 3.31 | 1.12 | 5.63 | 3.51 |
| 1990 | 6.54 | 1.40 | 4.23 | 1.23 | 8.24 | 4.47 |
| 1991 | 9.79 | 0.46 | 5.57 | 0.41 | 11.75 | 5.74 |
| 1992 | 12.84 | 1.03 | 7.31 | 0.88 | 13.09 | 6.82 |
| 1993 | 16.28 | 1.31 | 9.19 | 1.11 | 13.46 | 7.67 |
| 1994 | 16.99 | 2.17 | 9.93 | 1.54 | 13.86 | 7.56 |
| 1995 | 17.15 | 2.97 | 10.36 | 2.08 | 14.71 | 8.02 |
| 1996 | 17.63 | 2.97 | 10.79 | 2.03 | 14.93 | 8.21 |
| 1997 | 18.08 | 3.41 | 11.03 | 2.14 | 15.77 | 8.11 |
| 1998 | 17.62 | 3.91 | 11.00 | 2.24 | 14.15 | 7.39 |
| 1999 | 17.22 | 4.07 | 11.00 | 2.32 | 12.86 | 7.17 |
| 2000 | 16.46 | 4.43 | 10.67 | 2.50 | 11.11 | 6.59 |

① 台湾各个统计部门对两岸贸易的估算公式比较复杂，2001年前，“陆委会”的估算公式为：（B1-B2）+C；2001年之后则根据修正后的统一公式：A+（B1-B2）×80%+C-r×A；而台湾“经济部”国际贸易局估算公式为：A+（B1-B2）×80%+C。其中：A为台湾对大陆出口；B1为台湾对香港出口F.O.B.；B2为香港自台湾进口C.I.F.；B1-B2为台湾与香港统计差异；C为台湾经香港输往大陆的贸易；r为已列计于A项，但实际系经香港转口大陆而重复列计于C项的比例。

续表

| 年份 | 台湾对大陆依赖 | | | 大陆对台湾依赖 | | |
|---|---|---|---|---|---|---|
| | 出口依赖 | 进口依赖 | 总贸易依赖 | 出口依赖 | 进口依赖 | 总贸易依赖 |
| 2001 | 20.27 | 5.47 | 13.45 | 2.22 | 10.51 | 6.18 |
| 2002 | 23.30 | 7.04 | 15.89 | 2.45 | 10.68 | 6.36 |
| 2003 | 25.43 | 8.61 | 17.70 | 2.51 | 9.28 | 5.79 |
| 2004 | 26.83 | 9.95 | 18.72 | 2.83 | 8.72 | 5.69 |
| 2005 | 28.36 | 11.00 | 20.04 | 2.64 | 8.53 | 5.37 |
| 2006 | 28.27 | 12.23 | 20.65 | 2.56 | 8.00 | 5.00 |
| 2007 | 30.11 | 12.77 | 21.95 | 2.30 | 7.77 | 4.71 |
| 2008 | 28.94 | 13.05 | 21.23 | 2.20 | 6.53 | 4.11 |

注：台湾对大陆出口依赖度＝台湾对大陆出口总额/台湾出口总额；台湾对大陆进口依赖度＝台湾从大陆进口总额/台湾进口总额；台湾对大陆贸易依赖度＝两岸贸易总额/台湾对外贸易总额；大陆对台湾进口、出口和贸易依存度依同样方法计算。上述数字均取自台湾“陆委会”估算。

资料来源：台湾“行政院主计处”编《两岸经济统计月报》，2009 年总第 202 期。

表 2－6 是将两岸的贸易额与大陆或各自对外贸易总额相比之后得出的结果。下面我们将用计算贸易依存度的另一种方法，即将两岸的贸易额与大陆或台湾各自的 GDP 总额相比，然后再将这两个得出的数值相比，就能够算出台湾对大陆在贸易上的相对依赖度，即：台湾对大陆相对依赖度 ＝［两岸贸易总额 ÷ 台湾 GDP 总额］ ÷［两岸贸易总额 ÷ 大陆 GDP 总额］。根据这个公式计算出来的 2005 年至 2008 年的两岸贸易相对依赖度结果如下：

**表 2－7　2005—2008 年两岸贸易相对依赖度**

| 年份 | 两岸贸易总额/台湾 GDP 总额（%） | 两岸贸易总额/大陆 GDP 总额（%） | 两岸贸易相对依赖度 |
|---|---|---|---|
| 2005 | 28.2 | 4.43 | 6.37 |
| 2006 | 30.3 | 4.17 | 7.27 |
| 2007 | 31.3 | 3.66 | 8.55 |
| 2008 | 32.87 | 2.99 | 10.99 |

注：本表计算中两岸贸易总额使用大陆海关总署的统计数据，GDP 使用世界银行的数据。

## 三、两岸投资领域的相互依赖

两岸投资关系是在贸易关系的带动下而发展起来的，随着两岸经贸交流的迅猛发展，台商在大陆的投资呈现快速扩张的态势，两岸贸易和投资关系的良性互动，即台商投资驱动两岸贸易、两岸贸易诱发台商投资，已经成为两岸经济交流与合作的主流。根据商务部统计，从1989年到2008年，台商在祖国大陆的投资项目数达77506个，实际投资额为475.8亿美元；由于受到国际金融危机的影响，2008年，大陆吸引台商投资项目2360个，实际投资金额19.0亿美元，与往年相比有所下降（见表2-8）。而根据商务部外资司2006年发布的中国大陆吸收外商直接投资全口径数据（含银行、保险、证券）为：全国新设立外商投资企业41485家，实际使用外资金额694.68亿美元。以此计算，2006年台商投资项目占大陆吸引外商投资总项目的9%，占大陆实际利用外商投资金额的3.1%。而根据台湾“经济部投审会”的统计，截止到2008年，在台湾经济主管部门登记的台商投资项目数也达37181个，实际投资额为755.6亿美元。2007年和2008年，由于受到国际经济环境的影响，虽然台商赴大陆投资的件数有所下降，但投资金额却依然呈上升的趋势（见表2-9）。

**表2-8　1989-2008年台商投资大陆统计（一）**

单位：亿美元

| 年份 | 项目个数 | | | 实际投资 | | |
|---|---|---|---|---|---|---|
| | 个数 | 同比% | 占总额比重% | 金额 | 同比 | 占总额比重% |
| 1989 | 593 | / | 9.3 | 1.6 | / | 4.7 |
| 1990 | 1103 | 104.26 | 15.2 | 2.2 | 43.2 | 6.3 |
| 1991 | 1735 | 57.3 | 13.4 | 4.7 | 109.9 | 10.8 |
| 1992 | 6430 | 270.61 | 13.2 | 10.5 | 125.5 | 9.5 |
| 1993 | 10984 | 70.27 | 13.1 | 31.4 | 198.7 | 11.4 |
| 1994 | 6247 | -42.94 | 13.1 | 33.9 | 8.0 | 10.0 |
| 1995 | 4847 | -22.4 | 13.1 | 31.6 | -6.8 | 8.4 |

**续 表**

| 年份 | 项目个数 | | | 实际投资 | | |
|---|---|---|---|---|---|---|
| | 个数 | 同比% | 占总额比重% | 金额 | 同比 | 占总额比重% |
| 1996 | 3184 | -34.3 | 13.0 | 34.8 | 9.9 | 8.3 |
| 1997 | 3014 | -5.3 | 14.4 | 32.9 | -5.4 | 7.3 |
| 1998 | 2970 | -2.55 | 15.0 | 29.2 | -11.4 | 6.4 |
| 1999 | 2499 | -14.1 | 14.8 | 26.0 | -10.8 | 6.4 |
| 2000 | 3108 | 22.16 | 13.9 | 23.0 | -11.7 | 5.6 |
| 2001 | 4214 | 36.15 | 16.1 | 29.8 | 29.8 | 6.4 |
| 2002 | 4853 | 15.2 | 14.2 | 39.7 | 33.3 | 7.5 |
| 2003 | 4495 | -7.38 | 10.9 | 33.8 | -14.9 | 6.3 |
| 2004 | 4002 | -10.97 | 9.5 | 31.2 | -7.7 | 5.1 |
| 2005 | 3907 | -2.4 | 8.8 | 21.6 | -31.0 | 3.6 |
| 2006 | 3752 | -4.0 | 9.1 | 21.4 | -0.7 | 3.4 |
| 2007 | 3299 | -12.1 | 8.7 | 17.7 | -20.4 | 2.4 |
| 2008 | 2360 | -28.5 | 8.6 | 19.0 | 7.0 | 2.1 |
| 累计 | 77506 | / | / | 475.8 | / | / |

资料来源：中华人民共和国商务部，转自商务部台港澳司网站。

但是，上述数字的统计并不完整，由于台湾当局设置种种政策限制，极力阻碍台商对大陆投资，许多台商为了规避台湾当局的阻挠，而通过转投资的方式选择到中南美洲加勒比地区的离岸金融中心，如英属维尔京群岛、开曼群岛、百慕大等地设立国际商业公司（即“离岸公司”），通过国际商业公司将资金投往大陆，借助离岸金融中心优越的保密条件，隐瞒其真实股权结构、资金来源，来规避台湾当局的政策限制。实际上，近年来在大陆投资的不少规模庞大而且技术比较先进的知名外商投资企业都是台商通过离岸金融中心转投资进入大陆的，而离岸金融中心投资迅速增长已经成为近年来大陆资本流入的突出现象。2004 年，按照实际投资金额排行，英属维尔京群岛位居中国大陆第二大外资来源地，开曼群岛、萨摩亚分别排行第七、第九。

账面统计上来自离岸金融中心的众多投资中，相当一部分实际上来自台湾，尽管目前尚难准确估算其规模。2008年后，由于两岸关系形势好转，台湾当局对台商赴大陆投资的限制放宽，很多台商再也不需要经转第三地到大陆投资，台商在英属中美洲群岛的投资明显减少。按照台湾方面的统计，从1991年至2009年9月，台商投资中美洲的金额已经落在台商在中美洲投资金额为221.88亿美元，总额依然排在台湾对外投资地区的第二位，如果按照投资金额的70%转入大陆的话，其中约有155.4亿美元转入大陆。

**表2-9　1991-2008年台商投资大陆统计（二）**

单位：亿美元

| 年份 | 件数 | 同比% | 金额 | 同比% |
|---|---|---|---|---|
| 1991 | 237 | / | 1.74 | / |
| 1992 | 264 | 11.4 | 2.47 | 42.0 |
| 1993 | 9329※ | 3433.7 | 31.68※ | 1182.6 |
| 1994 | 934 | -90.0 | 9.62 | -69.6 |
| 1995 | 490 | -47.5 | 10.37 | 11.5 |
| 1996 | 383 | -21.8 | 12.29 | 14.5 |
| 1997 | 8725※ | 2178.1 | 43.34※ | 252.6 |
| 1998 | 1284※ | -85.3 | 20.35※ | -53.0 |
| 1999 | 488 | -62.0 | 12.53 | -38.4 |
| 2000 | 840 | 72.1 | 26.07 | 108.1 |
| 2001 | 1186 | 41.2 | 27.84 | 6.8 |
| 2002 | 5440※ | 358.7 | 67.23※ | 141.5 |
| 2003 | 10105※ | 85.8 | 76.99※ | 14.5 |
| 2004 | 2004 | 9.0 | 69.41 | 51.0 |
| 2005 | 1297 | -35.0 | 60.07 | -13.0 |
| 2006 | 1090 | -16.0 | 76.42 | 27.2 |
| 2007 | 996 | -8.6 | 99.70 | 30.5 |
| 2008 | 643 | -35.4 | 106.91 | 7.2 |
| 合计 | 37181※ | / | 755.60※ | / |

注：※含向台湾“经济部投审会”补办申请的许可件数和金额。

资料来源：中华人民共和国商务部网站及台湾“经济部投资审议委员会”，转自台湾“行政院主计处”编《两岸经济统计月报》，2009年总第202期。

根据台湾“经济部”的统计，从1992年开始，大陆就已经成为台湾对外投资最多的地区。从1991－2008年，台商对大陆的投资占台湾对外投资总额的57.13%，其中2006年这一比重占到63.91%；1991－2008年台商对英属中美洲的投资占台湾对外投资总额的16.42%，2006年这一比重为15.24%。如果按照台商在中美洲投资的七成可能转移到大陆来计算的话，从1991－2008年，台商对大陆的实际投资占台湾对外投资总额的67.82%，2006年这一比重则高达74.58%。

**表2－10：台湾对外投资主要国别（地区）统计**

金额单位：百万美元

| 年份 | 1991－2008年 | | | 2009年1－9月 | | | 累计 | | |
|---|---|---|---|---|---|---|---|---|---|
| 地区 | 件数 | 金额 | 比重 | 件数 | 金额 | 比重 | 件数 | 金额 | 比重 |
| 大陆 | 37181 | 75560.5 | 57.1 | 307 | 4106.8 | 67.3 | 37488 | 79667.2 | 57.6 |
| 英属中美洲 | 1939 | 21714.8 | 16.4 | 25 | 473.0 | 7.75 | 1964 | 22187.8 | 16.0 |
| 美国 | 4650 | 9375.1 | 7.1 | 39 | 687.9 | 11.3 | 4689 | 10063.0 | 7.3 |
| 香港 | 967 | 3010.3 | 2.3 | 36 | 194.3 | 3.2 | 1003 | 3204.6 | 2.3 |
| 新加坡 | 414 | 5369.1 | 4.1 | 6 | 35.3 | 0.6 | 420 | 5404.4 | 3.91 |
| 越南 | 379 | 2101.7 | 1.59 | 15 | 192.1 | 3.15 | 394 | 2293.7 | 1.7 |
| 日本 | 450 | 1173.1 | 0.9 | 11 | 81.2 | 1.33 | 461 | 1254.3 | 0.9 |
| 菲律宾 | 124 | 514.9 | 0.4 | 2 | 21.8 | 0.4 | 126 | 536.7 | 0.4 |
| 泰国 | 279 | 1713.3 | 1.3 | 1 | 5.6 | 0.1 | 280 | 1718.8 | 1.2 |
| 德国 | 137 | 154.4 | 0.12 | 0 | 9.4 | 0.2 | 137 | 163.8 | 0.1 |
| 韩国 | 134 | 486.0 | 0.4 | 3 | 6.8 | 0.1 | 137 | 492.8 | 0.4 |
| 巴拿马 | 60 | 1188.5 | 0.9 | 1 | 2.0 | 0.03 | 61 | 1190.5 | 0.9 |
| 其他地区 | 1945 | 9890.4 | 7.5 | 48 | 286.2 | 4.7 | 1993 | 10176.5 | 7.4 |
| 合计 | 48659 | 132252.0 | 100.0 | 494 | 6102.2 | 100.0 | 49153 | 138354.1 | 100.0 |

资料来源：台湾“经济部投资审议委员会”，转自台湾“行政院主计处”编《两岸

经济统计月报》，2009年总第202期。

从上面的描述可以看出，目前两岸的投资关系还是表现为“间接、单向”的投资格局，这主要是多年来台湾当局对台商赴大陆投资进行限制，以及限制开放大陆资本赴台湾投资所导致的。这就使得两岸的投资相互依赖目前还只是表现为大陆对台湾资本的依赖，但绝大多数台湾资本投资大陆则造成了台湾的贸易、经济发展等方面对大陆的依赖。因此，台商对大陆投资所产生的依赖效应并不是表现在投资领域，而是扩展到两岸经济关系的各个方面。

## 四、两岸其他经济领域的相互依赖

两岸除了贸易和投资领域的相互依赖表现得比较明显以外，在金融、政策等领域的相互依赖也在不断发展之中。与两岸的贸易和投资关系发展热络不同的是，两岸的金融往来与合作严重滞后于经贸关系的发展，目前还处在与贸易相联系的资金流动方面，如两岸通汇业务这样的低层次上。这主要是由于前些年台湾当局限制台资银行在大陆设立分行、不允许大陆的金融机构在台湾设立办事处，对两岸金融合作设置种种障碍导致的。但政策的限制并没有抑制密切的贸易与资金往来背后所呈现的两岸金融机构互相开放的愿望。随着两岸经贸关系的日益密切，两岸间金融业增进合作，特别是建立金融机构间互信机制的要求也越来越迫切，部分金融机构通过间接合作方式扩大了银行业务的联系与合作。[①] 可以说，两岸在客观上已经形成了金融领域相互依赖的强大需求和动力。

两岸金融合作有多方面的需求，其中两个方面的问题尤为突出，一是在大陆投资的台商随着生产规模的扩大，普遍出现资金不足的情况，融资的需求日益凸显；二是台商投资大陆的资金和在大陆盈利后汇回台湾的资金都需要一个合法和正常的途径。如果能够在这两个方面取得突破，两岸金融领域也将迅速形成相互依赖的局面。实际上，自从2001年6月台湾当局开放台湾银行国际金融业务分行OBU办理两岸通汇业务后，OBU办理的两岸金融

① 彭兴韵：《两岸金融业互动互利是必然选择》，《上海证券报》，2006年4月17日。

业务迅速增长，目前已经达到了一个相当大的规模，2005 年就有近上千亿美元的两岸金融业务往来资金流量。[①]在 2008 年两岸关系形势改善之后，两会就开始就金融合作问题展开协商。为了促进海峡两岸金融交流与合作，推动两岸金融市场稳定发展，便利两岸经贸往来，2009 年 4 月，两会在南京签署了《海峡两岸金融合作协议》，11 月 16 日，两岸分别在北京和台北签署了“两岸金融监理合作备忘录”（MOU），并于 2010 年 1 月 16 日正式生效。这两个重要文件的签署和生效，标志着两岸金融合作已经进入实质阶段，并迈入新的里程。

除了金融领域的相互依赖正在酝酿形成之外，两岸当局的政策相互依赖也有某种程度的表现。在两岸间经济联系和相互依赖加深的背景下，两岸经济的相互渗透导致大陆和台湾在制定经济政策时的相互影响加深，任何一方的经济政策都具有外部性的特征，不但会对另一方的经济产生影响，而且还可能因受到对方经济政策的影响而削弱政策的自身效应，因此两岸任何一方在制定涉及到两岸的经济政策时，都必须充分考虑到经济政策的有效性和可信性，以及对对方的影响和对方的反应，这就是相互依赖在政策领域的表现。即便是李登辉和陈水扁当政时期，在两岸的政治氛围紧张，“两会”的商谈无法恢复，两岸之间无法直接进行政策协调的情况下，两岸单方面经贸政策产生的联动效应依然存在。祖国大陆在出台对台经贸的鼓励性政策时，必定会考虑到台湾同胞的利益和台湾当局的政策反应；而台湾当局出台的限制性经贸政策，从另一个角度看也是考虑到对大陆的影响和大陆的反应，只不过他们是选择用不合作的方式来对抗两岸经济的相互依赖关系，这样不仅只会付出更高的成本，而且也无法阻止两岸经济相互依赖的持续深化和发展。马英九上台以来，由于两岸恢复了两会制度化协商，使得两岸相关政策的协调与沟通更为便捷，两岸政策的联动性和互赖程度也更强。

---

① 王建民：《2005 年两岸金融往来与合作形势回顾》，《两岸关系》，2006 年第 1 期，第 52 页。

# 第四节　两岸经济互赖的主要特征

两岸经济的相互依赖并不是一个完全抽象的概念，它有各种各样的表现特征，这些特征决定着两岸经济相互依赖的性质。竞争性与互补性是国家或地区间经济相互依赖关系最基础的表现特征之一。此外，经济相互依赖还经常表现为对称性与非对称性，以及受此影响带来的敏感性与脆弱性。对两岸经济相互依赖来说，又具有更多新的意涵和特征。台湾学者吴金城认为，两岸的经济互赖关系的结构状态特征显然不同于一般国际的、同构型经济互赖关系，也有别于一国内地区性经济互赖关系，同时兼具了对立与互赖的双重情况，而政治或意识形态的对立成分在有些时候可能更为明显，经济互赖在两岸经济互动关系中显得更为错综复杂，充满特殊的意涵。[①]本节将结合当前两岸经济相互依赖的历史与现实，对上述基本特征进行深入分析。

## 一、两岸经济相互依赖的互补性与竞争性

互补性与竞争性往往同时存在于两岸经济关系中。在很多人看来，经济上的互补更易于形成相互依赖，但实际上，相互依赖并不排斥竞争。互补性的相互依赖可以深化彼此之间的经济联系，但竞争性相互依赖则会导致经济合作规模的扩大，人类正是在种种竞争性相互依赖中不断融合成更大的组织单元，并导致全球化的趋势不断加强。对经济体之间究竟属于竞争性还是互补性经济关系，往往是从产业和产品结构的角度来判断的；产业与产品结构差异大，往往说明经济体之间经济互补性强，反之，则说明竞争性更强。[②]

两岸经济的互补性是大陆和台湾在发展相互经济联系过程中，由于地理、资源、经济、社会等方面的发展差异必然导致的结果，是由经济活动中分工与交换的特性决定的。根据大卫·李嘉图的“比较利益理论”，具有绝

① 吴金城：《特殊的两岸经济相互依赖关系与意涵》，台湾《东亚论坛季刊》，2009年第3期，第96页。

② 姜文学、梁春眉：《经济互补性、竞争性与中、日、韩FTA对象选择》，《财经问题研究》，2005年第1期，第50页。

对优势的国家或地区，没有必要生产所有产品，而应该选择生产优势最大的那些产品进行生产；而处于劣势的国家或地区也不能什么都不生产，可以选择不利程度最小的那些产品进行生产。只有这样，这两类国家或地区才能够经过分工和贸易都获取比较利益。①赫克歇尔——俄林定理也认为，两个国家或地区在资源禀赋方面的差异提供了贸易的基础，双方都可以从贸易中获得比较利益。如果两个国家或地区的贸易具有互补性，即一方集中出口的产品与另一方集中进口的产品相吻合，贸易关系可以给贸易双方带来较大利益。相反，如果双方的贸易互补性较小，即一方集中出口的产品并非是另一方集中进口的产品，他们之间贸易发展的潜力将受到限制。②

海峡两岸在发展经济关系时，同样需要利用资源、技术、人力、资本或规模上的比较优势进行专业化生产和分工合作，然后通过相互贸易满足各自经济社会多样化发展的需求。两岸经贸关系的互补性越强，相互依赖就会越紧密，增进两岸民众福祉的机会就越高。

海峡两岸在诸多方面都存在着互补性，不仅表现在土地、资本、劳动力资源的互补上，两岸相关产业之间也存在广泛的互补性。台湾的土地资源比较稀缺，土地使用成本比较高，而祖国大陆土地开放强度尚有余地，地价比较低廉，如果台湾企业能够充分利用祖国大陆的土地资源，就可以有效地降低生产成本，提高产品的竞争能力。同时，大陆的劳动力资源比较丰富，工资水平虽然近年有所上升，但依然处于相对较低的水平。相比之下，台湾地区的劳动力极其有限，工资水平居高不下让企业的利润空间变得日益狭窄，对台湾劳动密集型传统产业来说，移师祖国大陆就能够降低企业的土地成本和工资成本，从而提高产品竞争优势，延长这些传统产业的生命周期，并且能够促使岛内产业的升级换代。台湾学者高长就观察到，两岸经贸交流规模在市场机制引导下快速扩张，已导致两岸产业融合程度愈来愈深。理论上，两岸贸易与台商投资中国大陆两者具有替代关系，同时也存在相辅相成的关系。台商赴中国大陆投资，特别重视利用中国大陆的资源与市场腹地，并利

① 张敦富：《区域经济学原理》，北京：中国轻工业出版社，1999 年版，第 171 页。

② 于津平：《中国与东亚主要国家和地区间比较优势与贸易互补性》，《世界经济》，2003 年第 5 期，第 37 页。

用特有的产业网络进行跨境分工布局。①

在产业结构方面，两岸经过二十多年的发展，已经逐渐形成了以垂直分工为主要模式的产业分工协作关系。目前两岸相互之间的进出口的产品结构有趋同的趋势，根据台湾“经济部国际贸易局”的统计，近年来，台湾对大陆出口排在前几位的主要产品为电机设备及其零件、光学照相等仪器及其零附件、机械用具及其零件、塑胶及其制品、有机化学产品、钢铁、铜及其制品、人造纤维丝等；而台湾从大陆进口排在前几位的主要产品有电机设备及其零件、机械用具及其零件、钢铁、光学照相等仪器及其零附件、矿物燃料矿油及蒸馏产品、铜及其制品、有机化学品等。②两岸之间进出口的产品中相当部分都是为台商提供原材料和制成品，他们在产品结构上的趋同是另一种形式的互补，而不是竞争关系，恰恰说明了两岸间的分工合作已经形成了非常密切的相互依赖关系。

同时，两岸在对外出口产品的结构上依然存在很大的差异，使得双方的出口结构和国际比较利益的产品有很大的不同，存在很强的互补性。中国大陆的贸易结构，在20世纪80年代完成了出口商品总额中以初级产品为主向工业制成品为主的转变，20世纪90年代开始了在工业制成品出口总额中以劳动密集型产品为主向以资本技术密集型产品为主的转变。目前大陆出口商品结构发生了很大的变化，技术密集型、资本密集型产品比例迅速提高，突出表现在机电产品、高新技术产品的出口出现了快速增长；但这种出口结构的优化与升级只体现在最终产品上，主要是生产环节上的劳动力成本优势，而技术水平、研发能力、核心技术、产品品牌、营销网络还受制于外来的跨国公司。③

因此，从总体的进出口结构来看，大陆的出口结构还是以劳动密集型产品为主，进口结构基本上以技术密集型的产品为主，而出口大多为技术含量偏低的劳动密集型，或无自主创新知识产权技术密集型产品。相比台湾而

① 高长、王正旭：《两岸关系的回顾、新情势与前瞻》，台湾《远景基金会季刊》，2008年第3期，第178页。

② 台湾“陆委会”编：《两岸经济统计月报》，第169期，第23－24页。

③ 孔祥荣：《结构优化与对外贸易增长方式的转变》，《理论学刊》，2007年第4期，第46－47页。

言，2006年台湾出口商品中电机、电器、核反应堆、光学、照相、医疗设备等技术密集型和资本密集型产品不仅比例占据主导地位，而且出口量都排在前列，而针织物、钩编织物、玩具、游戏、运动用品、家具、寝具、灯具等劳动密集型的产品的比重不高，而且都排在当年出口量的后几位。这说明大陆和台湾在对外出口商品结构上的互补性依然存在，不仅有利于大陆解决人民增收、就业等问题，也有利于台湾的产业升级和增长方式的集约化。

从台商对大陆投资的角度来看，两岸之间也存在着互补的关系。台湾已经经历过经济高速增长的时期，经济发展水平相对比较高，有大量的闲置资金希望能够找到有利可图的投资项目；而对大陆来说，目前正处于全面建设小康社会的关键时期，经济也处于起飞阶段，虽然大陆每年都从世界各国吸引大量直接投资，但由于目前工业增长已经从消费拉动型转变为投资推动型，工业发展对资金的依赖越来越强，刺激经济增长需要更多的外部资金的注入，在大陆工业化过程中对资金的大量需求将是一个长期的过程，在这个过程中台湾的资本依然是一个重要的来源。①但是，两岸投资领域的互补绝不仅仅只是台湾资金弥补了大陆经济发展中的资金不足，更重要的是台商投资不单纯只是技术和资金的转移，而是国际分工方式的改变，这种改变产生了相互之间阶梯性的交换关系，形成了两岸经济互补的层次性。②

如果从分工的角度来看，垂直分工一般表现为互补性，水平分工一般表现为竞争性。在垂直分工和互补性合作发展到一定阶段后，国家或地区间的要素禀赋差别逐渐缩小，产品结构和产业结构差异减少，要素价格和产品价格也逐渐趋向一致，市场结果也出现趋同和重叠，互补性合作就开始向竞争性合作转变。目前台湾岛内开始出现两岸经济关系中的竞争性大于互补性的声音，他们的理由主要是：一方面，台商向大陆投资导致大陆自主生产能力得到加强，过去台商要从台湾进口的原材料和中间产品，现在大陆自己的厂商已经能够生产，或者不少原来向台商提供的上游产业都转移到大陆，不再

---

① 孙宁华、洪银兴：《新时期的两岸经贸关系：互补性、障碍和机遇》，《南京大学学报（哲学、人文科学、社会科学）》，2001年第3期，第13页。

② 李非：《海峡两岸经济合作问题研究》，北京：九州出版社，2000年版，第68页。

需要从台湾进口；另一方面台商投资大陆使大陆的出口能力增强，已经挤占到部分原本属于台湾的国际市场。

笔者认为，上述说法至少是不客观和不全面的，只是看到了问题的一个方面，而忽视了另一个方面。大陆进口替代能力的增强是大陆经济发展的必然结果，对台湾而言，最佳的选择不是指责大陆，而是增强自己的竞争能力，况且很多问题是由于台湾当局限制性经贸政策造成的。其实大陆出口产品中有一部分是台资企业生产的产品，台商也能从大陆贸易扩展中获得利益。而且，从两岸与相关国家的贸易量和市场占有率来说，双方也不存在激烈竞争。如根据台湾方面的统计，2006 年台湾输往日本的产品市场占有率只有 3.52%，而大陆的产品在日本市场占有率为 20.51%；2006 年台湾输往美国的产品市场占有率为 2.06%，而大陆的产品在美国的市场占有率为 15.51%。[①]由此可见，大陆和台湾的商品在国际市场上的竞争并不在一个层次上。

互补性和竞争性的发展往往会带来“结构性相互依赖”。一方面，随着跨国或跨地区交流的增加，以及他们对外依赖的深化，各国各地区经济间的“依赖”会导致“同步化”发展的趋势。另一方面，相互依赖使得一个国家或地区的经济发展后，随着商品等要素的流动，其他国家或地区的经济也会得到发展。在经济全球化和区域经济一体化的大背景下，各个国际或地区之间经济竞争的加剧是大势所趋，大陆与台湾在与其他国家或地区竞争的同时，相互之间也会存在竞争。但竞争并不排斥合作，更不排斥经济上的互补，他们是相对应同时存在的。从某种程度上说，竞争是绝对的，互补是相对的，竞争中有互补，互补中有竞争，双方是辩证统一的关系。无论是互补还是竞争，只要竞争是良性的，在竞争中求生存，在互补中找机会，就能够推动两岸经济关系的共同发展。

## 二、两岸经济相互依赖的非对称性与对称性

相互依赖并不完全等同于相互间的均衡或关系上的平等，它有对称与不对称、平等与不平等之别。从第二节的描述中我们已经得知，两岸之间的相

① 台湾“陆委会”编：《两岸经济统计月报》，第 169 期，第 63 - 64 页。

互依赖度有高低之别，这种相互依赖度的差异一般表现为对称性和非对称性两种形态。简单地说，如果 A 在商品或资本领域依赖 B，但 B 并不怎么依赖 A，那就属于非对称性相互依赖；反之，如果 B 也以同样的程度依赖 A，那就属于对称性相互依赖。一般来说，不对称性是相互依赖最普遍的特征，绝对对称的相互依赖关系在现实中是极为罕见的。①不对称性是两岸经济关系的一个重要特征，但不是唯一的特征，两岸经贸关系中的某些方面也具有对称性的特征。

对两岸经贸关系发展的不对称性，有两种不同的理解：一种是认为两岸经贸关系中呈现出的不平等与不公平，损害到祖国大陆的利益，影响到两岸经贸关系的正常发展。主要表现为两岸在贸易政策上的差异以及两岸市场规模上的差距，造成大陆对台贸易逆差的不断增长；两岸投资领域目前只有台商对大陆的投资及相关商务活动，而大陆对台投资还比较少，而形成两岸单向与不对称的投资格局；此外，两岸在金融保险服务贸易、旅游服务贸易、商务专业人员往来及工作就业权等方面都存在不对称性。②

另一种观察则认为，台湾在两岸经济相互依赖的不对称关系中处于弱势，所面临的风险更大。因为台湾对大陆的贸易依赖度显然比大陆对台湾的依赖度要高，一旦大陆对台湾采取可能的经济制裁，台湾的经济将会受到很大的冲击。③特别是大陆已经成为台湾贸易顺差最大的来源地，一旦台湾对大陆的贸易出超无法维持下去，将会立即对台湾经济形成极大威胁。④这两种理解看似都有道理，其实他们的观察问题的视角并不一致，是分别从祖国大陆和台湾的角度、从经济和政治的角度、从现实状况与潜在威胁的角度来诠释两岸经济关系相互依赖中的不对称性。

在祖国大陆看来，两岸经济关系中的不对称现象是因为台湾当局的政策

---

① 蔡拓：《国际关系学》，天津：南开大学出版社，2005 年版，第 291 页。

② 王建民：《两岸经贸关系发展的不对称性分析及思考》，《台湾研究》，2004 年第 5 期，第 20－24 页。

③ 高长：《两岸经贸发展趋势与因应对策剖析》，台湾《理论与政策》，第 11 卷第 4 期，第 102 页。

④ 廖光生编著：《两岸经贸互动的隐忧与生机》，香港中文大学亚太研究所，1995 年版，第 8 页。

限制导致的。由于台湾当局对大陆产品出口到台湾采取比较严格的限制政策，使得大陆向台湾的出口量和从台湾的进口量不成比例。如2006年大陆对台出口为207.35亿美元，而从台湾进口则达到871.09亿美元，二者相差四倍之多，台湾仅这一年所所获得顺差就高达663.74亿美元。同样，在台商赴大陆投资金额已经高达439.1亿美元（大陆商务部数据）或548.98亿美元（台湾“经济部”的统计）的情况下，由于台湾当局严格限制大陆资本赴台投资，导致两岸投资与资本流动长期处于不对称的局面。与台湾当局的态度相反，祖国大陆一直从维护两岸关系和平发展的大局出发来对待两岸经贸关系的不对称现象，一方面，大陆提出“不以政治分歧影响、干扰两岸经济合作”，以保障两岸经贸关系的稳定发展；另一方面，即使在两岸经贸关系的不对称不利于祖国大陆的情况下，依然坚定地扩大两岸贸易往来，积极鼓励台商到大陆投资，依法保护台商的合法权益。

从台湾方面来说，他们并不是单纯从经济数据的角度来看待两岸经贸关系中的不对称现象，其中也掺杂了一些政治上的考量。从经济角度来讲，一般来说，引起非对称相互依赖的主要原因是经济规模。日本学者山本吉宣认为，当经济规模不同的国家或地区间进行经济交流，大的国家或地区能够从经济规模小的国家或地区获取更多的利益；而经济规模差异所带来的非对称性相互依赖，又可能导致两个国家或地区国民经济之间相互影响力的非对称性。①

在台湾看来，即便两岸贸易、投资的数据上存在很大的差异，但从经济规模及其所带来的政治、经济影响力来看，台湾依然是处于弱势的地位，台湾的经济在两岸经贸交流过程中虽然获得巨大经济利益，但这种不对称的相互依赖已经导致政治和经济的风险出现，而且随着不对称性的加强，台湾所面临的风险反而越大，甚至已经出现“大陆打喷嚏，台湾就患感冒”的情况，这已经是一种结构性的现象。因此，台湾认为不能仅从经济的角度来看待两岸经济关系的非对称性问题，而是应该从“经济安全”、“政治安全”的角度来防止台湾的经济被规模庞大的大陆所控制和左右。

---

① ［日］山本吉宣著，桑田译：《国际相互依存》，北京：经济日报出版社，1989年版，第48页。

如果撇开政治的因素和政策的干扰来分析两岸经济相互依赖中的对称性与不对称性，我们就会发现，两岸的产业依赖中存在不对称的成分，也有对称的方面。根据经济学的比较优势理论，各个国家或地区都可以确定自己在某一产业中的比较优势。但这并不意味着各国或地区的比较优势必然对称，比较优势本身就包含着不对称的意思。因此，我们在讨论产业结构互赖中的对称与非对称时，就可以界定：如果各个国家或地区拥有比较优势的产业竞争力相等，在互惠的贸易中能够带来均衡的贸易所得就是对称性依赖；如果他们拥有比较优势的产业竞争力不相等，在互惠贸易中给国家或地区带来不均衡的贸易所得，则界定它们是非对称性依赖。

一般来说，处于水平分工状态的不同产业，产业竞争力处于同一等级，其比较优势可视作具有对称性；处于垂直分工状态的不同产业，产业竞争力处于不同等级，其比较优势具有非对称性。[①]两岸目前产业结构既有垂直分工、也有水平分工，但从总体来看，主要还是垂直分工；两岸产业竞争力比较优势并不相等，互惠贸易给双方带来的所得也不甚均衡。因此，目前两岸的产业互赖结构主要还是表现为非对称的特征。

经济相互依赖中的非对称性主要是从相对获益的角度来观察。其实，两岸经济相互依存中的非对称性也并不是绝对的，在某些方面也存在对称性的特征，其中最典型的表现是经济政策领域的相互依赖，这种对称性具有绝对获益的特点，在某种程度上是超越两岸经济数据、经济规模和产业机构的差异的。经济上的相互依赖要求大陆或台湾在出台各自的经贸政策时，不仅要考虑到自身的利益，也要着眼于对对方的影响。特别是有些政策的出台可能导致两败俱伤的结果，虽然利益损失有大小之分，但却没有赢家；有些政策的出台则会导致双赢的结果，虽然获利有多寡，但却没有输家。从大陆和台湾各自的角度来说，发展两岸经贸关系都是为了促进自身经济发展，提升人民生活水平；而大陆的经济发展必定会影响到台湾的经济发展，台湾的经济发展也会影响到大陆的经济发展。虽然大陆或台湾受到对方经济发展影响的程度并不一致，但这种影响和冲击是必定存在的，在一定程度上就带有对称

---

① 翟战利：《比较优势非对称性的静态研究》，《西安政治学院学报》，2002 年第 6 期，第 77 – 78 页。

性的特征。

## 三、两岸经济相互依赖的敏感性与脆弱性

国家或地区行为体之间的相互依赖关系可以是对称的，也可以是不对称的，其程度是由行为体对外部变化的敏感性与脆弱性决定的。[①]区分敏感性和脆弱性是理解相互依赖概念最重要的内容之一。根据罗伯特·基欧汉和约瑟夫·奈的定义，敏感性指的是一个国家或地区的政策变化导致另一个国家或地区发生有代价变化的速度有多快，所付出的代价有多大，它产生于政策框架内的互动。就依赖的代价而言，敏感性指的是在试图改变局面而做出变化之前受外部代价影响的程度。脆弱性可以定义为行为体因为外部事件，特别是政策发生变化之后强加的代价而遭受损失的程度。[②]由于不同的国家或地区在自然资源、经济发展、劳动力素质、技术水平、产业结构上的差异，导致其对外依赖的敏感性和脆弱性程度有很大的不同。由于不对称的相互依赖是权力的一个重要来源，一个国家或地区对外依赖幅度和脆弱性程度就成为其在相互依赖关系中拥有实力或权力多寡的决定性变量。[③]一般来说，由于相互依赖不对称性和脆弱性的存在，那些对外依赖度比较高的国家或地区在追求自身的利益和目标时会受到更多的制约，在突发事件发生时受到的冲击也会更大。

但是，实力也并非影响相互依赖脆弱性与敏感性的决定性因素，一个国家或地区在什么时候会展现出脆弱性和敏感性，还会受到多种因素的制约。台湾学者徐淑敏在用敏感性和脆弱性的概念对两岸经济相互依赖进行分析后，得出七点启示：一、即使两岸处于相互依赖的状态，也不能消除冲突，两岸有各自的权力优势可以施展，绝非一面倒的劣势；二、敏感性和脆弱性可以是经济的，也可以是政治、社会等方面的；三、两岸不同的社会结构决定了相互依赖中，一方的优势，不必然形成对方的劣势；四、两岸相互依赖

---

① 蔡拓：《国际关系学》，天津：南开大学出版社，2005年版，第291页。

② ［美］罗伯特·基欧汉、约瑟夫·奈著，门洪华译：《权力与相互依赖（第3版）》，北京：北京大学出版社，2002年版，第14页。

③ 蔡拓：《国际关系学》，天津：南开大学出版社，2005年版，第291页。

的脆弱性程度，取决于行为者获得替代性选择方案的能力与代价，而非力量大小的表征。五、两岸结构不同提供了权力转化与行为改变的可能性。六、两岸在政治、经济、军事、社会等领域，呈现不同程度与性质的互赖与对立，使脆弱性与敏感性的标准不同；七、弱势一方可以针对对方脆弱性，以主导或升高议题的方式，提供改善所处地位的机会和能力。①上述分析基本上点出了两岸经济相互依赖的复杂性和独特性，也为我们后面分析两岸经济互赖的各种效应提供了某种思路。

一般认为，两岸经济相互依赖可能受到的敏感性和脆弱性影响主要表现在三个方面。第一，由于两岸经济联系日趋紧密，经济相互依赖度越来越高，使得两岸必须共同应对来自国际社会的突发事件或其他国家或地区政策的突然变化。第二，祖国大陆对两岸贸易、对台商投资的依赖使大陆必须思考如果发生突发事件，如台湾岛内发生“台独”重大事变等，或者台湾当局经贸政策发生重大变化时，大陆将会付出怎样的代价，是否有应对的措施或办法？第三，对两岸贸易高度依赖的台湾方面也必须思考，如果台海或者大陆发生重大突发事件，如某些台湾学者所担心的“经济制裁”，以及“台独”可能引发的两岸局势紧张等，台湾将会付出怎样的代价，遭受多大的损失，是否有因应的办法？

当今世界是一个相互依赖的世界，大陆和台湾经常会同时面临外部事件的影响，需要付出某些代价，但是他们即使面对同一外部突发事件，所付出的代价也可能是不一样的。也就是说，两岸对同一突发事件的敏感性和脆弱性并不完全一致。我们借用相互依赖理论中对石油价格的经典分析为例。台湾是一个石油资源贫乏的地区，99%的原油依赖进口，但根据2005年中期的统计数字，在当时台湾能源总供给量中，石油的比例高达50.7%；大陆虽然石油资源比较丰富，但由于经济上的高速发展，对石油的需求量急剧上升。对于欧佩克或产油国是否会大幅提高石油价格，或中东等重要产油地发生战争，两岸将都会有很强烈的敏感性。对大陆来说，它可以通过调整能源政策来降低石油价格提升所带来的冲击，以减轻可能付出的代价，包括实行

---

① 徐淑敏：《互赖理论中“敏感性与脆弱性”概念应用于两岸互动关系的操作化分析》，台湾《远景基金会季刊》，2004年4期，第208页。

配给制度，开发国内石油资源，动用石油储备等等。这说明大陆对石油涨价的脆弱性没有那么大，是脆弱性小于敏感性。但对台湾而言，由于几乎所有原油都依赖进口，油价的大幅上升会带来的代价付出就会大得多，如果不能够有效地实行能源多元化战略，脆弱性和敏感性都将会持续居高不下。

同样，对于其他国家或地区针对两岸产品的贸易保护主义政策，两岸由于在经济规模、经济体制、开放程度、调控手段上的差异，对敏感性的感受和对脆弱性的承受也不一样：一般对大陆来说，所受到的冲击会比较有限；对台湾而言，同样贸易保护措施可能让台湾付出的代价更大。

从两岸之间相互依赖的敏感性和脆弱性来看，台湾对两岸经济关系相互依赖的敏感性和脆弱性都要远高于大陆。从台湾某些政治势力的各种“忧虑”来看，他们担心两岸经贸交流的日益密切会给台湾带来政治、经济、军事、社会等领域的“安全问题”。此外，两岸交流的加深使“台独”分裂势力搞“台独”的空间大大压缩，民众之间相互了解的加深使民进党等政治势力的愚民宣传越来越难以收到效果。在限制两岸经贸关系发展方面，台湾当局过去的很多政策调控措施实际上并没有起到他们所期待的作用。因此，台湾方面对两岸经济相互依赖度的不断提升一直抱持着非常敏感的心态。

由于敏感性的存在，过去的李登辉和陈水扁当局不断渲染大陆对台湾进行经济制裁的可能性，不断提醒台湾民众要注意所谓的“国家安全”，但这并不能阻止台湾在两岸经济相互依赖中处于脆弱一方的事实。比如2004年中国社科院台湾研究所王建民的一篇评论文章在互联网上发表，文中提到，若大陆宣布对“台独”势力实施经济制裁，台湾股市会出现严重跌停，汇率将会出现大幅波动，外资会迅速撤出，岛内金融市场会很快陷入混乱，台湾经济将在2个月之内陷于瘫痪。虽然这只是学者的个人观点，但却导致台湾股市大跌204点，跌幅达3.4%，加权指数一周下滑了6.72%。这个事例表明，台湾对大陆的经济依赖实际上已经造成台湾在两岸关系中的地位日益变得脆弱。

相比台湾而言，大陆对台湾经济依赖的敏感性和脆弱性都要小一些。对祖国大陆来说，两岸贸易和台商投资对大陆经济发展起到了重要作用，但这些毕竟只是大陆整体外贸和吸引外资的一部分，即使两岸贸易和台商投资数量缩减，大陆会付出一定的经济代价，但大陆依然可以通过调整经济政策等方式来将损失降到最低，对大陆整体经济的影响有限。但这并不表明大陆对两岸经济相互依赖不敏感，其敏感性主要表现为对“台独”可能引发两岸军事冲突的后果的警惕。一旦发生“台独”分裂势力以任何名义、任何方式造成台湾从中国分裂出去的事实，或者将会发生导致台湾从中国分裂出去的重大事变，迫使祖国大陆不得不使用非和平方式解决台湾问题，不仅两岸贸易投资关系会受到影响，祖国大陆的经济建设也会受到冲击。虽然大陆一定会“不惜一切代价维护国家主权与领土完整”，但最好的方式依然是“以最大的诚意、尽最大的努力争取和平统一的前景”。为了避免让两岸民众都能够享受相互依赖所带来的利益，而不是不付出军事冲突的代价，因此，大陆提出将和平发展作为两岸关系的主题，希望透过包括经济往来在内的两岸全方位交流，创造破解政治难题的条件，为早日结束敌对状态、签订和平协议，构建两岸关系和平发展框架而努力。

## 小 结

本章主要讨论的是两岸经济互赖的形成、表现及其特征。“世界上只有一个中国，大陆与台湾同属一个中国，中国的主权和领土完整不容分割”，这是我们研究两岸经济相互依赖的基础和前提。坚持一个中国原则是开展两岸经济合作与交流的基础与前提，按照对外经贸制度管理并不影响两岸经济关系的性质。“不以政治分歧影响、干扰两岸经济合作”是促进两岸经济关系发展的重要保证，也符合两岸经济交流与合作中的市场经济规律。“直接双向、互利互惠、平等协商、方式灵活”是推动两岸经济交流合作的重要途径。

台湾方面对发展两岸经济关系存在着明显的政治考量，主要表现在：李登辉和陈水扁时期对发展两岸经贸关系存在着背离一个中国原则和进行“台独”分裂活动的考量。台湾某些政党和政治人物经常将两岸经济问题“泛政治化”，从选举利益的考量出发，谋取政党和个人私利。台湾普遍存在着对大陆经济依赖程度过深，会威胁台湾所谓“政治、军事、经济、社会安全”的思维。

从两岸经济相互依赖的条件来看，两岸经济相互依赖的重要前提是要实行开放的经济政策。正常、频繁、双向互动的经贸联系是两岸经济相互依赖的重要基础。两岸经济相互依赖形成的重要条件是双方都要为此付出代价。两岸经济相互依赖的成型阶段（1988－1992年）、两岸经济相互依赖的巩固阶段（1992－2001年）和两岸经济相互依赖的深化阶段（2001年至今）是两岸经济关系发展中的三个重要阶段。

在海峡两岸的经济关系中，贸易往来一直是最基础、最重要的部分之一。从两岸贸易占各自对外贸易的比重来看，台湾对两岸贸易的依赖度比较高，而两岸贸易占大陆对外贸易中的比重也是处于稳中有升的状态。两岸贸易相互依赖关系呈现台湾商品流向大陆的“单向性”特征，祖国大陆对台湾保持着巨额的贸易逆差。两岸投资关系是在贸易关系的带动下而发展起来的，随着两岸经贸交流的迅猛发展，台商在大陆的投资呈现快速扩张的态势，两岸贸易和投资关系的良性互动，即台商投资驱动两岸贸易、两岸贸易诱发台商投资，已经成为两岸经济交流与合作的主流。除了贸易和投资领域的相互依赖表现得比较明显以外，两岸在金融、经贸政策等领域的相互依赖也在发展之中。

竞争性与互补性、对称性与非对称性、敏感性与脆弱性在两岸经济相互依赖中同时并存。无论是互补还是竞争，只要竞争是良性的，在竞争中求生存，在互补中找机会，就能够推动两岸经济关系的共同发展。台湾当局不是单纯从经济数据的角度来看待两岸经贸关系中的不对称现象，其中也掺杂了一些政治上的考量。两岸的产业依赖中存在不对称的成分，但也有对称的方面。从两岸之间相互依赖的敏感性和脆弱性来看，台湾对两岸经济关系相互依赖的敏感性和脆弱性都要远高于大陆。大陆对两岸经济相互依赖的敏感性主要表现为，对“台独”可能引发两岸军事冲突后果的警惕。

为了让两岸民众都能够享受相互依赖所带来的利益，而避免付出军事冲突的代价，大陆提出将和平发展作为两岸关系的主题，就是希望通过包括经济往来在内的两岸全方位交流，创造破解政治难题的条件，为早日结束敌对状态、签订和平协议，构建两岸关系和平发展框架而努力。

# 第三章　两岸经济互赖的经济效应

合作与机制是两个与经济相互依赖密切相关的概念。要想深入理解两岸经济相互依赖的所产生的各方面效应，就不能不结合这两个概念进行分析。第三章和第四章笔者将从经济与政治效应的角度讨论相互依赖与合作的关系，第五章将分析相互依赖的机制化效应。

在一般情况下，相互依赖与合作是两个相辅相成的概念，经济相互依赖因合作而生，进一步的合作又可能导致相互依赖的加深。如前所述，两岸经济关系已经形成一种既合作又竞争、既互补又互利的相互依赖关系。这种关系是在过去二十多年的经济交流合作中形成的，它反过来又促进了两岸经济相互依赖的不断加深。但我们同时也应该看到，相互依赖导致合作并不是必然的，相互依赖有时候也会导致合作方利益分配的不均衡。某些国家或地区出于维护自身经济安全的考虑，在某些时候、在某些领域可能会出台某些政策，限制经济合作的开展，甚至导致经济摩擦和冲突。由于两岸在很长一段时间内经济交流不正常，加上两岸经济总量上的差距越来越大，使得两岸经济合作呈现出某种不平衡性。台湾岛内某些政治势力、某些人也开始担心经济相互依赖可能导致的台湾经济安全问题，甚至有时候以此为借口阻碍两岸经济往来的正常化和制度化。由此可见，相互依赖到底会导致合作还是导致冲突，在很大程度上取决于各方合作的意愿、需求、能力和条件。

此外，经济相互依赖和经济合作并不只是一个双边的概念，并不仅仅是在两个国家或地区间展开，在很多时候要放在多边的框架下来理解，从区域经济一体化甚至全球化的角度来把握。实际上，经济互赖作为两岸经济交流合作的必然结果，它不仅有利于两岸经济的繁荣发展，也有利于促进大陆和台湾对外经济关系的发展，有利于包括海峡两岸在内的整个东亚区域经济合作的开展；而对台湾经济安全的影响，也需要从更广阔的视野和更长远的角度去看待，而不要将眼光局限于两岸之间，局限于某些特定领域之内，更不要从政治的角度去操弄，这样才能够真正客观地认知到两岸经济互赖所产生的效应。本章就将从两岸经济合作、台湾经济安全、区域经济合作等三个方面讨论相互依赖对两岸经济发展和区域经济合作所产生的效应。

## 第一节　经济互赖与两岸经济合作

过去二十多年来，虽然两岸政治关系在很多时候处于不稳定的状态，但两岸经济合作的势头一直非常强劲，取得了很大的进展。两岸经济相互依赖态势的形成，本身就是两岸经济合作不断深化，两岸在经济领域的利益不断联结和融合的体现。随着两岸经济相互依赖的不断发展，通过合作来求和平、谋发展，已经成为一种必然要求与趋势。但就具体来讲，两岸经济上的合作通过怎样的途径如何促使互赖关系的形成，这种互赖关系的形成又会给两岸今后的经济合作带来怎样的影响，依然是一个值得深入探讨的问题。

### 一、相互依赖与经济合作的关系

在互赖理论的各种讨论中，关于相互依赖到底是否会导致合作、在多大程度上会导致合作、在什么情况下会导致合作，向来是一个有争议的问题。要讨论这个问题，首先就必须明确“合作”的概念，即什么是“合作”，影响合作的主要因素有哪些。合作是个人与个人、群体与群体之间为达到共同目的，彼此相互配合的一种联合行动。一般来说，成功的合作必须具备以下条件：第一，任何合作都要有共同目标，至少是短期的共同目标；第二，合作者要对目标、路径和步骤有统一的认识，遵守共同认可的规范；第三，创造相互理解、彼此信赖的合作氛围；第四，具有合作赖以生存和发展的一定物质基础，包括空间上的最佳配合距离，时间上的准时有序。[①]利益是合作最核心的动因。马克思就指出：“人们的生活自古以来就建立在这种或那种社会生产上面，这种社会生产的关系，我们恰恰就称之为经济关系”，而“每一既定社会的经济关系首先表现为利益。”[②]古希腊修昔底德也曾经指出，利

---

① 《知识元：合作》，中国知网，http：//www1. chkd. cnki. net/kns50/XSearch. aspx？KeyWord。

② 《马克思恩格斯选集》第3卷，北京：人民出版社，1995年版，第481页。

益的一致是国与国之间，个人与个人之间最牢靠的纽带。

相互依赖所带来的国家或地区间共同利益的增长，是它们之间进行互惠合作的重要基石。罗伯特·基欧汉特别分析到相互依赖中的一个重要概念——“互惠”。他认为在世界政治的无政府结构下，国际合作不依赖于对权威的顺从，更不依赖于集中性的强制实施。互惠常常引致适当的行为标准，从而促进国家或地区间的合作。他还分析了特定互惠（即具体伙伴严格按照既定程序交换同等价值的物品）和扩散互惠（即没有严格限定伙伴与行为后果的交换）对合作可能带来的影响。特定互惠可以实现在无政府状态下出现合作，它向官僚和政治家提供行为标准，也可以造就扩散互惠发展的条件。扩散互惠虽然并非促进合作的可靠处方，但它可以降低在利益不和谐时发生不必要冲突的机会，因此我们要理解合作出现的条件。①

随着经济相互依赖的加深，各个国家或地区间的经济利益相互连接、相互渗透、相互影响，逐步形成一种难以区分、难以割离的利益共同体。这种经济上的互赖关系使得国家或地区间经济政策的相互影响程度加深，一个国家或地区在制定经济政策时，不得不考虑对其他国家或地区的影响，不得不考虑他人的可能反应；其他国家或地区的经济政策，同样也会对这个国家或地区产生影响。这种相互影响有时候会带来正面效应或共同利益，有时候也会带来利益冲突等负面的结果。在经济互赖的情况下，为了使各国各地区之间经济相互影响的负面效应尽可能降低，任何国家或地区在制定政策或进行经济干预时，都必须考虑到经济互赖可能带来的联动效应，它们之间就必须加强政策的协调与合作，这样才能实现经济利益的最大化。

虽然相互依赖是合作的基石，但相互依赖并不必然带来合作。有学者将国家或地区间的合作分为三个层次和三种类型：第一个层次是建立在共同利益基础上的无条件合作，主要针对的是一些共同面对的挑战和事物；第二个层次是与竞争并存时的合作，合作不能仅仅着眼于共同利益，还必须承认国家或地区间存在着各自的利益，必须考虑当这些个别利益发生对立和冲突时国家间合作的可能性；第三个层次是在利益冲突的情况下，国家或地区之间

---

① ［美］罗伯特·基欧汉、约瑟夫·奈著，门洪华译：《局部全球化世界中的自由主义、权力与治理》，北京：北京大学出版社，2004 年版，第 105－132。

进行的一种被动式协调。而合作的三种类型则包括：第一，“自助”型合作，即某个国家或地区自动调节自身的政策，从而实现与其他国家或地区的合作；第二，“协调”型合作，即国家或地区间通过谈判来针对某些问题进行协调，进行政策调整并实现合作；第三，“制度化”安排，由于松散的协调无法保证合作的长期稳定，只有将其升级到制度化安排，合作才能够巩固。①从上述分类来看，相互依赖只有在一定条件下才有可能达成合作，如果国家或地区间利益竞争激烈、冲突加剧、对自身利益的考虑过多、制度化安排的缺失等等都可能影响到合作的达成。

虽然两岸经济的相互依赖在过去二十多年的时间里不断加深，但真正意义上两岸经济合作的程度其实不高。两岸经济关系长期以来呈现一种“单向、间接、民间”的畸形格局，两岸经济关系的正常化直至2008年以后才加快步伐，制度化也还有很长的一段路要走。两岸经济关系长期以来是以民间的名义在推动，两岸当局在经济合作的问题上，更多地采取的是“自助”的方式，即各自单方面出台规范或促进两岸经贸关系的政策。直到2008年6月，海协会和海基会恢复商谈后，两岸的政策协调才进入一个比较直接的阶段。当前两岸正在商签经济合作框架协议，这一协议如果能够顺利签署，将可以推动两岸经济关系制度化迈上一个新台阶。在看到过去和当前两岸经济合作程度不高的同时，我们也应该看到，两岸经济相互依赖的形成和加深，已经产生了巨大的共同利益基础，形成了强大的合作需求。正是有了这样的基础和需求，才使得台湾当局不得不正视两岸经济关系发展的现实，才使得两会之间的协商对话在台湾政局发生重大变化后能够立即恢复，才使得台湾民众更加重视和理解促进两岸经贸关系发展的重要性和必要性，才使得两岸协商签订经济合作框架协议成为可能。

## 二、两岸经济互赖的经济增长效应

促进经济增长是导致合作的重要动因之一。而经济互赖的加深会对经济发展产生“成长效应”，一个重要的体现就是可以促进经济增长。在西方经

---

① 顾岳：《相互依存与亚太地区的国家间合作》，《贵州师范大学学报（社会科学版）》，2003年第4期，第29－30页。

济学的经济增长理论看来，经济增长是经济发展的中心内容，无论对于政府当局还是个人来说，都是一种实实在在的利益，它集中表现为经济实力的增长，即一个国家或地区生产商品和劳务能力的扩大和增加。在实际核算中，常以一国或地区的商品和劳务总量的增加来表示，即以国民生产总值（GNP）或国内生产总值（GDP）的增长来计算。[①] GDP 是当前世界上在评价一个国家、地区或者一个经济区域的经济增长水平时，使用得最多、最普遍的指标。它是指一定时期内（通常是一年）一国或地区境内所产出的全部最终产品（即以消费和投资为目的的现期生产和出售的产品）和服务按照市场价值计算的总和；它反映了一个国家或区域内一定时期经济生产过程的最终成果，较好地反映了一个国家或地区的生产能力，是一个具有很强综合性的指标。我们讨论经济相互依赖能否产生合作的效应，首先就要讨论其对两岸经济增长水平的影响，就是要通过对两岸经济实力和经济增长情况的比较，分析经济相互依赖对两岸 GDP 增长的影响途径及其影响程度。

（一）两岸经济增长情况比较

大陆自从改革开放以来，经济整体上保持了平稳、快速、健康发展的势头，经济实力不断提升，经济增长率也居世界前列。台湾由于经济发展起步比较早，整体经济实力一直不弱，经济在多数时候也是保持着增长的势头。整体来看，相对于其他的国家或地区而言，两岸的经济增长多数情况下还算比较理想。虽然两岸经济合作对大陆或台湾经济增长的贡献率并不一致，但有一点必须肯定，那就是无论是大陆还是台湾的经济增长，与过去两岸二十多年的经济合作是绝对分不开的。

从两岸经济实力和经济增长的对比情况来看，在二十世纪九十年代中期以前，大陆作为一个人口和土地都远远多于台湾的经济体，在整体经济实力上与台湾的差距并不是很明显。但在二十世纪九十年代中期以后，特别是进入二十一世纪以后，两岸经济实力和经济增长的差距开始明显拉大。根据曹小衡教授的比较，2001 年台湾的 GDP 总量为 2917 亿美元，大陆 GDP 总量为 13165 亿美元，当时的经济差距是 1∶4.5。但到了 2008 年，尽管经受南方雪

---

① 马春文、张东辉主编：《发展经济学》，北京：高等教育出版社，2005 年版，第 38 页。

灾、汶川特大地震、国际金融危机的影响，大陆的 GDP 增幅仍达 9.6%，总量为 41998 亿美元，而台湾的 GDP 总量只有 4073 亿美元，二者的差距达 1：10。[①]

在 GDP 增长率方面，由于所处的经济发展阶段不同，从 1996 年以来，大陆的 GDP 增长率都远远高于台湾，“十五”的后半期至“十一五”前两年（2003 至 2007 年）更是出现两位数的迅猛增长，即使遭受 2008 年全球金融风暴的影响，仍保持 9% 的不俗成绩。反观台湾，由于受自身经济条件以及岛内政治运作等影响，其 GDP 增长率起伏较大，在 2001 年还出现了负增长，2008 年接近零增长。

**表 3－1　两岸 GDP 总量与增速比较**

| | GDP 总量 | | | GDP 增速 | | |
|---|---|---|---|---|---|---|
| 年份 | 台湾 | 大陆 | 对比 | 台湾 | 大陆 | 对比 |
| 2001 | 291.70 | 1316.50 | 1：4.5 | −2.17 | 8.30 | 10.47 |
| 2002 | 297.70 | 1454.00 | 1：5 | 4.64 | 9.09 | 4.45 |
| 2003 | 305.60 | 1647.90 | 1：5 | 3.50 | 10.02 | 6.52 |
| 2004 | 331.00 | 1936.50 | 1：6 | 6.15 | 10.08 | 3.93 |
| 2005 | 356.00 | 2302.60 | 1：6 | 4.16 | 10.43 | 6.27 |
| 2006 | 365.50 | 2779.90 | 1：8 | 4.89 | 11.60 | 6.71 |
| 2007 | 383.30 | 3460.30 | 1：9 | 5.7 | 11.90 | 6.20 |
| 2008 | 407.30 | 4199.80 | 1：10 | 2.3 | 9.60 | 7.30 |

资料来源：南开大学教授曹小衡根据 EIU CountryData 数据库资料计算所得。

但是，由于两岸人口总量差距巨大，在人均 GDP 的具体数额方面，大陆和台湾还是有着比较大的差距。台湾为 17 116 美元，远远高出大陆的 3 180美元。但从人均 GDP 增长幅度来看，大陆的人均 GDP 一直保持增长的态势，而且增长幅度比较快，而台湾的人均 GDP 在 2000 年左右出现负增长，此后一直徘徊在 15000 美元左右。

---

① 曹小衡：《两岸经济合作现状与走向研究》，载周志怀主编：《两岸关系和平发展与机遇管理》，北京：九州出版社，2009 年 11 月版，第 262 页。

（二）经济互赖对两岸经济增长的影响

要想了解相互依赖对经济增长的影响，就必须了解影响经济增长的主要因素。对于经济为什么会增长，经济增长会带来怎样的影响，如何加速经济增长，经济学家们一直运用定性和定量等各种方法进行分析。从美国经济学家西蒙·库兹涅茨对“经济增长”的定义中，我们可以找到部分答案，即“一个国家的经济增长，可以定义为给居民提供种类日益繁多的经济产品的能力长期上升，这种不断增长的能力是建立在先进技术以及所需要的制度和思想意识之相应的调整的基础上的”①。在库兹涅茨看来，包括商品和劳务在内的经济产品、技术进步、制度和思想意识因素都会影响到经济增长。这一观点被多数经济学家所接受，即生产要素（包括自然资源、物资资本和劳动力资本）、技术、制度是影响经济增长的三大主要因素。

由于我们分析经济增长的要素主要是指经济因素，因此需要假定社会制度和意识形态已经符合经济增长的要求；而且，自然资源本身并不能促进或延缓经济增长，而是需要投入物资和人力资本进行开发才有意义。既然资本、技术、劳动力是影响经济增长最重要的三大因素，我们分析两岸经济相互依赖对经济增长的影响就必须从这三个方面着手，由于相互依赖强调的是两岸之间相互影响、相互制约、相互作用的关系，我们需要分析的是，这种关系会导致祖国大陆和台湾在资本、科技、劳动力等领域发生哪些变化，这些变化又如何影响到两岸的经济增长。

第一，经济互赖可以使两岸生产要素和资源配置更加合理，通过相互贸易和对外贸易来增加生产的总量，从而拉动两岸特别是台湾经济的增长。

一般来说，一国或地区的贸易依赖度与该国的经济规模和人均 GDP 水平直接相关，即一国或地区的整体经济规模越大，该国或地区的贸易依存度就越低；反之，该国或地区的贸易依赖度就越高。因为一国或地区的经济规模大，比较容易实现自然资源、原材料、能源等资源的自给，而且该国家或地区内部市场会比较或者足够大而较少依赖外部市场。根据李嘉图的比较优势原理，一国或地区将经济资源集中生产本国本地区比较有优势的出口产

① ［美］西蒙·库兹涅茨：《现代经济的增长：发现和反映》，载商务印书馆编辑部编：《现代国外经济学论文选（第二辑）》，北京：商务印书馆，1981 年版，第 21 页。

品，同时从境外进口价格低于本国生产成本的商品，就可以实现资源在国际或地区间的合理配置和有效利用。宏观经济学对外贸易乘数理论认为，一个国家或地区的出口增长，代表一种有效需求的增加，它将一轮接一轮地引起与这一出口增量有关的产业发生连锁反应，从而可以通过需求拉动国民经济的成倍增长。世界银行的《世界发展报告》就发现，对外贸易依赖比较大的国家或地区，比对外贸易依赖比较小的国家或地区经济发展速度要快。①

当前，两岸经济的增长对贸易的依赖程度越来越大，虽然大陆对台湾的贸易依赖度与台湾对大陆的贸易依赖度并不平衡，但贸易对两岸经济的推动作用依然在不断增强。台湾海基会副董事长高孔廉就认为，两岸贸易对台湾效益有三：一为贸易出超，增加外汇收入；二是贡献经济成长；三是有助于台湾企业营运。对大陆效益亦有二：一是取得低廉原料及机器，二是加工出口，创收外汇。② 两岸之间通过贸易进行资源的优化配置的同时，又分别同世界上其他的国家或地区开展贸易，既可以利用两岸的市场，又可以同其他国家的市场结合成统一的市场，市场的深度和广度都得到拓展。在这种情况下，两岸自身生产的每一种商品都可以扩大生产规模，为两岸市场和世界市场生产，从而可以产生规模经济的效益，带动国民经济相关部门的发展，提高利润率和劳动生产力，促进两岸经济的共同增长。

台湾是比较典型的海岛型经济，有着外向型、浅碟型的基本特征。虽然台湾的经济发展程度相对比较高，但由于资源缺乏、土地有限、科技基础薄弱、劳动力不足、市场规模小，在很大程度上制约了台湾经济的可持续发展。二十一世纪以来，台湾经济发展在内部遇到结构性问题，外部又遭受金融危机的冲击，经济增长受到滞阻。与台湾相比，大陆的自然资源比较丰富、劳动力资源充足、消费市场广阔，可以为台湾经济的发展提供进一步发展的机会。台湾经济在内外交困的情况下，依然能够稳住阵脚，保持一定的增长率，很难说与两岸经济关系的发展无关。两岸经济相互依赖态势的形成

---

① 佟家栋、周申：《国际贸易学——理论与政策》，北京：高等教育出版社，2004年版，第156页。

② 高孔廉：《由两岸经贸政策看台湾经济出路》，台湾《经济前瞻》，2003年第3期，第74页。

本身就说明两岸在生产要素和资源配置方面已经达到了一定的程度，随着两岸经济交流合作的不断深入，这种要素和资源的配置会朝着更为广泛、更为深入、更为合理的方向发展，对台湾经济增长的拉动效应也会愈加明显。

第二，经济互赖可以使大陆在吸引台资的同时，引进先进的技术和管理经验，提高劳动者的素质，从而提高投资效果系数，加速大陆经济的增长。

改革开放以来，大陆经济能够维持三十年左右的高速增长，与积极吸引外资的政策有着密切的关系。外商直接投资是指境外投资者将其拥有的投资要素，其中包括资金、技术、设备等，直接投向被投资地区的项目，直接进行或参与资产和企业的管理。外商直接投资对经济增长有着非常重要的影响，对中国来说，外商直接投资对经济增长的影响的一个重要表现就是在对GDP的贡献上。二十世纪九十年代以后，中国吸引和利用外商投资额连续十几年位居发展中国家或地区的首位。外资的引入有力地促进了中国经济的增长。外资不仅为中国带来了资本来源，增加了经济发展所需要的资本存量，缓解了经济发展过程中的资本短缺，为社会主义现代化建设提供了资金支持。

而且，伴随着资本的引入，一些先进的技术、组织与管理经验等无形资产也进入中国。有学者认为，对大陆来说，比较高的储蓄率可以作为经济增长的保证，一般情况下不存在储蓄缺口，即使有，缺口也不是太大，但大陆在技术和管理方面存在先天不足，或者说存在技术缺口和管理缺口。[①]外资的引入有效地促进了传统产业的改造升级和产业结构的合理优化，并对管理者的经营管理理念和人们的经济观念产生了“示范效应”和“扩散效应”，最终有利于提高生产效率，使一定量的投资能够带来更多的产量，从而对大陆的经济增长产生“超级促进效应”。

台资是中国大陆吸引外资的一个重要组成部分，台商投资大陆为大陆的经济发展带来了资金、技术、经验、人才的支持，并帮助大陆解决了大量人口的就业问题，都是不争的事实。但是，对于台商投资对大陆GDP和经济增长的贡献度到底有多少，人们有着不同的见解。台湾有些政治人物和学者

---

① 刘义圣：《哈罗德——多马经济政治模型和我国投资问题研究》，载商务印书馆编辑部编：《西方经济思想评论（第二辑）》，北京：商务印书馆，1990年版，第132页。

认为，大陆近年的经济高速增长，主要是得益于台商的投资。对此，大陆学者唐永红分析后得出结论，大陆实际利用台资金额占大陆实际利用外资金额的比例，在1993年达到历史的最高点11．4%，此后这一比例呈现逐渐缩小的态势，到2005年仅为3.6%。这表明大陆在利用外资方面并没有对台资形成明显依赖，反而随着大陆外资来源地的多元化，以及外资在大陆市场竞争的强化，台资显示了相对较弱的竞争力，而大陆对台资的依赖程度也越来越小。[①]而根据另一位大陆学者王哲的研究，改革开放以来外商直接投资对我国经济增长的贡献率呈跳跃式发展，1991年其贡献率为6.65%，到1994年已达到17.89%。之后，尽管由于国内外的政治、经济环境的影响，外资对我国经济增长的贡献率呈下降趋势，进入二十一世纪以来基本上在10%左右。[②]

如果结合上述两组数据进行分析，即使在台资占外资金额最高的1993－1994年，台资对大陆经济增长的贡献率也不超过两个百分点。但即便如此，台资对大陆经济增长的贡献依然不能忽视，国台办主任王毅在2008年的台商座谈会上就评价说，我们在纪念和庆祝大陆改革开放三十周年的时候，也应当记住广大台湾经济界人士为此所付出的一份心血、一份辛劳。你们一路走来、一路打拼，为当地经济的振兴作出了十分重要的贡献，同时也在改革开放大潮中得到了自身发展和壮大。[③]

综上所述，经济相互依赖对经济增长的影响途径并不是孤立存在和单向发生作用的，它们之间的关系是紧密联系的，所产生的也往往是双向的连锁反应。相互依赖条件下两岸贸易的开展、资本的积累、技术的进步和劳动力水平的提高有利于大陆和台湾各自经济的增长，相应的，经济的增长又为贸易的开展、资本的积累、技术的进步和劳动力水平的提高创造了更为有利的条件。具体地说，台湾通过两岸贸易可以获得大量的盈余，而台商投资在一

---

① 唐永红：《两岸经济一体化问题研究——区域一体化理论视角》，厦门：鹭江出版社，2007年版，第137页。

② 王哲：《引进外国直接投资对中国经济增长的作用》，《财经界》，2006年2月下半月刊，第139页。

③ 《国台办主任王毅在台商座谈会欢迎酒会上的致辞》，国务院台湾事务办公室网站，http：//www. gwytb. gov. cn/gzyw/gzyw1. asp? gzyw_ m_ id＝1674。

定程度上满足了大陆经济发展所需要的资本积累需求，也将先进的生产技术和管理经验带到了大陆，提升了大陆劳动素质和劳动生产力水平，同时也对台湾的产业升级和技术进步提出了更高的要求，这些都有利于两岸经济的整体增长。两岸经济整体增长后，可以更大规模的开展两岸贸易，加大投资的力度，促进技术的交流和人员往来，从而促使两岸的经济相互依赖更为紧密。因此，两岸的经济增长与相互依赖之间具有相互促进的作用。

## 三、两岸经济互赖的经济合作效应

贸易和投资是两岸经济合作最基本的形式。二十多年的两岸经贸关系实践证明，两岸贸易和投资的进行，与经济相互依赖态势的形成是一个相辅相成的动态过程。两岸贸易投资行为的深化，促使两岸经济互赖的形成；而两岸经济互赖的形成，又促进两岸贸易投资行为的继续深化。产业分工与合作是两岸经济关系中的一个重要内容，也是两岸经济相互依赖的重要表现方面之一。在经济全球化和区域经济一体化的背景下，两岸经历了产业垂直分工阶段、产业内水平分工阶段和产业功能性分工阶段，自发形成了垂直分工与水平分工同时重叠、交叉存在的分工格局，这种格局也影响着两岸经济互赖的进程。因此，经济相互依赖对与两岸的贸易投资关系、两岸产业分工合作，以及两岸的政策协调都会产生重要影响。

第一，经济互赖能确保两岸投资贸易关系不断深化，不仅有利于增强台商对大陆的继续投资，以及大陆资本进入台湾的信心和意愿，也可以在某种程度上缓解两岸贸易不平衡和投资不对称的问题。

两岸在贸易和投资领域形成的相互依赖，已经使两岸经济关系继续深化的大趋势不可逆转。但就投资与贸易关系而言，两岸之间的相互依赖还是处于一种非对称的状态之中。如果撇开政治因素的考量，台湾在贸易上对大陆呈现单方面依赖的状况，台湾每年从两岸贸易中获得的顺差多达数百亿甚至上千亿美元；而在投资上，由于台湾当局的限制，目前呈现的是台湾对大陆的单向投资，即只有台商在大陆投资，而大陆资本在台湾的投资微乎其微。互赖理论认为，不对称相互依赖或者“搭便车”行为的长期存在，不利于合作的开展和深入。由于受到两岸之间的政治关系的影响，两岸之间的贸易不平衡现象和投资的单向化，目前还有其存在的时空背景。但随着两岸关系和平发展的深入，两岸经贸关系的发展不可能永远在政治关系不正常的背景下发展，两岸经贸关系的健康和持续发展迟早要面对如何缓解贸易不平衡和双向投资的问题。

经过二十多年的发展，台商在大陆的投资已经达到相当的规模，已经形成一定的布局，这种规模和布局在今后是否有继续扩展的空间，会在一定程度上影响到大陆和台湾经济的发展。根据清华大学管理学院潘文卿、李子奈基于联接模型的实证分析得出的结论，由于祖国大陆与台湾的经济联系已相当紧密，台湾削减直接投资在对祖国大陆经济发展造成不利影响的同时，祖国大陆经济的波动会通过对台贸易等其他因素影响台湾，从而反过来也对台湾经济造成不利影响。①两岸经济上的相互依赖可以增强台商继续投资大陆的信心，推动两岸经济的发展。李非教授认为，台商投资大陆是以比较利益为动力，以产业分工为形势，以加工制造为内容，逐步向多元化和规模化方向发展。②近年来，虽然台商投资大陆出现回调的现象，增长速度明显放缓，还出现资金回流台湾的情况，但这都是两岸投资关系已经发展到一定阶段后必然出现的一种正常现象。在两岸经济互赖的态势难以改变的情况下，只要两岸之间的比较利益还存在，只要两岸产业分工还存在梯度结构，只要台商还能够找到发展空间，台商还会继续在大陆投资。

在两岸经济相互依赖的情况下，台湾难以长时间拒绝和限制大陆资本进入台湾。陆资入台一直是两岸经贸关系发展中的一个症结问题。台湾当局出于政治因素的考虑，一直拒绝大陆资本进入台湾投资，使两岸投资关系呈现单向不平衡的状态。到 2008 年年底，大陆对台直接投资只有两千多万美元，一些大陆企业不得不以海外分支机构的名义“迂回”投资。与此不相称的是，台湾自 1991 年开放对大陆地区投资，迄今累计投资金额已经超过 800 亿美元，大陆已成为台湾最大的贸易伙伴。在 2001 年两岸加入 WTO 之前，台湾当局已经就“循序开放陆资来台”达成共识，即开放陆资来台投资土地及不动产，配合加入 WTO 开放陆资来台从事事业投资，逐步开放陆资来台

① 潘文卿、李子奈：《祖国大陆经济对台商投资的依存研究：一个基于联接模型的分析》，《世界经济》，2001 年第 10 期，第 23 页。

② 李非：《海峡两岸经济关系通论》，厦门：鹭江出版社，2008 年版，第 23 页。

从事证券投资。但是由于政治因素的影响，这一进程并未获得实质性推动。

资本在两岸间流动的失衡对两岸发挥比较优势、最大限度地实现产业结构互补、填补台湾经济发展的资金缺口等都造成很大影响。有台湾媒体认为，单向投资格局“严重制约了投资岛内的企业的全球化运作，影响到海内外投资人对岛内经济发展环境与投资环境的评估与信心，从而一方面加速岛内产业资本的外移步伐，另一方面影响到岛内产业的创新、调整与升级”。[①]可以说，大陆资本无法入台是违背两岸经济关系规律的，与两岸经济互赖的态势格格不入。值得高兴的是，2009 年 6 月，两会首度就陆资入台问题达成共识，台湾方面也开始调整限制大陆资本入台的相关政策规定，这标志着只能由台湾到大陆进行单向投资的非正常局面将被终结，今后两岸可以进行正常的双向投资交流，必将推动两岸在投资领域的相互依赖向纵深发展。

两岸经济关系中还长期存在着贸易不平衡的问题，主要表现在台湾在两岸贸易中长期保持着巨额顺差，大陆从台湾进口商品的数额远远高于台湾从大陆进口的数额。对于这种贸易不平衡现象的产生，一个重要的原因是台湾方面实行限制性的大陆经贸政策，使得大陆产品进入台湾困难重重。在两岸经济相互依赖的背景下，这种限制性的政策可以被视为台湾当局针对台湾某些产业的脆弱性，对大陆产品可能导致台湾产业受损的敏感性的保护。但这种保护必须是处在一种合理的范围之内，不然的话，就可能变成一种贸易歧视和不公平待遇，阻碍两岸贸易关系和大陆对外贸易的健康发展。大陆学者沈丹阳认为，对台贸易逆差虽然对两岸间贸易的扩大和保持两岸经贸合作有一定积极作用，但却对大陆的对外贸易发展造成了不利的影响，主要表现为两岸贸易不平衡直接导致大陆与美国等国家和地区的贸易摩擦增多。[②]

当然，我们也不能将两岸贸易不平衡完全归咎于台湾当局的政策。大陆之所以尚能容忍对台贸易的巨额逆差，也是看到造成两岸贸易不平衡的原因很多，我们在寻求改变贸易不平衡现状的同时，也应该客观理性地分析，避免过于简单的解读和过于武断的认知。大陆学者王建民就认为，台湾对大陆

---

① 转引自：《陆资入台：既期待又疑虑》，《中国报道》，2009 年第 8 期，第 85 页。

② 沈丹阳：《海峡两岸贸易不平衡的现状、成因与可能的发展趋势》，《外贸调研》，2004 年第 19 期，第 4 页。

巨额贸易顺差的一个重要原因，是台商在大陆投资、从岛内进口原料与零部件在大量加工、再出口这一经济循环过程中，这是一种客观的经济行为，因此不能简单地看待两岸贸易顺差与逆差问题，更不能将贸易盈余与政治因素完全挂钩台湾当局应逐步解除对大陆产品进口的人为限制，让两岸贸易在公平、合理的基础上正常进行，实现互利双赢的目的。①

第二，经济互赖不仅有利于两岸整体产业分工合作体系的形成，也有助于两岸在分工合作中实现各自产业升级与转型，还可以提升两岸经济在全球产业分工合作中的地位。

两岸经济互赖是产业分工合作发展到一定阶段的产物，两岸在贸易和投资领域的相互依赖，主要就表现在产业的分工与合作方面。有学者认为，“两岸产业分工的演变，是由两岸投资贸易的形态演变而决定的，即在国际产业分工特别是东亚生产网络重构，以及两岸各自经济转型影响下，台湾制造业向大陆进行梯次性转移，促成台商赴大陆投资持续增长，每次产业转移均拉动两岸贸易增长，形成投资推动的两岸贸易特征”。②张传国教授也认为，两岸贸易已经存在着显著的集中性与重合性，呈现出产业内贸易的特征，反映出两岸经贸关系已经从垂直分工开始向水平的产业分工模式转变，两岸之间的经贸合作层次在快速提升。③由此可见，分析两岸经济相互依赖，就不能不分析其与两岸产业分工合作之间相互影响的关系。

经济上的相互依赖为两岸产业分工合作向纵深发展，实现产业的整合创造了良好的条件。两岸产业分工在过去二十多年中经历了一个从低级向高级发展的过程。上个世纪 90 年代以前，其实两岸并没有形成真正意义上的产业分工合作，或者说，当时的两岸经贸关系还处于初始阶段，两岸之间的贸易和投资关系更多的是一种企业之间的自发行为，而没有刻意地规划，也没有形成规模。但随着上个世纪 90 年代前后台湾的产业资本加速外移，大陆

---

① 王建民：《两岸经贸关系发展的不对称性分析及思考》，《台湾研究》，2004 年第 5 期，第 25 页。

② 陈丽明、张冠华：《新形势下加强两岸产业交流与合作的思考与探索》，《台湾研究》，2009 年第 3 期，第 13 页。

③ 邓利娟主编：《21 世纪以来的台湾经济困境与转折》，北京：九州出版社，2004 年版，第 353 页。

成为台资的主要投资地，两岸产业分工合作也越来越明显。经过二十多年的发展，目前两岸产业已经呈现出垂直分工和水平分工交叉并存的模式。如何在此基础上实现两岸产业的整合，建立有两岸特色的产业分工合作体系，是深化两岸经济互赖和促进两岸经济关系正常化的重要内容。大陆学者蔡秀玲就提出，只有在两岸产业分工合作体系逐步建立的基础上，才能透过双方充分对话协商及政策协调，推进两岸经济整合向自由贸易区、共同市场、关税同盟、经济货币同盟方向渐进发展，通过确立两岸各自的生产要素和产业优势，进一步加快两岸资本、商品、劳力、信息以及技术等生产要素流通速度，缩小两岸经济差距，使两岸形成紧密相连、高度依存、共生共荣的经济整体。①

除此之外，在两岸经济相互依赖的态势下，大陆和台湾产业的升级和转型更加容易实现。台湾的经济发展起步比大陆要早，目前其产业发展明显偏向技术密集型产业，一些传统的产业形态面临着调整升级的压力，而大陆的产业结构水平相对较低，还有不少劳动密集型、资源密集型和资本密集型产业的发展空间，二者正好形成互补，而“台湾到大陆投资或呈现萎缩型的产业刚好是大陆正在蓬勃发展的产业”②。经过二十多年的发展，两岸当前的产业分工模式还会进一步发生变化，大陆和台湾各自都面临着新的产业升级和经济转型的压力。有台湾学者认为，按照大陆的立场，当然希望两岸水平分工，但按照台湾的立场，则期待两岸垂直分工，将大陆当做原料、资源、劳力的廉价供应基地；两岸产业如何往垂直分工方向努力，进而促使台湾产业结构升级，才是维系台湾未来经济发展的关键。③其实，并非只有垂直分工才能够促进台湾的产业升级，随着大陆经济的迅速发展，台湾产业升级和转型的机会不可能永远寄托在两岸在垂直分工的模式下，不能认为两岸水平分工只会加剧两岸产业之间的竞争。在水平分工的模式下，台湾照样有机会实现

---

① 蔡秀玲、陈萍：《海峡两岸直接“三通”与区域产业整合研究》，北京：中国经济出版社，2004 年版，第 242 - 243 页。

② 李非主编：《21 世纪初期海峡两岸经济关系走向与对策》，北京：九州出版社，2002 年版，第 30 - 31 页。

③ 朱延智：《两岸经贸（第二版）》，台北：五南图书出版股份有限公司，2006 年版，第 162 - 163 页。

产业的升级与转型，实现两岸互利双赢。

两岸经济上相互依赖还有助于提升两岸在全球经济互赖和产业分工中的地位。随着大陆经济的快速发展，在世界经济中分量的增加，加上两岸经贸关系的持续发展，两岸产业分工合作早已成为国际分工和全球生产链条的重要环节。李非教授就总结出过去十多年来台湾对外经济循环的模式，即从过去的“日本提供技术—台湾加工生产—外销欧美市场”的旧三角模式转型为“日本进口—台湾设计—大陆加工—欧美销售”的四角模式，目前正在从四角模式向“日本进口—台湾设计—大陆加工与销售”的新三角模式转化。① 无论是旧三角模式，四角模式还是新三角模式，都说明两岸经济相互依赖在全球经济分工体系中正在不断发展和深化。台湾学者童振源也认为，经济全球化发展的结果，使两岸之间的经济分工和经贸依存更加明显，同时也使得两岸经济分工成为全球经济分工的一部分。台商到大陆投资，带动台湾中间财、资本财对大陆出口，同时也提供大陆经济发展所需的资金、技术和管理经验。台商把从台湾出口到大陆的中间财和资本财，经过大陆生产基地加工后，再把绝大部分产品出口到以美、日为主的国际市场。台湾和大陆之间经济互赖，成为全球架构的一部分。②

如果着眼于国际经济发展趋势和全球产业分工的大背景，两岸之间继续深化产业分工与合作，探讨两岸经济共同发展与亚太地区经济合作机制相衔接的可行途径，不仅有利于两岸经济发展中产业互补优势的继续发展，而且对于扩大两岸产业合作在全球分工中的影响，提升两岸经济在世界经济中的地位和分量，也具有重要意义。2006 年 4 月，胡锦涛在会见连战和参加两岸经贸论坛的台湾人士时也指出，多年来，两岸民间交流合作蓬勃发展，基本形成了互补互利的格局，两岸同胞的利益已更加紧密地联系在一起。在经济全球化和区域经济一体化趋势加快发展的形势下，两岸有识之士对深化两岸经贸合作都有着强烈的紧迫感。深化两岸经贸合作，是关系两岸发展前途和

---

① 李非：《台湾经济发展通论》，北京：九州出版社，2004 年版，第 399 页。

② 童振源：《两岸经济全球分工与互赖》，台湾《经济情势暨评论》，2001 年第 3 期，第 138 页。

两岸同胞利益的大事。[①]

第三，两岸经济互赖的形成与深化，可以迫使台湾当局调整和改变对大陆的某些限制性贸易投资政策，有助于两岸之间经贸政策协调和对话的进行，促进两岸贸易投资关系的正常化和制度化。

过去相当长的一段时间里，两岸经济合作之所以开展得并不顺畅，一个重要的原因在于两岸当局之间缺乏有效的政策协调与沟通。1987 年 11 月台湾当局开放两岸交流以后，两岸经贸关系也随之迅速发展起来，台湾厂商纷纷到大陆来考察市场和资源情况，使贸易和投资机会相对增加，商务接触活动日益频繁。[②]但这一时期，台湾当局依然坚持“不妥协、不谈判、不接触”的“三不”政策，两岸并没有就经贸往来进行任何接触。大陆单方面制定了一系列鼓励台商到大陆投资的法规与措施，台湾方面也对两岸经贸往来进行了单方面的规范和限制。随着两岸形势的发展，两岸交流交往衍生的一系列事务性经济性问题亟须商谈。1990 年 11 月，台湾方面成立“海基会”，作为台湾当局授权与大陆联系、协商“处理涉台公权力的两岸事务的唯一机构”。1991 年 12 月，为了方便与海基会联系和商谈，大陆成立了社团法人性质的民间团体海协会。“两会”的相继成立，标志着两岸之间围绕着经济性、事务性问题的接触商谈成为可能。

1993 年 4 月，两会在新加坡举行了“汪辜会谈”。在会谈中，海协会积极组织进行两岸经济合作，提出现阶段应把两岸经济交流与合作放在两岸关系的首要位置上，政治歧异不应当妨碍经济合作，并提出劳务、能源与资源开发、科技合作和共同筹开民间性经济交流会议等具体建议。[③]这是 1949 年以来两岸高层人士以民间名义，就两岸经济合作等议题举行的最高层次的会谈。两会的商谈对推动两岸经贸合作，解决经济交流中的具体问题起到了积极的作用。但是，两岸沟通管道的建立和“汪辜会谈”的举行未能阻止台湾

① 《胡锦涛会见连战和参加两岸经贸论坛的台湾人士》，新华网，北京，2006 年 4 月 16 日电。

② 中共中央台办、国务院台办：《中国台湾问题》，北京：九洲图书出版社，1998 年版，第 128 页。

③ 中共中央台办、国务院台办：《中国台湾问题》，北京：九洲图书出版社，1998 年版，第 162 页。

当局出台限制两岸经贸关系发展的政策。为了阻挠两岸经贸往来，避免台湾对大陆经济形成依赖，1996 年 9 月，李登辉提出“戒急用忍”的两岸经贸政策原则，台湾当局针对台商投资大陆和两岸贸易制定了更加严格的管制政策。2000 年陈水扁上台后，依然是以保守的思维来看待两岸经贸关系的发展，不论是“积极开放、有效管理”还是“积极管理、有效开放”，都是从限制的角度来对两岸经贸往来进行管控。在“两会”协商因为台湾当局的“台独”分裂活动中止后，两岸关于经济合作的正式沟通也告中断。

值得欣慰的是，台湾当局的限制性政策措施并没有阻挡两岸经贸往来的步伐，两岸经济相互依赖反而出现逐渐加深的趋势。台湾当局的很多政策远远落后于两岸经济相互依赖的现实，这迫使台湾当局一方面不断鼓吹要加强两岸经贸关系中的风险意识，强化对两岸经贸的限制，另一方面又不得不迫于工商业和民意的强大压力，就某些特定领域实行开放性的政策措施，希望与大陆进行协商对话。陈水扁的“积极开放、有效管理”与“积极管理、有效开放”在一定程度上就反映出台湾当局的这种矛盾心态。民进党当局还多次提出要恢复两会之间就经济性和事务性议题的协商。台湾在 2002 年加入世界贸易组织以后，一度希望以两岸“经贸官员及 WTO 本身作为沟通桥梁，帮助建立彼此的互信，使双方最终能在 WTO 以外的架构下，就更广泛的议题进行有意义的对话与协商”。①台湾当局之所以这么急于进行两岸协商，除了政治的考量外，一个重要原因就是在两岸经济互赖的大趋势下，一些具体的问题亟待与大陆进行政策的沟通与协调。但由于当时两岸在一个中国原则和“九二共识”的问题上存在着根本的分歧，两会之间的协商对话不可能在没有任何政治基础的情况下恢复。

虽然两会之间的协商因为台湾当局的原因无法恢复，但两岸经济交流中的具体问题还是需要处理，大陆并没有因此放弃两岸之间通过其他方式沟通协调经济合作事宜的努力。2003 年，在大陆发表的《以民为本 为民谋利 积极务实推进两岸“三通”》的白皮书中，明确提出可采取简便易行的由两岸

---

① 蔡英文：《加入 WTO 后两岸经贸政策》，载台湾“行政院大陆委员会”编印：《坚持“主权、民主、和平、对等”四原则的两岸关系》，台北：“行政院大陆委员会”，2008 年版，第 76 页。

民间行业组织协商“三通”的办法。这一协商方式的步骤是：(1) 民间协商。两岸民间行业组织就“三通”问题进行协商，双方有关业务主管部门人员可以民间名义参与商谈。(2) 达成共识。长期以来，两岸民间行业组织已就如何解决“三通”的技术性、业务性问题累积了大量经验。在此基础上，经两岸民间行业组织正式协商，即可达成共识。(3) 各自确认。经商谈达成的“共识”、“协议”、“纪要”、“备忘录”或“商务安排”，经由两岸有关方面各自确认后，即可组织实施。[①]在民进党当政时期，两岸就春节包机、大陆居民赴台旅游等问题的协商就是在这一模式下进行的。

2009年6月，两会之间的制度性协商得以恢复，在随后的近两年时间里，两会就《海峡两岸关于大陆居民赴台湾旅游协议》、《海峡两岸空运协议》、《海峡两岸海运协议》、《海峡两岸金融合作协议》、《两岸渔船船员劳务合作》和大陆资本赴台湾投资等一系列涉及两岸经贸合作的议题达成协议，两岸也已经开始就商签经济合作框架协议进行商谈。自此，两岸之间关于经济合作的政策协调与沟通进入正常化和制度化的轨道。由此可见，两岸经济上相互依赖的态势是促使两岸进行政策协调与沟通的重要推动力，也是两会恢复协商后，能够迅速在一系列经济议题上达成协议和共识的重要原因。

## 第二节　经济互赖与台湾经济安全

两岸经济关系的发展本来最需要遵循的是经济和市场规律，但台湾却经常将安全问题与两岸经济关系挂钩，认为两岸经济相互依赖过深可能会危及台湾的“军事安全”、“政治安全”、“经济安全”与“社会安全”。这种对“安全”的忧虑一直深刻影响着台湾当局的两岸经贸政策思维，直接影响到两岸经贸关系的健康发展。本节仅从经济安全的角度对两岸经济互赖的效应进行分析，至于其政治与安全效应，将在下一章中进行专门讨论。

---

① 《以民为本，为民谋利，积极务实推进两岸“三通”》，国务院台湾事务办公室网站，http://www.gwytb.gov.cn/zywg/zywg0.asp?zywg_m_id=104。

## 一、相互依赖与经济安全的关系

我们在第一章讨论相互依赖的概念时，就已经提到相互依赖可能会导致敏感性和脆弱性的产生。这种敏感性和脆弱性可能表现在政治军事领域，也会表现在经济领域，导致经济安全的问题。对于经济安全到底如何定义，存在着各种不同的看法。一种看法认为经济安全是国家安全的一部分，是与政治、军事安全密切联系的一个概念。英国科学院院士、伦敦经济学院国际关系学教授巴里·布赞将经济安全、社会安全、环境安全等非传统安全置于同军事安全、政治安全同等重要的地位。[①]他认为，安全始终是与威胁与脆弱性联系在一起的，经济安全指获取资源、金融和市场的能力，这一概念只有在限定的条件下，在经济与军事力量、权力和社会认同之间具有明显的联系时才有意义。[②]因此，有学者会从避免经济自主权被侵蚀，维护经济主权的角度来讨论经济安全，认为经济安全是指一个国家或地区"在经济发展过程中能够有效消除和化解潜在风险，抗拒外来冲击，以确保国民经济持续、快速、健康发展，以确保国家主权不受分割的一种经济状态"。[③]

另一种看法认为经济安全虽然是国家安全的一部分，但是一个与政治、军事安全有区别的经济本身的安全。克罗斯（Krauce）和奈伊（Nye）把经济安全定义为"经济福利不受被严重剥夺的威胁"，并指出"当一国有意识地选择经济低效率以避免外来经济冲击的脆弱性时，或当一国为稳定国内经济而放弃可以从经济一体化中所获得的部分收益时，作为目标的经济安全就显现出来了"。[④]这种观点认为经济安全并非是政治与军事安全的附属品，经济发展本身就是国家或地区的战略目标，即经济安全是一种保障经济发展战

---

① Barry Buzan, Ole Waever, Jaap De Wilde, *Security: A New Framework for Analysis*, (London: Lynne Rienner Publishers, Inc, 1998), pp. 21 - 23.

② ［英］巴里·布赞著，闫健、李剑 译：《人、国家与恐惧——后冷战时代的国际安全研究议程》，北京：中央编译出版社，2009 年版，第 20 - 30、200 - 213 页。

③ 李晓勇：《国际经济关系与我国经济安全》，《中共云南省委党校学报》，2003 年第 1 期，第 104 页。

④ 转引自万君康、肖文韬、冯艳飞：《国家经济安全理论述评》，《学术研究》，2001 年第 9 期，第 76 页。

略诸要素的安全、维护经济生存和发展所面临的国内外环境、维持国际竞争力、提升经济发展所带来的国际地位的能力。

上述两种看法并不必然矛盾，它们都强调经济安全是一种状态或能力，只是前一种是从政治的角度看待经济安全，后一种侧重经济安全本身的含义。实际上，经济与政治、军事很难截然分开。任何国家或地区的经济发展都是在一定的政治军事环境下进行的，经济发展的一个重要目的就是为了更好地维护国家主权，增强政治影响力和军事实力。但是，我们也不能将经济安全问题过度地“政治化”、“军事化”，经济安全涉及更多的毕竟还是经济发展本身的问题，实现经济安全也并非只能通过政治或军事的途径，发展经济本身就是维护经济安全的最佳手段。因此，笔者认为，经济安全是一种状态和能力的结合，既包括某个国家或地区经济发展和经济利益不受外部和内部的威胁而保持稳定、均衡和持续发展的一种经济状态，也包括确保经济主权不受侵犯，经济发展所依赖的资源供给不受外部势力控制，国家或地区经济发展能够抵御国际市场动荡和风险冲击的能力。

对于经济安全包括哪些方面的具体内容，大陆学者张传国认为，经济安全主要涉及以下几个方面的内容：经济发展问题（经济安全是一国或地区的经济发展不受威胁，能得到持续、快速、健康的保证）、经济实力问题（经济安全是经济实力不受威胁的保障，也是检验经济实力或综合国力的重要内容之一）、经济效应问题（经济安全是防范经济重大利益损失的战略部署）、经济资源问题（资源供给安全，涉及农产品、矿产品、能源和高新技术等领域）。[①]经济安全的内容可以分为内部安全与外部安全两种，内部安全包括财富分配不均、劳资关系紧张、福利制度混乱、创新能力不足等；外部安全则是在与其他国家或地区发展贸易、投资、金融等关系时，避免对本国本地区的经济制度、经济成长、产业、就业等问题产生负面影响。

相互依赖之所以与经济安全又密切联系，一个重要的原因在于相互依赖的绝对不对称性，以及复合相互依赖可能导致的敏感性和脆弱性。按照罗伯特·基欧汉的解释，相互依赖不见得是互利的，没有任何事物能够保证相互

---

① 张传国：《中国大陆利用台资政策评价与调控》，厦门：鹭江出版社，2007年版，第135页。

依赖关系以互利为特征。不可能将相互依赖完全局限于均衡的彼此依赖，最有可能影响行为体应对过程的是非对称性相互依赖，依赖性比较小的行为体往往将相互依赖作为一种权力来源，在某些问题上讨价还价甚至借之影响其他问题；纯粹对称的另一个极端是纯粹依赖，但这种情形非常罕见。①

因此，任何国家或地区之间的相互依赖在收益上都不可能是绝对平衡的，在影响上都不可能是绝对对称的。从收益比较的角度来看，相互依赖中总会存在在相互依赖中收益比较多的一方，也不可避免地会存在利益受损的一方，而利益受损很容易被解读为其经济安全受到了威胁。从政治影响的角度看，由于任何国家或地区发展经济关系的动机并非完全是出于经济的考虑，加上它们之间的实力不平衡，有的国家或地区的实力比较强，在相互依赖中处于主导的地位，有的国家或地区的实力比较小，为了避免相互依赖所带来的脆弱性，就会从比较敏感和警惕的角度来看待相互依赖，谨防自己的经济安全受到影响。虽然一个国家或地区要以相互依赖的经济关系为工具要挟影响另一个国家或地区的时候，同样也要受到损害，但由于双方实力的差距，它们受损害的程度并不一样，因此受害比较小的一方往往容易选择经济制裁作为军事手段的替代工具，要挟对方在政治或其他方面做出让步。

当然，相互依赖的两个行为体之间收益的不平衡和影响的不对称并不必然导致对一方经济安全的损害，也不必然导致经济制裁手段的运用。以上都是从相对受益的角度来看待经济互赖的问题，实际上，现实中很多时候我们都是从绝对受益的角度来看待这个问题。“互惠互利”的合作并不是两个行为体之间的收益绝对一样，而是双方都能够从合作中获得好处，而不去计较谁的好处更多，谁的好处比较少。台湾学者张亚中也认为，“平等的协商、不对称的妥协”是国家或地区间关系的常态现象，两岸只要在平等、相互尊重的基础上进行协商，其结果是否一定完全对称，也全不是依一方的坚持而定，更重要的还是在于彼此之间的善意。如果协商的结果确有不对称的表象，也不应草率地认为这一定就是“丧权辱国”，而要看自己在整个结果中

---

① ［美］罗伯特·基欧汉、约瑟夫·奈著，门洪华译：《权力与相互依赖（第3版）》，北京：北京大学出版社，2002年版，第10－11页。

的利弊得失才能论定。[①]

在相互依赖的情况下，两个行为主体之间的政策往往是一种相互影响、相互制约的互动关系，一个国家或地区的政策选择往往会影响到其他国家或地区的政策走向，从而影响到双方的政策获益结果。新现实主义假定，在无政府状态的国际社会中，国家或地区主要关注的是相对获益而非绝对获益，即本国或本地区自身的获益一定要超过他人的获益。新自由制度主义则认为，各个国家或地区关心的是他们本身的绝对获益，而不关心和算计其他国家或地区获益和损失的多少。这两种理论对不同国家或地区在获益问题上偏好不同的假设，使得它们对国际冲突与合作的前景有着不同的预期。[②]一般来说，对外政策决策者关注相对获益越多，合作就越困难，矛盾就难以协调，冲突就越容易产生。反之，如果决策者更在意绝对获益，就更容易形成妥协和合作，并为最终解决争端创造条件。因此，如果互赖的双方都是从绝对受益的角度，而非太过专注于相对收益来看待和处理相互依赖中的不平衡和不对称问题，敏感性和脆弱性的问题都有得到解决的可能性。

## 二、互赖背景下台湾对经济安全的忧虑

在两岸经济相互依赖的情形下，大陆和台湾都有对经济安全的忧虑，张传国在《中国大陆利用台资政策评价与调控》一书中，就专门分析了大陆吸引台资可能会给国家经济安全所造成的影响，并提出维护国家经济安全的利用台资政策选择。[③]但与大陆相比，台湾无论从经济实力还是在两岸经济关系中的地位来看，都处于相对弱势，其对经济安全的忧虑也更为深刻。台湾学者童振源认为台湾内部对两岸经济整合的政治与安全争论可分为六类："国防"安全、经济制裁、经济诱惑、经济战争、"国家"认同转变与经济互赖

---

① 张亚中：《两岸统合论》，台北：生智文化事业有限公司，2002 年版，第 100 页。

② 罗伯特·鲍威尔：《国际关系理论中的绝对获益与相对获益》，载大卫·A·鲍德温主编：《新现实主义和新自由主义》，杭州：浙江人民出版社，2001 年 5 月版，第 209 页。

③ 张传国：《中国大陆利用台资政策评价与调控》，厦门：鹭江出版社，2007 年版，第 134－157 页。

和平。[①]这里面有经济安全层面的问题，也有政治与军事层面的问题，本节将只讨论经济方面的问题。另一位台湾学者朱延智将台湾的经济安全归纳为：台湾经济对大陆市场的依存度大幅上升、产业空洞化、失业率上升、失去谈判筹码等方面。[②]综合来看，台湾当局、岛内某些政治势力、台湾学者和社会舆论对台湾经济安全的担忧主要表现在以下几个方面：

第一，担心台湾对大陆市场的过度依赖会使得台湾丧失经济自主性，削弱台湾经济的抗风险能力，导致台湾经济边缘化，难以永续发展。

台湾对经济安全的一个主要忧虑是两岸经济的相互依赖在某种程度上已经演变为台湾经济对大陆的单方面依赖。这主要表现为，随着台湾的生产制造部分大规模迁往生产成本较低的大陆，台湾经济对大陆市场的依赖程度不断加深。近年来，台商赴大陆投资累计金额占台湾对外投资总额的比重已经超过七成，台湾对大陆出口的总比重也在三成左右。2006 年台湾当局召开的经济永续发展会议的共同结论中，就提到，台湾经济对大陆的依赖关系有继续扩大的趋势，引发经济“中国化”的忧虑，也影响台湾经济的自主发展，故“政府”必须积极负起管控风险的责任，有效降低两岸经贸开放可能衍生的整体风险。[③]台湾方面担心，当两岸之间的分工发展成为产业内分工，台湾的经济出现“大陆化”的情况，而过度“大陆化”对导致台湾经济在全球经济发展格局中被“边缘化”，将会使台湾失去经济发展的自主性，被大陆所控制，变成大陆经济的附庸。朱延智就举例说，如果大陆资金进入台湾，一旦意图滋扰台湾金融体系以及房地产市场，将严重影响台湾金融以及房地产市场的安定，纵使行政部门事后发现中资企业在台湾从事滋扰金融稳定事实而撤销其在台投资，但伤害已经造成。因此，台湾在两岸经贸往来中的目标，应该放在全球化，而非大陆化，大陆政策只能当做全球化的一环来考

---

① 童振源：《两岸经济整合与台湾的“国家安全”顾虑》，台湾《远景基金会季刊》，2003 年第 4 卷第 3 期，第 45 页。

② 朱延智：《两岸经贸（第二版）》，台北：五南图书出版股份有限公司，2006 年版，第 149 页。

③ 《台湾经济永续发展会议：全球布局与两岸经贸结论》，载台湾“行政院大陆委员会”编印：《坚持“主权、民主、和平、对等”四原则的两岸关系》，台北：“行政院大陆委员会”，2008 年版，第 128 页。

量，而非当做全部，否则难逃边陲化的命运。①

还有一种观点认为，由于台湾经济对大陆的单方面依赖已经形成，使得台湾经济与大陆经济唇齿相依，提升了大陆的竞争力，而削弱了台湾的竞争力；而且，一旦大陆调整经济发展战略，或者大陆经济发展出现问题，台湾经济将难免被波及，出现“大陆一感冒、台湾就会打喷嚏”的情况，台湾经济自身抗风险的能力会大大削弱。有人认为两岸经济的竞争性已经超过互补性，台湾帮助大陆提升竞争力的同时，自己却面临着来自大陆的竞争。一方面，台商向大陆投资导致大陆自主生产能力得到加强，过去台商要从台湾进口的原材料和中间产品，现在大陆自己的厂商已经能够生产，或者不少原来向台商提供的上游产业都转移到大陆，不再需要从台湾进口；另一方面，台商投资大陆使大陆的出口能力增强，已经挤占了部分原本属于台湾的国际市场。台湾新世纪文化基金会董事长陈隆志就认为，大陆对台湾形成了一股强大的磁吸效应。大陆以低廉的工资，吞噬台湾劳力密集型产业所占有的国际市场，而台湾生产成本相对较高的劣势，则促使资金和产业外移，使台湾产业因应环境变化并加以调试的空间萎缩。他主张说，尽管台湾在经济上的全球布局，不可忽略大陆市场，但也应重视对大陆的依赖程度，因为全球化、国际化的经贸发展思维，绝不是局限于大陆一地，在进行海外投资时，应具有分散风险的意识，将大陆的市场和资源视为仅是台湾产业全球布局中的一环，才能够保持经济上的自主性，使台湾经济得以永续发展。②因此，在民进党当政时期，他们就提出厘定“深耕台湾、布局全球”的经济战略，引导企业依循“投资台湾”优先及全球市场连接的大方面，将两岸经贸纳入全球布局的一环，借此壮大企业在台湾的根基，追求经济的永续发展。③

第二，担心台湾对大陆经济的过度依赖，导致台湾的产业“空洞化”，

---

① 朱延智：《两岸经贸（第二版）》，台北：五南图书出版股份有限公司，2006 年版，第 152 页。

② 陈隆志：《〈台湾的‘独立’与‘建国’〉发行三十一年后的回顾与展望》，载庄万寿主编：《台湾“独立”的理论与历史》，台北：前卫出版社，2002 年版，第 72 页。

③ 陈明通：《当前两岸经贸情势与展望》，载台湾“行政院大陆委员会”编印：《坚持“主权、民主、和平、对等”四原则的两岸关系》，台北：“行政院大陆委员会”，2008 年版，第 128 页。

一些管理和技术被转移到大陆，对台湾的就业和竞争力造成冲击。

台湾方面对经济安全的另一个忧虑在于，随着大陆经济的崛起，两岸经济规模日益悬殊，台湾过度依赖大陆市场，无异于“与虎谋皮”，将进一步加深资金、技术、人才向大陆单向倾斜的问题，还会让台湾的产业空洞化、结构性失业，以及贫富差距和收入分配情况更为恶化，从根本上损害台湾的经济竞争力。2005年6月，陈水扁在接受岛内一家电视台采访时，替“积极开放、有效管理”的政策进行辩护时表示，“中国的威胁，我们不能当成不存在，因为他不是一般的‘国家’，他不是美国、日本、东南亚或欧洲国家，它是对我们有威胁的，所以不管如何，我们的风险管理一定要考虑，不是只有所谓的互利互惠”，“在有效管理之下，才有可能开放或适度调整两岸的经贸政策。我一直觉得很多核心产业如高科技等愈来愈严重向中国倾斜”，“没有政府点头，没有经过政府同意、出面或授权都不算数，这是最大的原则，对台湾才有利，我们的产业竞争力才能得以确保，‘国家安全’才能维护”。①

对于台湾是否出现了产业空洞化的问题，学界存在着一定的分歧。台湾学者傅丰诚观察到，在2000年以前，台湾内部争论的重点还是否有产业空洞化的情况，但在2000年之后，由于台湾经济动能不足，失业率日增，争执的焦点转向产业空洞化的原因，到底是源自两岸经贸因互动过热，还是因互动不足。②有人认为，过去二十几年的两岸经贸关系发展，已经使台湾面临失去资金、技术，并培养潜在竞争对手的局面；资金、技术和投资重点的转移会阻碍台湾本身产业和技术的升级换代，从而造成台湾产业空洞化的危势。日本早稻田大学亚太研究院教授林华生经过研究也认为，台湾确实存在一定程度的产业空洞化。③随着两岸经济相互依赖向纵深发展，台湾愈发担心，如果两岸经贸关系真的实现正常化和制度化，在两岸“三通”的大背景下，两岸之间贸易壁垒迅速消减，台湾对大陆的进口会增加，而大陆低成本

---

① 《陈水扁接受非凡电视台“晚安台湾”节目专访》，2005年6月27日，台湾“总统府”网站，http：//www. president. gov. tw。

② 傅丰诚：《两岸经贸政策共识难成之因》，台湾《经济前瞻》，2006年第2期，第50页。

③ 林华生：《台湾产业空洞化的分析》，香港《大公报》，2003年3月4日。

的产品一旦进入台湾，台湾的产业将会面临更为残酷的竞争，台湾的一些传统产业如农产品、食品、制造业等劳动密集型产业，将会面临重大冲击。届时，可能会出现产业加速外溢、资金外流、失业及土地闲置等问题。随着台湾的一些大企业和上游厂商到大陆投资，上下游相关产业也会随着移往大陆，从而导致台湾丧失产业群聚效应的完整性。①

除了担心产业空洞化的问题外，还有人担心台湾的技术优势可能会因为两岸经济相互依赖过于密切而丧失。台湾对往大陆的技术输出一直有着严格的限制，台湾认为技术是台湾的核心竞争力之一，如果不严格管控，可能会导致技术流失到大陆，削弱台湾的竞争力，比如在开放八寸、十二寸晶圆到大陆投资的问题上，台湾当局都经过了很长时间的犹豫。有台湾学者就指出，近年来，台商赴大陆投资已经逐渐由传统产业转变为电机电子产业，而目前电子产业是台湾的主要产业，一旦外销市场被大陆所取代，一些新的生产与管理技术被大陆所取得，台湾经济必将遭受极大打击，失业问题也更趋严重。②而对于台湾的结构性失业是如何造成的，很多人简单地认为，原因主要是台湾的厂商纷纷关厂歇业，前往大陆投资设厂所造成。照此逻辑推论，如果两岸的经贸关系继续发展，更多的台湾厂商前往大陆投资，台湾的失业情况会愈加严重，社会问题也会随之增加。蔡英文在担任“陆委会”主委时就声言，直航对台湾经济的负面影响亦不可忽视，包括大陆物品进口增加及大陆台商产品回销，可能冲击台湾产业，包括农渔业及竞争力较低的传统产业及内销产业；台湾人民将扩大赴大陆观光旅游、从事商务活动、消费乃至购买房地产，可能造成内需减少及扩大资金、产业技术及高科技人才流向大陆；可能造成结构性失业增加及通货紧缩问题等。③

第三，认为两岸经济互赖的加深会促使大陆运用经济制裁的手段，使台湾在两岸关系中失去经济筹码，最终不得不做出政治上的让步。

---

① 朱延智：《两岸经贸（第二版）》，台北：五南图书出版股份有限公司，2006年版，第152－153页。

② 周茂春：《由社经变迁看台湾“独立”运动》，载庄万寿主编：《台湾“独立”的理论与历史》，台北：前卫出版社，2002年版，第226页。

③ 蔡英文：《全球化下的两岸经贸关系》，台湾“陆委会”网站，http：//www.mac.gov.tw/big5/cnews/ref921023.htm。

台湾很多人对经济安全的忧虑更多的还是表现在政治方面，认为如果说经济层面的影响可能是短期的、看得见的，那么政治层面的影响可能是深远的、潜在的。这主要表现在两个方面：一方面，台湾向来将经济作为对抗大陆和抗拒统一的筹码。这种“筹码论”有三种论调：第一种论调是两岸经济上的差距是不能与大陆实现统一的重要理由之一。在20世纪八十年代以前，大陆经济尚处于比较落后的时期，台湾经济发展同期却取得了亮丽的成就。台湾便将“经济牌”作为抗拒统一的筹码，认为台湾作为先进的经济体，一旦与大陆统一，将会被大陆拖累。但随着大陆经济的高速发展，台湾的经济实力和经济规模上的优势迅速丧失，现在再提到这一论调的人已经是越来越少了。

第二种论调是两岸经贸关系的发展将会壮大大陆的军事实力，形同支持大陆提升对台武力威胁的能力，因此必须阻止台商对大陆投资和两岸经贸往来，只有这样才能够阻止大陆军力的发展，确保台湾的安全。这种论调其实是台湾方面盲目自大和错估形势的一种谬论。

第三种论调是将经济关系作为影响大陆对台政策的筹码。根据台湾学者周添城的描述，台湾当局的策略是，企图以管制交流的幅度和速度来迫使大陆改变对台政策，拿经贸的交流作为改变政治对立的筹码。①

这三种论调其实都是要与大陆进行某种意义上的“经济战争”达到政治目的的做法。但是，由于两岸经济实力的对比在过去二十多年已经发生了巨大变化，两岸经济上的相互依赖和整合已经成为必然趋势，台湾的经济筹码流失已经成为既定事实，台湾当局还想将经济作为筹码的政策作为很难起到效果。童振源就提到说，两岸的经济整合会导致台湾在两岸的“经济战争”中处于不利的地位，因为限制两岸经济交流并无法有效达成台湾对大陆实行经济战争的目的，反而造成对台湾自己的更大伤害。②

另一方面，台湾有人担心大陆会运用经济制裁，来影响台湾的政治发

---

① 周添城：《两岸经贸的禁忌》，台北：中华征信所企业股份有限公司，1998年版，第72－73页。

② 童振源：《两岸经济整合与台湾的“国家安全”顾虑》，台湾《远景基金会季刊》，2003年第4卷第3期，第45页。

展，进而影响两岸关系的进程。虽然大陆一贯主张不以政治分歧干扰两岸经济合作，但台湾当局和学者普遍认为，大陆在发展两岸经贸关系时，有着政治上的动机和考量。因为在两岸经济上已经出现不对称相互依赖的情况下，如何运用经济手段的主导权在大陆一方，如果大陆认为经济制裁可以达到政治效果，不排除大陆在特定时期会使用经济制裁来迫使台湾在政治上就范。台湾学者郭建中认为，对大陆而言，经济是一个手段，想要达到的不全然是经济的目的，还包括政治的目的，是为政治服务的目的。[①] 2004 年 5 月 24 日，国务院台办发言人张铭清表示，推动两岸的经贸及各方面的交流是我们一贯的立场，不会有台商投资受影响，但要说明的是，对于在大陆赚钱又回到台湾支持“台独”的人，我们是不欢迎的。[②]这一表态与 2004 年 6 月社科院台湾所学者王建民发表的“如果台湾当局不能正确认识目前台湾海峡的紧张现实，继续大搞‘台独’活动，甚至升高‘台独’动作，大陆对台实施经济制裁不是没有可能”[③] 的言论，被台湾有些人解读为大陆威胁使用经济制裁手段“对付绿色台商”的“例证”。

在上述思维主导下，台湾方面经常会思考两岸经济相互依赖可能导致怎样的政治后果，如何影响到台湾在两岸谈判中的筹码和信心，最终可能导致台湾不得不与大陆走向统一等等。台湾学者邵宗海就认为，大陆相信两岸经贸持续交流将扩大台湾对大陆的依存度，一旦台湾对大陆依存度过高，在两岸未来整合的过程中，台湾将没有太大的能力反弹，有助于日后北京通过谈判达成兼并台湾的政治目的。[④]另一位台湾学者李宪荣则指出，大陆在吸引台商投资上，主动要求扩大往来，并不惜忍受巨大贸易逆差和外汇流失，目的在加强两岸的密切关系，逐渐达成其“以商逼政”、“以民逼官”、“以通促

---

① 《两岸开放交流 20 年学术研讨会会议实录》，台北：海峡交流基金会、交流杂志社，2008 年版，第 141 页。

② 《国务院台办新闻发布会实录（2004 年 5 月 24 日）》，国务院台湾事务办公室网站，http://www. gwytb. gov. cn/xwfbh/xwfbh0. asp? xwfbh_ m_ id = 37。

③ 王建民：《对台经济制裁可能性不排除》，转引自新浪网，http://news. sina. com. cn/c/2004 - 06 - 04/04082711375s. shtml。

④ 邵宗海：《从政治角度看两岸经贸关系》，台湾《理论与政策》，1998 年第 12 卷第 1 期，第 30 - 31 页。

统”的最终目标。[①]在2006年台湾当局出版的“国防报告书”中，也明确提到大陆进行经济制裁的可能性，“倘若未来两岸关系恶化，中共有可能禁止我产品输往大陆或是冻结民生物资输往台湾，借此对我施加经济制裁，用以瘫痪台湾经济、瓦解我方士气”。[②]

## 三、台湾忧虑经济安全的实质

作为在两岸经济相互依赖中相对弱势的一方，台湾对经济安全有着这样或那样的疑虑其实并不奇怪，大陆的确也需要去了解台湾民众的疑虑，化解他们的担心。但是，对于两岸经济互赖是否真的会导致上述危及台湾经济安全的后果，还是有必要从客观、理性、实事求是的角度进行分析。台湾方面的上述疑虑，有的是两岸相互依赖中确实衍生出的问题，有的是由于对情况了解的不全面不深入而产生的误解，有的却是某些政治势力或政治人物别有用心的煽动和扭曲。如李宪荣在分析了大陆对台湾经济安全威胁后，得出的一个结论是，“减少‘国人’对中国（大陆）的错误或过度期待，以减少中国（大陆）热的继续发烧，因为减少对中国的投资热潮和台湾对中国（大陆）经济的依赖度”，最终要“加强台湾‘国家’意识的教育和培养”。[③]说到底，其根本目的还是为煽动台湾民众的“台独”分裂立场找理由、找借口，而不是真正替台湾的经济发展着想。不可否认，大陆和台湾在发展经济关系时不可能没有任何的政治考量，但将大陆的政治考量和台湾的政治疑虑无限扩大，甚至有些耸人听闻，其实并无必要。从某种程度上说，对经济安全的过度忧虑恰恰是台湾方面缺乏自信的表现，台湾的经济安全不可能在“闭关自守”和“消极抗拒”的政策中得到解决。

对于台湾方面在发展经贸关系方面的一些安全顾虑，大陆并非没有考虑到。在国务院台办2003年12月17日发表的《以民为本、为民谋利、积极

---

① 李宪荣：《中国对台湾的意图及台湾的危机管理》，载许世楷、施正锋编：《台湾前途危机管理》，台北：前卫出版社，2001年版，第151页。

② 《“中华民国”2006年“国防”报告书》，台湾“国防部”，2006年版，第38页。

③ 李宪荣：《中国对台湾的意图及台湾的危机管理》，载许世楷、施正锋编：《台湾前途危机管理》，台北：前卫出版社，2001年版，第179页。

务实推进两岸“三通”》的白皮书中，就对此问题进行了专门的说明。关于“‘三通’将冲击台湾经济安全”的疑虑，祖国大陆强调，在两岸经济交流与合作中，台湾经济从大陆经济迅速发展中获得了增长的动力，产业结构调整获得了有利条件，企业获得新的发展空间，促进了台湾经济的发展。在经济全球化和区域经济合作的大潮中，如果实现“三通”，两岸经济各展所长，密切合作，将更有利于两岸防范经济金融风险，实现共同繁荣。两岸“三通”有利于台湾企业合理调配和使用生产要素及资源。通过分工合作，可以发挥台湾经济的优势，增强发展潜力和提高竞争力，有效避免产业“空洞化”。近几年台湾失业率上升主要是企业投资意愿下降和结构性原因所致，台商投资大陆对扩大台湾就业、产业升级和经济稳定发挥了重要作用。①

对于两岸经济互赖是否会导致台湾丧失经济自主权，削弱台湾经济的抗风险能力，导致台湾经济边缘化，笔者认为，在两岸经济相互依赖的时代，所谓经济的自主权都是相对的，台湾针对两岸经贸到底是出台开放性政策还是限制性政策，这本身就是经济政策自主权的体现。当然，在两岸经贸关系已经十分密切的情况下，无论是台湾当局还是大陆政府，在出台两岸经贸政策时，都不可能为所欲为，不考虑到己方的政策可能给对方带来的影响。但这并不意味着自主权的丧失，而是政策对形势的一种客观反应。而且，两岸经济相互依赖不能简单地归结为台湾经济的“大陆化”或大陆经济的“台湾化”。台湾希望从全球化的角度去思考去布局台湾经济发展，希望在“大陆化”与“全球化”之间找到一个平衡点。这种思路也并没有错，但关键是，不能为了实现“全球布局”而刻意忽视或压制台商在大陆投资已经形成相当规模，两岸贸易关系发展已经相当深入的基本现实。两岸应该共同思考在经济全球化的背景下，如何实现共同发展，探寻两岸经济共同发展与世界经济发展和亚太经济合作机制相衔接的问题。

实际上，台湾从经济安全的角度考虑两岸经济互赖的问题，反映更多的是某些人对待两岸关系发展的戒备和保守心态，而不是从是否符合经济发展规律，符合两岸同胞共同利益的角度去考虑问题。如果从分工的角度来看，

---

① 《以民为本，为民谋利，积极务实推进两岸“三通”》，国务院台湾事务办公室网站，http：//www. gwytb. gov. cn/zywg/zywg0. asp？zywg_ m_ id＝104。

垂直分工一般表现为互补性，水平分工一般表现为竞争性。在垂直分工和互补性合作发展到一定阶段后，国家或地区间的要素禀赋差别逐渐缩小，产品结构和产业结构差异减少，要素价格和产品价格也逐渐趋向一致，市场结果也出现趋同和重叠，互补性合作就开始向竞争性合作转变。两岸经济关系中竞争性的一面增强，并不必然威胁到台湾的经济安全。大陆进口替代能力的增强是大陆经济发展的必然结果。比如说，大陆出口产品中有一部分是台资企业生产的产品，台商也能从大陆贸易扩展中获得利益。而且，从两岸与相关国家的贸易量和市场占有率来说，双方也不存在激烈竞争。如根据台湾方面的统计，2006 年台湾输往日本的产品市场占有率只有 3．52%，而大陆的产品在日本市场占有率为 20．51%；2006 年台湾输往美国的产品市场占有率为 2．06%，而大陆的产品在美国的市场占有率为 15．51%。[①]

对台湾而言，最佳的选择不是指责大陆，而是增强自己的竞争能力，况且很多问题是由于台湾当局限制性经贸政策造成的。台湾工业总会副秘书长蔡宏明就提出良性分工模式。他认为，在两岸分工方面，对于中国大陆投资是两岸资源禀赋差异与市场诱因等因素所促成之两岸产业分工模式，应透过产业政策引导，使之形成“良性的分工模式”，以持续台湾产业发展之动力。至于分工模式是否是“良性的”，这决定于台湾产业拥有多少技术、品牌、知识产权与差异化优势，若有当中几项优势，则可形成“良性的分工模式”，其对台湾产业发展之动力才可能持续，才能在两岸与全球产业竞争中，持续掌握竞争优势。[②]由此可见，大陆和台湾在产业上的竞争性合作并不可怕，两岸经贸关系的竞争性或利益分歧不可能通过阻滞交流来得到解决，只要台湾以开放和合作的姿态看待两岸经济合作，台湾的产业空洞化就不是问题。

对于台湾的产业“空洞化”及其导致的失业问题，在很多人看来，其实是一个假议题，体现了台湾某些人对经济发展的迷茫，对产业升级转型的一种抗拒。台湾“中华经济研究院”2006 年 11 月 28 日出示的一份报告认为，台商在大陆投资并未造成台湾产业空洞化。该院王健研究员引用数据说明，

---

① 台湾“陆委会”编：《两岸经济统计月报》，2007 年第 169 期，第 63－64 页。

② 蔡宏明：《台湾经贸发展对两岸经贸互动之影响》，台湾《远景基金会季刊》，2006 年第 2 期，第 311 页。

以电子及电器产业为例，按比例计算，台商在台湾投资100元新台币，在大陆投资为15．26元；其他如服务业为10．25元，运输工具业为20．23元，化学品制造业则是25．12元。相比而言，并没有形成台湾产业空洞化现象。①大陆学者鲍晓华经过实证分析后也得出结论认为，产业外移不等于产业空洞化，只要有新兴产业投资的增加及时替代传统产业来充分弥补外移资本留下的空洞，只要产业的技术结构在提升，台湾产业外移就不会造成产业空洞化。②2002年3月，时任国台办副主任的王在希也表示说，在台湾有个说法，称因为台商大量投资大陆，造成了台湾产业空洞化，失业率上升。这种说法是错误的。他指出，台商对外投资，根本原因在于台湾岛内投资环境的恶化。在当前情况下，台商即使不到大陆寻求发展，也会前往东南亚等地，是形势所逼。而台商大举投资大陆，是因为大陆发展潜力巨大，商机处处，是他们对市场和商机作出选择的结果。这是两个问题。③

至于两岸是否会用经济制裁的手段来达到政治上的目的，我们不能仅仅看到台湾对大陆经济依赖的一面，也要看到大陆同样需要发展两岸经贸关系，同样会思考经济制裁可能会带来的经济、政治与社会后果。两岸经济相互依赖即使不对称，但也远未发展到台湾对大陆单方面的依附的程度。相互依赖是一种“一荣俱荣、一损俱损”的双向互动的经济关系，无论是从维护两岸关系和平发展的大局，或是争取台湾民心的角度，大陆都无意通过经济制裁的方式来损害台湾的所谓经济安全。在两岸经济业已形成相互依赖的情况下，任何一方都不太可能中断这种经济联系。大陆学者王建民在2004年6月发表的关于“对台制裁”的文章中也指出，大陆对台实施经济制裁只是一种理论的假设与分析。海峡两岸人民不希望这种情况的出现，不希望两岸因

---

① 《台“中经院”：投资大陆并未造成台湾产业空洞化》，中新社，台北，2006年11月29日电。

② 鲍晓华：《台湾“产业空洞化”的检验——兼与台湾学者谢宽裕商榷》，《世界经济研究》，2002年第4期，第39－45页。

③ 《王在希：台湾产业空洞化绝非台商投资大陆造成》，中新社，深圳，2002年3月27日电。

政治的对立而伤害两岸经济的合作与两岸经贸关系的发展。①

台湾学者童振源对大陆是否可能运用经济制裁的问题进行深入研究后认为，如果北京对台湾进行经济制裁，虽然台湾会面临贸易及其生产上的损失，但是大陆则必须付出四个方面的代价：一、两岸经贸中断直接造成的损失；二、因台湾对大陆出口大部分是中间财与资本财，大陆某些生产体系将因而中断；三、两岸关系恶化，将影响台商与外商在大陆的投资与经营，进而严重冲击中国的经济发展；四、因为台商在大陆生产之后，绝大部分产品外销，同时亚太主要国家都是两岸的主要贸易伙伴，所以北京必然承受庞大的国际政治与经济的压力，尤其是美国与日本介入的压力。②因此，他得出的结论是，从经济制裁的启用和后果来看，大陆不具有针对台湾的经济杠杆，台湾在两岸经济关系中几乎不存在脆弱性，出于对制裁的意愿、制裁的代价、制裁的效果等多方面的考虑，大陆将不会对台湾实施经济制裁。③虽然童教授的分析中存在着一些主观的判断，但也并非完全没有道理，至少可以说明，大陆对台经济制裁只是一种纯假设性分析，在实际运作上不容易对台湾的经济安全具有实质性的影响。

由此可见，台湾的经济安全是否会因两岸的经济相互依赖而受损，在很大程度上是一个认知的问题。李登辉和陈水扁当政时期，更多的是从消极和负面的角度去看待两岸经贸关系的发展，视两岸经济互赖的加深如洪水猛兽，实施各种限制性的政策，但最终并未能阻止两岸经济互赖的深化。马英九上台后，对经济依赖是否会导致经济安全问题，采取了更为自信和开放的态度，并没有一味从消极的角度理解相互依赖。马英九的一个重要思维是，大陆既有威胁，又是机会，要将威胁最小化，机会最大化。2009 年 1 月，他在接受采访回答电视记者有关台湾是否过度依赖大陆的提问时，明确表示，

---

① 王建民：《对台经济制裁可能性不排除》，转引自新浪网，http：//news. sina. com. cn/c/2004 - 06 - 04/04082711375s. shtml。

② 童振源：《评陈水扁经济安全发展战略的两岸经贸政策》，台湾《经济前瞻》，2000 年总第 68 期，第 92 - 96 页。

③ 童振源：《全球化下的两岸经济关系》，台北：生智文化事业有限公司，2003 年版，第 13 页。

我们依赖他们，他们也依赖我们。贸易一向是相互依存，倒不必过度忧虑。[1] 5月20日，马英九在回答网友的提问时，对有网友表示忧心台湾经济太过依赖大陆，他表示说，这是结构性问题，台湾可以多分散出口市场，让两岸贸易与投资尽可能达到双赢互惠，使得我们不吃亏。若要想完全不依赖大陆，根本做不到，讲这种话是不负责任的，最好是多开拓外销市场。[2]

2010年2月，当ECFA问题在岛内炒得沸沸扬扬之际，马英九在报告"两岸经济协议"的记者会上，特别提到说，有人会担心"两岸经济协议"签了之后，我们跟大陆的贸易量就会增加，大陆已经是我们最大的出口市场，如果再增加贸易量，我们对大陆的依赖会不会大增？如此一来，如果大陆对我们有什么政治意图，会不会让我们受不了？这点我要跟各位报告，看看日本、韩国。日本在2000年时销往大陆的货物约占6%左右，到了2009年已上升至18%，成长3倍，韩国也一样增加了2倍多，因为大陆开始变成世界的工厂、世界的市场，自然与世界各国的贸易量都会增加很多，所以这是一个正常的现象。[3]海基会董事长江丙坤在谈到两岸经济相互依赖的问题时，也表示说，依赖大陆并不是坏事，因为这代表大陆需要台湾，大陆的经济发展有相当部分是靠台商的努力。两岸经贸关系发展的关键不在依赖太深，而是要担心有一天大陆不让台湾依赖，该如何因应。因为这表示大陆经济已经有根本性的改变，台商将面临生存问题，这时应该思考与中国大陆建构综合性经济合作协议的可能，同时提升台商的技术能力、创新能力，就不用担心过度依赖大陆的危险。[4] 这些都说明，马英九当局对两岸经济相互依赖的性质非常清楚，不仅将此视为促进台湾和两岸经济发展的机会，也了解大陆不会利用两岸经济互赖来迫使台湾接受不合理的政治条件。

---

① 《马英九展现对两岸经贸的自信》，转引自华夏经纬网，www. huaxia. com/tslj/jjsp/2009/01/1300003. html。

② 《马英九：完全不依赖大陆不可能》，台湾《联合晚报》，2009年5月21日。

③ 《马英九主持报告"两岸经济协议"记者会》，台湾"行政院大陆委员会"网站，http：//www. mac. gov. tw/ct. asp？xItem = 74602&ctNode = 5628&mp = 2。

④ 《江丙坤：经济依赖中国并非坏事》，台湾《自由时报》，2009年2月5日。

# 第三节　经济互赖与区域经济合作

两岸经济相互依赖所产生的经济效应不仅仅只是局限于海峡两岸之间，而是会延展至与两岸有关的各个区域。就两岸之间而言，相互依赖可以从双边的角度进行分析，但在经济全球化和区域经济一体化的大背景下，两岸经济无论是作为个体还是一体，都是全球和区域经济不可分割的一个组成部分。两岸经济互赖的形成与深化，必然会对所在区域，如东亚地区、亚太地区甚至世界经济发展产生重要影响。即便是就两岸而言，由于大陆的幅员辽阔，每个省市、不同地区的经济发展差异很大，与台湾经济联系密切程度也不一样。两岸经济互赖有时候并不是表现为两岸整体经济的互赖，而是大陆的某几个区域与台湾的经济互赖关系，因此经济互赖的效应还可以从台湾经济与大陆内部某几个区域的角度来进行具体分析，如可以分析两岸经济互赖对长三角地区、珠三角地区、环渤海地区、海峡西岸经济区等台商集中地区所产生的影响。本节笔者将重点探讨两岸经济相互依赖与亚太区域经济合作的关系，以及对大陆几个台商投资集中地区的发展所产生的经济效应。

## 一、经济互赖与区域经济合作的关系

在第一章中我们讨论相互依赖的概念时，就已经提到从多边角度理解相互依赖的概念是，多个国家、地区或行为体构成的一对多、多对多、单个对整体、多个对整体等网状错综复杂的相互影响关系。它既是存在于国家或地区之间的双边联系，也存在于某个国家或地区对区域经济、世界经济的多边联系之中。而且，在全球化和区域经济一体化已经成为大趋势的情况下，任何国家或地区都无法自外于这个大潮流。因此，我们理解经济相互依赖，除了要讨论双边经济关系外，还必须从多边的视角，要将其放在全球化和区域经济合作的大背景下来解读。

经济全球化虽然已经成为一个潮流和趋势，但当前世界还并未真正实现全球化，各个国家或地区之间的合作依然是以区域化为主。这一方面是因为，各个国家或地区间的经济相互依赖发展到一定的程度，就会产生更紧密的利益联结和强烈的合作需求。特别是随着一些可能会对经济发展和国际和平产生影响的全球性问题的产生，如环境保护、生态失衡、能源短缺、人口爆炸、恐怖主义、跨国犯罪等，这些涉及全球福利的问题几乎涉及每个国家的利益，单靠某个国家或某几个国家已经难以应付和解决，必须靠各国之间的通力合作。但另一方面，在相互依赖的经济关系中，如何处理民族国家的自我利益与共同利益之间的关系，也是一个重大挑战。在世界经济融合的过程中，民族国家依然是国际社会的主体，“无论经济的全球化发展到什么程度都不能改变一个事实，即在经济不断融合的世界里，国家仍然是世界经济范围内的利益主体单位，民族利益仍是决定国家政策去向的主导因素”①。一些国家或地区对全球化的需求，与另一些国家或地区对全球化的疑虑和抗拒，形成了某种矛盾。为了调和全球福利与国家利益之间的矛盾，避免全球化过快发展对某些国家或地区的利益造成伤害，又要保证各国各地区之间在相互依赖的基础上继续开展合作，经济区域化便成为“对付经济民族主义以及贸易保护主义威胁唯一现实的选择”②。

对于什么是“区域”，海内外从不同的角度进行了定义。美国学者约瑟夫·奈认为，一个国际区域就是由一种地缘关系和一定程度的相互依存性联结到一起的有限数量的国家或地区。卡尔·多伊奇则将一个区域界定为在广泛的不同层面有明显的相互依存的一组国家或地区。③ B·M·鲁斯特在《国际区域和国际体系：政治生态学研究》一书中，对区域的概念进行了系统的分析，他不仅区分了地理上临近、社会文化相近的区域，还分析了政治上、经济上相互依赖的区域。④从这些定义中，我们可以看出，区域是一个与相互依赖密切相关的概念，相互依赖在某种程度上是区域概念形成的基础。

经济区域化同样必须建立在相互依赖的基础之上。按照相互依赖的理

---

① 李宝林：《国际政治经济学视角下的世界经济区域化》，《世界经济与政治论坛》，2004 年第 3 期，第 12 页。

② ［美］罗伯特·吉尔平著，杨宇光、杨炯译：《全球资本主义的挑战》，上海：上海人民出版，2001 年版，第 42 页。

③ 转引自唐永红：《两岸经济一体化问题研究——区域一体化理论视角》，厦门：鹭江出版社，2007 年版，第 2 页。

④ B. M. Russett, International region and the international system: a study of political ecology, (Chicago: Rand & Mcnally Company, 1967), pp 12 – 54.

论，互惠与合作不仅能够在双边领域实现，也能够在多边情形下实现。对于是双边合作比较容易实现还是多边合作比较容易实现，学者们的看法并不一致。美国学者肯尼斯·奥伊认为，行为者越多，合作就越困难。①海伦·米尔纳也同意说，两个行为者是合作的最佳数目，即双边合作最为可行。因为合作者必须形成认知的一致，特别是共同的利益和价值取向，以及解决问题的一致认识，而且，两个行为者在合作中对绝对收益、相对收益的权衡比较容易。②另一些学者则认为，在各个国家和地区追求相对收益的情况下，行为者数目的增加会增大合作的可能性。其实，行为者数目的多寡与合作的难易程度之间并没有必然的联系。在双边情况下，合作的形式和内容看上去会比较简单，但这并不意味着合作就会容易。在多边的情境下，各个国家或地区之间的利益交织在一起，基于不同的利益考虑往往会选择不同的合纵连横方式，它们之间的博弈往往会加剧，但这也不意味着它们之间的合作更加困难。在各个国家或地区经济互赖的情况下，不论它们主观上是否愿意，不论各方获益是否不平衡，进行合作是唯一的选择。

在多边的情境下，合作存在着更多的选择。一个国家或地区可以选择与另一个或几个国家或地区进行双方合作，也可以共同组成联盟或自由贸易区与其他国家或区域合作，还可以在某一领域与某一国家或地区合作，但在另外的领域选择与其他的国家或地区合作。多边情境下的合作对相互依赖的影响体现在两个方面，一方面，某个国家或地区对区域经济合作的依赖，在一定程度上可以减少其对某一个国家或地区的依赖程度，分散单方面经济依赖可能带来的经济或政治风险；另一方面，在多边情况下，各个国家或地区之间的实力差距、市场环境、政策风险等都不一样，在自由开放的经济条件下，一旦区域内某一个国家经济出现问题，很容易波及其他国家或地区，使多边相互依赖情况下面临的经济风险加大。但无论如何，相互依赖会在多边合作过程中不断发展，会从两个国家或地区之间的相互依赖发展成为某一区

① Kenneth Oye, *Cooperation Under Anarchy*, (Princeton: Princeton University, 1986). pp239 - 249.

② Helen Milner, "International Relations of Cooperation Among Nations - Strengths and Weaknesses", *World Politics*, April, 1992. P. 120.

域国家或地区之间的相互依赖，然后拓展为全球各区域之间的相互依赖，并为全球化的发展奠定更为坚实的基础。

## 二、两岸经济互赖与亚太区域经济合作

自上个世纪90年代以来，区域经济合作并迈向一体化已在世界各大洲蔚然成风，亚太地区也不例外。随着亚太地区国家或地区间共同利益的不断增加和相互依赖关系的不断深化，为了解决相互之间的经济合作问题，应对其他区域经济一体化的挑战，亚太国家之间建立起了不少超越政治制度和意识形态的合作伙伴关系，也建立了不少区域或次区域的多边经济合作机制。可以说，亚太区域经济合作推进速度之快，合作领域之深、内容之广泛、形式之多样、机制之灵活，都是前所未有的。除了一些国家或地区之间进行双边经济对话，签订自由贸易协定之外，特别是在经济领域的多边合作方面，亚太地区近年来取得了不少突破性的进展。如东盟十加一，东盟十加三、东盟地区论坛、上海合作组织、东亚峰会、亚欧会议等都为促进本区域经济发展发挥了重要的作用。此外，各种类似东盟自由贸易区、东北亚自由贸易区、亚洲自由贸易区、亚太自由贸易区、亚洲联盟、东亚共同体等提议也层出不穷，一些提议已经在商议落实之中，在不久的未来即将成为现实。

大陆和台湾是亚太地区两个重要的经济体，它们之间已经在形成相互依赖关系的同时，也与其他国家或地区形成了相互依赖的关系。大陆和台湾共同发展与其他国家或地区的经贸关系，一起参与国际经济活动，是两岸经济相互依赖在更大范围内的体现。大陆经济在改革开放以后，市场化和国际化程度空前提高，已经越来越与世界经济体系接轨。台湾经济本来就具有外向型的特征，受到国际经济环境的影响比较大。两岸经贸关系正是在祖国大陆需要应对经济全球化的趋势，台湾需要应对国际经济环境挑战的背景下发展起来的。对祖国大陆来说，发展两岸经贸关系的考虑从来没有仅仅局限于两岸之间，而是将其放在国际经济发展趋势和全球产业分工的大背景下来考量，使两岸经贸关系的发展有利于大陆的改革开放，有利于两岸人民的福祉，有利于区域经济发展和世界经济的繁荣。李非教授就指出，大陆发展两岸经贸关系，不能单纯地固守区域经济合作与国际分工原理的思维定势，而是要把发展的基点放在自身力量的不断积累上，致力于全方位地与国际经济

接轨，在不同层面加强与国际经济的整合关系，尤其是通过各种有效渠道，积极主动地参与亚太地区的区域经济合作，最大限度地分享国际分工的好处。[①]可以说，两岸经济相互依赖增强了大陆的经济实力和国际经济竞争力，在一定程度上使得大陆在区域经济合作中的地位和作用更为凸显。

台湾也一直希望从全球化和区域经济一体化的角度来看待两岸经贸关系的发展，但却在二者之间关系的处理上，遇到了理想与现实之间的矛盾。在民进党当政时期，2001 年 8 月台湾当局召开经济发展会议，决定以“台湾优先、全球布局、互惠双赢、风险管理”作为推动两岸经贸发展之原则，其中就提到要“掌握台湾在全球经贸体系的关键地位，将两岸经贸纳为全球发展策略之一环，以‘全球布局、策略性开放’政策，持续推动自由化、国际化，提升台湾竞争优势”。[②]但两岸经贸关系的实际情况是，台湾对外投资的大部分都集中在大陆，台湾要进行全球布局，实现所谓的国际化，首先就必须接受两岸经济互赖程度已经很深的现实，顺势而为。但是，民进党当局却逆势操作，在政治上过于强调“本土化”，对两岸经贸关系的发展施以种种限制，并继续推动所谓的“南向政策”，企图用政治的力量来迫使台商转移投资方向，不仅使台商遭受不必要的损失，还使台湾经济错失了不少融入亚太区域经济合作的良机。台湾学者李英明提出，台湾应该积极发展与大陆的经贸关系，一方面，台湾必须以中国大陆作为载体，去面向全球经济体系；另一方面，台湾也必须以全球或区域经济发展作为载体，与中国大陆互赖共荣。[③]

两岸经济相互依赖的最大区域效应在于，两岸不仅能够分别与亚太地区其他国家或地区开展经济合作，各自获取经济利益，还能够通过两岸经济的共同发展和整合，在区域经济一体化的进程中共同实现利益的最大化。大陆

---

① 李非：《海峡两岸经济合作问题研究》，北京：九州出版社，2000 年版，第 57 页。

② 《经发会两岸组总结报告》，载台湾“行政院大陆委员会”编印：《坚持“主权、民主、和平、对等”四原则的两岸关系》，台北：“行政院大陆委员会”，2008 年版，第 61 页。

③ 李英明：《全球化时代下的台湾和两岸关系》，台北：生智文化事业有限公司，2001 年版，第 161 页。

一贯强调两岸携手合作，共同适应世界经济发展潮流，迎接世界经济挑战的必要性。台湾有学者认为，两岸经贸热络，其实等于间接证明了台湾跟全球化或者东亚生产网络并没有脱节。①台湾与大陆发展经贸关系的历程，也是台湾参与全球化和亚太区域经济合作的重要一环。2006 年 4 月，胡锦涛在会见连战和参加两岸经贸论坛的台湾人士时指出，多年来，两岸民间交流合作蓬勃发展，基本形成了互补互利的格局，两岸同胞的利益已更加紧密地联系在一起。在经济全球化和区域经济一体化趋势加快发展的形势下，两岸有识之士对深化两岸经贸合作都有着强烈的紧迫感。深化两岸经贸合作，是关系两岸发展前途和两岸同胞利益的大事。②

当然，台湾参与亚太区域经济合作目前尚有一些问题未能解决，比如台湾希望与亚太地区某些国家签署自由贸易协定的问题，台湾希望在东亚各国建立自由贸易区进程中不被边缘化的问题，都在客观上对台湾参与亚太区域合作带来了一些困难。对于台湾无法参与某些亚太区域经济合作机制的原因与可能的后果，台湾学者从政治、经济、心理、“外交”、统一等层面进行了分析。台湾战略研究学者莫大华认为，在东亚区域整合浪潮中，台湾受制于政治因素，多未被列入可能的合作对象，甚至是咨询的对象，因此台湾在东亚区域被边缘化的可能性激增并逐渐成为事实。由于东亚区域整合是不仅涉及经济层面也涉及政治与安全层面的整合，对台湾在政治、“外交”、心理等非经济层面的影响可能更直接，甚至更为强烈。如果台湾长期被隔绝于国际与区域体系之外，在非经济面造成政治、“外交”、心理的边缘化，恐怕对台湾有非常不利的恶性循环效果。③台湾中兴大学蔡东杰教授也认为，在 2010 年中国与东盟自由贸易协定生效前，如果台湾尚未加入任何形式的东亚自由贸易区或双边自由贸易协定系统，届时将不仅成为东亚地区唯一被排挤在区

① 海峡交流基金会、交流杂志社编：《两岸开放交流 20 年国际学术研讨会会议实录》，台北：海峡交流基金会，2008 年版，第 148 页。

② 《胡锦涛会见连战和参加两岸经贸论坛的台湾人士》，新华网，北京，2006 年 4 月 16 日电。

③ 莫大华：《亚太区域安全整合下的台湾——边缘化的挑战与回应》，载王高成主编：《台湾的战略未来》，台北：华扬文教事业股份有限公司，2006 年版，第 186 - 187 页。

域自由贸易区之外的地区，未来经济发展边缘化的危机亦可能难以避免。而大陆则可能借这波自由贸易区推动进程，在东亚通过整合发展完成和平崛起战略意图，并利用台湾的被边缘化，达成统一的目标。[①]

实际上，大陆早就提出解决台湾参与亚太区域经济合作的原则和建议。考虑到台湾经济发展的需要和台湾同胞的实际利益，祖国大陆政府对台湾同外国发展民间性质的经贸关系不持异议，但强调必须在一个中国原则的前提下进行。对于台湾当局在国际经济活动中制造“两个中国”、“一中一台”的言行，对于某些国家开展对华对台经济合作中违反一个中国政策的言行，对于台湾当局企图将两岸经济合作当做是“国家间合作”的任何言行，大陆都会坚决予以反对。在此原则下，台湾作为中国的一个地区加入了亚洲开发银行、亚太经合组织、世界贸易组织等允许以地区名义参加的国际经济组织和为数众多的非政府经济组织。祖国大陆认为，在兼顾原则性和灵活性的情况下，台湾当局在国际经济活动中的权益已经得到保障，已经能够在相当程度上满足台湾地区经济和社会发展的需求。胡锦涛总书记在纪念《告台湾同胞书》发表三十周年的讲话中，再次明确提出要“探讨两岸经济共同发展同亚太区域经济合作机制相衔接的可行途径”。随着两岸关系形势的改善，随着两岸关系和平发展进程的推进，在不造成“两个中国、一中一台”的情况下，两岸通过适当的方式共同参与亚太区域经济合作必能实现。

## 三、两岸经济互赖与台商投资集中地区的发展

两岸经济互赖除了会影响到亚太区域经济合作以外，也会对大陆内部不同区域的经济发展与合作产生影响。上个世纪八十年代以来，区域经济合作与发展成为大陆经济发展的主旋律，先后形成了多个经济区域，不同区域的经济发展程度不同，对外开放水平不同，投资环境不同，在吸引台资与对台贸易方面，自然也存在着很大的差异。根据大陆学者段小梅2006年的研究，台商投资大陆的地区分布，早期受到中央开放政策及地缘因素的影响，主要集中在对外开放时间较早，开放程度较高，而且对外运输较为便利的福建、广东两省沿

---

① 蔡东杰：《东亚区域发展的政治经济学》，台北：五南图书出版股份有限公司，2007年版，第8页。

海城市。随着大陆区域经济发展和开发中心的转移，台商对福建沿海地区的投资趋缓，对珠江三角洲地区的投资仍在持续增加，对长江三角洲地区的投资则出现大幅增长的势头，并开始酝酿部署环渤海地区的突破。[①] 这四个地区都位于大陆东部沿海，二十多年来吸引台商投资的比重占台商投资大陆总额的将近九成以上（见表3-2）。从这几个台商投资比较集中地区之间的比较来看，长三角地区是大陆吸引台商投资最多的地区，珠三角地区次之，然后是海峡西岸经济区[②]。随着滨海新区的开发，环渤海地区已经成为台商投资的新热点地区。可以说，这四个区域是两岸经济相互依赖表现得最为集中、最为明显、最为典型的地区，通过对这四个区域与台湾经济关系的分析，在很大程度上可以得出两岸经济相互依赖对大陆区域经济发展所产生的效应。

**表3-2　1991-2008年台商对大陆投资分省区统计**

| 省区 | 件数 | 金额 | 占总金额比重 |
|---|---|---|---|
| 江苏省 | 5776 | 25133.86 | 33.26 |
| 广东省 | 12025 | 18140.92 | 24.01 |
| 上海市 | 5147 | 11228.57 | 14.86 |
| 福建省 | 5281 | 5599.75 | 7.41 |

① 段小梅；《台商投资祖国大陆的区位选择及其投资环境研究》，北京：中国经济出版社，2006年版，第84-86页。

② “海峡西岸经济区”的概念在2004年1月初举行的福建省十届人大二次会议上首次被完整、公开地提出。是指台湾海峡西岸，以福建为主体包括周边地区，南北与珠三角、长三角两个经济区衔接，东与台湾岛、西与江西的广大内陆腹地贯通，具有对台工作、统一祖国，并进一步带动全国经济走向世界的特点和独特优势的地域经济综合体。它是一个涵盖经济、政治、文化、社会等各个领域的综合性概念，总的目标任务是“对外开放、协调发展、全面繁荣”，基本要求是经济一体化、投资贸易自由化、宏观政策统一化、产业高级化、区域城镇化、社会文明化。经济区以福建为主体涵盖浙江、广东、江西3省的部分地区，人口约为6000万~8000万人，预计建成后的经济区年经济规模在17000亿元以上。2009年5月，国务院通过《关于支持福建省加快建设海峡西岸经济区的若干意见》，认为支持福建省加快海峡西岸经济区建设，是进一步发挥福建省比较优势，实现又好又快发展的迫切需要；是完善沿海地区经济布局，推动海峡西岸其他地区和台商投资相对集中地区发展的重大举措；也是加强两岸交流合作，推进祖国和平统一大业的战略部署，具有重大的经济意义和政治意义。

续表

| 省区 | 件数 | 金额 | 占总金额比重 |
|---|---|---|---|
| 浙江省 | 1934 | 5119. 21 | 6. 77 |
| 天津市 | 874 | 1394. 23 | 1. 85 |
| 北京市 | 1122 | 1316. 95 | 1. 74 |
| 山东省 | 918 | 1379. 32 | 1. 83 |
| 重庆市 | 183 | 667. 28 | 0. 88 |
| 湖北省 | 517 | 865. 34 | 1. 15 |
| 其他省区 | 3404 | 4715. 05 | 6. 24 |
| 合计 | 37181 | 75560. 46 | 100. 00 |

资料来源：台湾“经济部投资审议委员会”，转自台湾“行政院主计处”编《两岸经济统计月报》，2009年总第202期。

台商对上述四个区的集中投资使台湾与这些区域的经济相互依赖程度不断加深，在促进了这些地方经济的发展的同时，台商自身的事业也获得了很大的发展，对台湾经济的发展也有一定的促进作用。大陆学者张玉冰在研究了江苏与台湾经济关系之后得出结论，苏台经贸关系的主要特征是，两地间贸易规模持续扩大，发展保持快速增势，贸易结构长期失衡，商品结构历经调整；台商在江苏投资规模不断扩大，产业集聚效应逐步显现，产业链加速形成，投资区域呈现逐步北扩之势。总体来看，苏台经济相互依赖度正日益加深。[①]这种相互依赖不仅存在于江苏与台湾之间，而且也多多少少存在于整个长三角地区与台湾之间、珠三角地区与台湾之间、海峡西岸经济区与台湾之间。环渤海地区由于整体吸引台资的比例有限，与上述三个地区相比，对台资的依赖程度并不高，但随着台商投资的增加，两地的经济互赖一定会在不断发展之中。

台商对上述地区的投资有力地带动了这些地方经济的发展，虽然台商对大陆投资在大陆吸引外资中的比重并不高，但对这些台商集中的区域来说，台商投资的比重占它们吸引外资的比重相对就高得多。以台商在长三角地区

① 张玉冰：《江苏与台湾经贸关系发展研究》，《江苏商论》，2007年第8期，第4页。

的投资为例，长三角台资占大陆台资的比重从2000年的39.54%提高到2007年的76.14%，长三角自台湾进口额占大陆自台湾进口总额的比重从1998年的13.45%提高到2007年的47.45%，出口贸易额占大陆出口台湾总额的比重从1998年的20.35%提高到2007年的51.48%。上海东亚研究所的章念驰和钟焰就认为，在长三角区域经济一体化进程中，我们绝对不应遗忘如何让台资在这区域中发挥作用，就像珠三角经济一体化进程中绝对不会忘记香港一样。台资不仅为我们改革开放带来了资金，也带来了技术，同时带来了先进管理经验，是长三角经济一体化中不可忽略的重要因素。① 20世纪90年代中期以来，长三角地区的制造业面临着产业结构调整的压力，而台资企业利用比较优势和两岸产业的互补性，适应了长三角制造业结构调整的需要，取得了成功。钱方明教授就认为，目前长三角正处在转型升级的关键时期，需要台商的资金、技术、营销网络和管理经验。长三角本地企业需要深化与台商的分工合作，吸引台商投资产业链的薄弱环节，与台资企业联手参与国际竞争，提升产业竞争力。而台商在对长三角投资的同时，带动了不少台湾人才进入长三角，促进了长三角人力资本存量的提高。台商在长三角的大量直接投资与贸易，也推动了台湾产业转型升级，提升了台湾产业竞争力。②

以广东省为主的珠三角地区曾经是台商投资最为集中的地区，一度利用台资的规模连续多年成倍增长，拥有台资企业一万两千多家，实际利用台资占内地引进台资的三分之一以上。但近年来，台商在珠三角的投资比重日趋下降，台商对珠三角地区的投资环境评价也开始降低。根据台湾电机电子工业同业会2008年对大陆投资环境与风险调查报告中，对珠三角重镇深圳、东莞的评分极低，而天津滨海新区名列第三。之所以会出现这样的情况，与珠三角地区的投资成本提高、投资软环境恶化、投资风险上升，以及台商自身的产业升级转型和市场方向调整有关。而台商青睐滨海新区则与党中央国

---

① 章念驰、钟焰：《台资企业与长三角区域经济发展》，《浙江工贸职业技术学院学报》，2007年第3期，第1-3页。

② 钱方明：《长三角与台湾经贸关系发展研究》，《嘉兴学院学报》，2009年第5期，第34页。

务院作出的加快天津滨海新区开发开放的重大战略决策，让台商们认为环渤海地区极有可能成为中国经济新的增长极有关。这种趋势说明，台湾与大陆某一区域的经济联系和经济互赖关系，并不是一成不变的，而是会随着形势和政策的变化不断发生变化的。相对于地方经济而言，台商投资转移的机动性更强，如果台商投资发生转移，过于依赖台资的地方经济发展势必受到影响，这也是相互依赖的一个消极效应所在。

与长三角、珠三角、环渤海三个区域都不同的是，海峡西岸经济区是一个与台湾地理距离最近、人文渊源最深的地区，也是台商在大陆投资最早的地区。海峡西岸经济区虽然当前在吸引台商投资与开展对台贸易上不如长三角和珠三角，但也已形成相当的规模，是最有可能与台湾形成包括经济相互依赖在内的社会、文化复合相互依赖的地区。海峡西岸经济区与台湾经济相互依赖的效应绝不仅仅体现在经济领域，更体现在人员往来、社会文化交流，甚至是政治和安全领域。国务院出台的《支持福建省加快建设海峡西岸经济区的若干意见》的总体要求中，明确提出“从维护中华民族核心利益、促进祖国统一的大局出发，牢牢把握两岸关系和平发展的主题，着力推进两岸交流合作，促进两岸互利共赢”。《若干意见》还提出通过“建设两岸经贸合作的紧密区域。建设两岸文化交流的重要基地、建设两岸直接往来的综合枢纽”来“发挥独特的对台优势，努力构筑两岸交流合作的前沿平台”。①这说明，大力促进海峡西岸经济区与台湾之间的经济往来，深化闽台之间的经济相互依赖程度，不仅是福建省的地方经济发展的需要，更是加强两岸社会文化交流合作，促进两岸关系和平发展和实现国家统一大业的需要。

目前海峡西岸经济区和台湾经济相互依赖的程度还不深，其潜在的效应还没有充分发挥出来。国务院出台《若干意见》，不仅为福建加快经济发展提供了新的契机，也为福建在新形势下进一步凸显对台特色、发挥对台优势创造了条件。李非教授认为，福建加强对台经贸可以增强区域经济实力，因为台资是福建仅次于港资的第二大境外资本，构成福建经济持续快速发展的

① 《国务院支持福建省加快建设海峡西岸经济区的若干意见》，中华人民共和国中央人民政府门户网站，http：//www. gov. cn/zwgk/2009 -05/14/content_ 1314194. htm。

一个重要因素。①邓利娟教授进一步指出，福建具有特殊地理区位及历史渊源，其对两岸区域经济整合的重要作用不可替代，全面强化福建对台经济工作，加速闽台经济融合，将促进两岸区域经济整合取得突破性进展。②唐永红则提出海西区先行先试战略可与两岸 ECFA 连接，达到区域合作与整体合作并行不悖的目的。他认为，由于海西区本身在经济腹地、内外通道、基础设施、产业配套等方面相对于珠三角、长三角等地区已经不具竞争优势，结果海西区在对台招商引资与发展对台经贸关系方面的成效必然不彰，进而海西区自身发展也必将难如人意。如果充分利用海西区与台湾具有的地缘政治、地缘经济、地缘文化关系与优势，做好先行先试的工作，则可以为海峡西岸经济区进一步发挥对台优势与作用提供更大的空间和机遇。③

对于与海峡西岸经济区的经济合作，台湾方面还存在着一定的顾虑。2009 年 8 月，台湾“陆委会”副主委傅栋成强调，海西经济区会不会产生效果，仍待观察。“陆委会”并没有规划帮助海西经济区的政策，但如果台商要前往投资，“政府”也不会阻挡，台商投资会按照经济上的定律，而不是要把台商限缩到一个地方。他还表示，ECFA 和海西区是两件事，台湾没有将 ECFA 设限在海西区，“我们没有这个政策，这样是自我限缩”。④台湾方面的疑虑主要是对福建建设海峡西岸经济区的经济和政治意图多有揣测。在台“陆委会”2010 年 1 月 28 日召开的“咨询委员”会议上，有人认为海西计划既有拉动福建的意图，也有对台经贸战略的考虑，但主要还是以基础投资来吸引台湾技术产业投资。有人认为大陆拟将 ECFA 于海西区试行，是将与台湾互动区域化，也是针对台湾中南部民众进行统战，拟吸引台湾中南部企业赴海西区投资或工作。⑤除了疑虑，也有人提出台湾要思考如何利用海

① 李非：《海峡两岸经济发展通论》，厦门：鹭江出版社，2008 年版，第 248 页。

② 邓利娟、石正方主编：《海峡西岸经济区发展研究》，北京：九州出版社，2008 年版，第 136 页，

③ 唐永红：《海西先行先试与 ECFA 连接并行不悖》，华广网，http：//www.chbcnet.com/news/zjzl/2009－12/21/content_129212.htm。

④ 《“陆委会”：不必把 ECFA 和海西经济区扯在一起》，香港中评社，台北，2009 年 8 月 5 日电。

⑤ 《“陆委会咨委”：福建海西不易吸引台商投资》，台湾“中央社”，台北，2010 年 2 月 6 日电。

西，促进两岸良性互动与发展。台湾淡江大学教授潘锡堂就认为，台湾方面不必对海西区有所顾虑，也没有退却的条件。若能主动积极参与大陆的市场竞合，借以先求稳定岛内经济发展，再求产业多元化与优质化的提升，让大陆处于需求的市场环境，台湾才更能把握乘势而起的契机。①

其实，台湾方面对海西的顾虑恰恰从另一个侧面反映出，海西建设的确有可能给两岸经济关系和两岸整体关系带来影响。只要福建扎扎实实地将自己的事情办好，夯实经济实力、扩大市场规模、改善投资环境、方便人员往来，就一定能够通过加强两岸交流合作来推动闽台经济合作迈上一个新台阶。只有这样，才可能消除台湾的疑虑，使其主动融入到海西建设中来，共同为推动两岸关系和平发展做出贡献。

## 小　结

本章从两岸经济合作、经济安全、区域经济合作三个层面讨论两岸经济互赖的经济效应。

从促进经济增长的角度来说，经济互赖可以使两岸生产要素和资源配置更加合理，通过相互贸易和对外贸易来增加生产的总量，从而拉动两岸特别是台湾经济的增长。经济互赖可以使大陆在吸引台资的同时，引进先进的技术和管理经验，提高劳动者的素质，从而提高投资效果系数，加速大陆经济的增长。

从促进两岸贸易投资关系发展和产业分工合作的角度来看，经济互赖能确保两岸投资贸易关系不断深化，不仅有利于台商增强对大陆继续投资，以及大陆资本进入台湾的信心和意愿，也可以在某种程度上缓解两岸贸易不平衡和投资不对称的问题。经济互赖不仅有利于两岸整体产业分工合作体系的形成，也有助于两岸在分工合作中实现各自产业升级与转型，也可以提升两岸经济在全球产业分工合作中的地位。两岸经济互赖的形成与深化，可以迫使台湾当局调整和改变对大陆的某些限制性贸易投资政策，有助于两岸之间经贸政策协调和对话的进行，促进两岸贸易投资关系的正常化和制度化。

---

① 潘锡堂：《台湾不必对“海西区”存顾虑》，《海峡导报》，2010 年 1 月 6 日。

台湾对经济互赖带来经济安全的忧虑表现在：担心台湾对大陆市场的过度依赖会使得台湾丧失经济自主性，削弱台湾经济的抗风险能力，导致台湾经济边缘化，难以永续发展；担心台湾对大陆经济的过度依赖，导致台湾的产业“空洞化”，一些管理和技术被转移到大陆，对台湾的就业和竞争力造成冲击；认为两岸经济互赖的加深会促使大陆运用经济制裁的手段，使台湾在两岸关系中失去经济筹码，最终不得不做出政治上的让步。

台湾方面的上述疑虑，有的是两岸相互依赖中确实衍生出的问题，有的是由于对情况了解的不全面不深入而产生的误解，有的却是某些政治势力或政治人物别有用心的煽动和扭曲。台湾从经济安全的角度考虑两岸经济互赖的问题，反映的更多的是某些人对待两岸关系发展的戒备和保守心态，而不是从是否符合经济发展规律，符合两岸同胞共同利益的角度去考虑问题。

在经济全球化和区域经济一体化的大背景下，两岸经济无论是作为个体还是一体，都是全球和区域经济不可分割的一个组成部分。两岸经济互赖的形成与深化，必然会对所在区域，如东亚地区、亚太地区甚至世界经济发展产生重要影响。两岸经济相互依赖的最大区域效应在于，两岸不仅能够分别与亚太地区其他国家或地区开展经济合作，各自获取经济利益，还能够通过两岸经济的共同发展和整合，在区域经济一体化的进程中共同实现利益的最大化。随着两岸关系形势的改善，随着两岸关系和平发展进程的推进，在不造成“两个中国、一中一台”的情况下，两岸通过适当的方式共同参与亚太区域经济合作必能实现。

台商对长三角、珠三角、海峡西岸经济区、环渤海等四个地区的集中投资使台湾与这些区域的经济相互依赖程度不断加深，在促进了这些地方经济的发展的同时，台商自身的事业也获得了很大的发展，对台湾经济的发展也起到了一定的促进作用。海峡西岸经济区是一个与台湾地理距离最近、人文渊源最深的地区，是最有可能与台湾形成包括经济相互依赖在内的社会、文化复合相互依赖的地区。深化闽台之间的经济相互依赖程度，不仅是福建省地方经济发展的需要，更是加强两岸社会文化交流合作，促进两岸关系和平发展和实现国家统一大业的需要。

# 第四章　两岸经济互赖的政治效应

长期以来，两岸关系发展中一直存在着“政冷经热”的“政经背离”现象。两岸在经济相互依赖不断加深的同时，一些历史遗留的结构性政治难题迟迟无法得到破解，两岸关系在李登辉和陈水扁当政时期甚至还数度走到危险的边缘。马英九上台后，两岸关系虽然迎来了和平发展的新局面，但一年多来两岸关系所取得的多数进展还是集中于经济合作和民间交往领域，两岸在政治领域取得的进展还比较有限，台湾当局对两岸政治对话的疑虑依然存在。台湾学者吴金城就指出了两岸经济相互依赖中存在着一些结构性的特征，包括：一是两岸经济与政治的纠葛背景，使其发展环境充满不确定性，导致两岸交易成本过高的结果。二是两岸相互依赖伴随着外部性问题的存在，消极的外部性易导致两岸间的冲突，并透过积累效应形成不定期炸弹，造成了两岸经济关系的脆弱与不稳定性。三是两岸的经济相互依赖的不对称性，同时存在冲突与合作的可能性。①还有台湾学者认为，“两岸整合的本身，不但是经济历程，同时也是军事、政治法律、社会与文化的历程，在面对两岸关系时，必须站在人民的立场上来严肃的面对，而不是单纯以经济归经济、政治归政治的符号来掩饰特殊的政治企图”②。这些都说明，两岸经济相互依赖除了可能导致经济上的合作或不合作的效应外，也可能会带来政治、安全及其他领域的效应。

马克思主义政治经济学认为，经济基础决定上层建筑。商业自由主义的观点也认为，国家或地区之间的贸易往来会减少政治上的冲突，带来和平与合作。因此，两岸经济相互依赖所产生的效应不可能仅仅局限于经济领域，

① 吴金城：《特殊的两岸经济相互依赖关系与意涵》，台湾《东亚论坛季刊》，2009年第3期，第95页。

② 林信华：《超国家社会学：两岸关系中的新台湾社会》，台北：韦伯文化国际出版有限公司，2003年版，第197页。

必定会外溢到政治、安全、社会等诸多领域。中共中央政治局常委、全国政协主席贾庆林2007年4月28日在第三届两岸经贸文化论坛上表示，两岸经贸关系、文化关系愈益密切，两岸同胞相互理解、共同利益不断增加，为两岸关系注入了稳定的因素和发展的动力。①在两岸关系新的形势下，两岸之间除了要继续推动经济关系的正常化和机制化之外，迟早要务实面对和探讨如何增进政治互信，破解历史遗留的政治难题，发展国家尚未统一的特殊情况下的政治关系的问题；还要探讨建立军事安全互信机制，协商正式结束两岸敌对状态，达成和平协议等问题。此外，两岸还需要加强民间社会之间的沟通与了解，强化各阶层各领域的交流交往，增强台湾民众对中华民族和中华文化的认同，为两岸关系和平发展提供坚实的民意基础和文化动力。两岸经济相互依赖到底会对维护台海和平安全、结束两岸政治对立和促进台湾民众的中国认同等问题产生怎样的影响，本章将就此进行深入探讨。

## 第一节　经济互赖与台海和平安全

台海地区的和平与安全是两岸同胞最为关注的重要问题之一，也是国际社会观察和关注台湾问题的重要方面。台海地区的和平安全与两岸关系形势的发展变化有着密切的联系。在军事对峙时期，两岸处于隔绝状态，大陆将武力解放台湾作为解决台湾问题的基本方针，台湾也将“反攻大陆”作为军事战略目标，两岸之间并不存在经济、安全和政治意义上的相互依赖，也无从谈起其对台海地区和平安全的影响。只有在大陆实行“和平统一”的对台方针政策，两岸民众开始接触交流，两岸经济往来出现之后，讨论两岸经济交流与相互依赖对台海地区和平安全的影响才有意义。特别是随着两岸经济往来日趋密切，两岸经济领域的相互依赖不断加深，而台海地区安全形势却并没有从根本上得到缓解，在李登辉和陈水扁时期，还数度处于危险的边缘，这些都使人们越来越关注经济互赖对台海和平安全的影响问题。

---

① 《贾庆林就促进两岸交流提出四点看法》，国务院台湾事务办公室网站，http：// www. gwytb. gov. cn/zyjh/zyjh0. asp？zyjh_ m_ id＝1358。

## 一、经济互赖与和平安全的关系

对和平、安全与冲突的研究在相互依赖理论中占有很大的比重。传统的现实主义理论认为，权力和利益是国家或地区关系中最核心的因素，使用武力和以武力相威胁是行使权力和实现利益的最佳手段，而军事安全是国家或地区关系中的首要问题。自由主义的相互依赖理论对传统现实主义的理论提出了挑战，它一方面承认，冲突的存在是国家或地区间关系的常态，经济相互依赖本身并不能消弭和解决冲突。罗伯特·基欧汉就指出，我们并不认为，当相互依赖普遍存在时，国际冲突就消失得无影无踪。相反，国际冲突会以新的形式出现，甚至会呈现上升态势。①另一方面，它又强调在经济全球化和相互依赖的时代，军事和武力在解决冲突中的作用和功效已经发生很大的变化，除了冲突之外，国家或地区之间有更多合作的可能。多数研究相互依赖的西方学者都认为，“国家或地区间经济上的相互依赖有助于减低战争发生的可能性，进而促进和平的达成”。②这种看似矛盾的逻辑导致不少学者对相互依赖的政治与安全后果产生了不同的看法。有大陆学者总结出以下四种主要观点：即“（1）经济上的相互依赖能减少国家间冲突；（2）经济相互依赖会导致更频繁的冲突；（3）经济相互依赖可能减少冲突，也可能增加冲突，关键是取决于不同的情境和条件；（4）经济相互依赖和冲突之间没有相关性”。③

认为相互依赖会减少冲突和促进和平的观点认为，相互依赖对传统军事手段的运用会产生以下影响：首先，相互依赖使得一些国家或地区之间“所感知的安全边缘有所扩展，它们对遭受攻击的恐惧减少了，对相互攻击的恐

---

① ［美］罗伯特·基欧汉、约瑟夫·奈著，门洪华译：《权力与相互依赖（第3版）》，北京：北京大学出版社，2002年版，第9页。

② 徐淑敏：《敏感性与脆弱性：互赖理论下的两岸关系》，台北：时英出版社，2005年版，第16页。

③ 邝艳湘：《和平还是冲突：经济相互依赖的政治后果》，《国际论坛》，2007年第3期，第44页。

惧实际上已不复存在”，“某些国家之间已经禁止直接使用武力”①。其次，经济全球化和相互依赖使得国家或地区的诸多政策目标从强调国家利益、国家安全、军事战略等“高级政治”，逐渐向以经济发展、环境保护、粮食安全、走私偷渡等为主的“低级政治”过渡，而实现这些“低级政治”目标最有效的手段并不见得要使用武力。第三，在国家或地区间存在复合相互依赖的情况下，“军事相互依赖所提供的权力，高于非军事领域的权力，但所运用权力的等级越高，其付出的代价也会越高。居于劣势的一方，往往可以经由升高议题的方式来改善所处的地位”。② 因此，有时候军事威慑首先起到的反而是消极作用，很多时候动用军事力量代价高昂，而且成效难以预料。

对于相互依赖可能导致和平的途径，美国学者斯科特·卡斯特纳提出“利益制约、信息传递和偏好转型”等三种途径③。大陆学者邝艳湘则总结出“机会成本说”、“信号传递说”、“国内联盟说”、“外溢效应说”等四种机制。④笔者认为，上述几种途径或机制，其实在某种程度上都是一种功能主义的考量。功能主义的代表人物戴维·米特兰尼在《有效运转的和平体制》中提出，有三种途径可避免战争、实现和平：一是成立“国家联合”；二是建立地区性的联邦体系；三是经由功能合作途径来建立和平。米特兰尼更倾向于第三种，即从某些具有较强技术性与非争议性、政治性较弱的特定领域出发，将经济、教育、农业等低政治领域的功能性合作来作为突破点，来逐步建立和平机制。⑤

虽然相互依赖理论强调军事力量在解决冲突中的功能弱化，但并不完全否定军事手段在某些时候的合理性，也不认为非军事手段就能够解决相互依

① ［美］罗伯特·基欧汉、约瑟夫·奈著，门洪华译：《权力与相互依赖（第3版）》，北京：北京大学出版社，2002年版，第28-29页。

② 徐淑敏：《敏感性与脆弱性：互赖理论下的两岸关系》，台北：时英出版社，2005年版，第29页。

③ Scott L. Kastner. *Does Economic Interdependence Constrain, Inform, or Transform?* Preliminary Evidence From the Relationship across the Taiwan Strait, http://www.bsos.umd.edu/gvpt/kastner/KastnerISA 2005.pdf.

④ 邝艳湘：《经济互赖与国际和平》，《外交评论》，2007年第1期，第66-68页。

⑤ David Mitrany, *A working peace system*, The Royal Institute of International Affairs, Oxford University Press (London, New York, Toronto [etc.]), 1943, pp24-45.

赖条件下的一切冲突。相互依赖强调的是军事力量不再总是起主要作用，而是起着次要作用；它并不否认军事力量始终是国家权力的核心部分，只是认为它作为政策工具的作用在下降。罗伯特·基欧汉明确指出，在本地区内或在某些问题上，军事力量在政府间关系中也许起着重要作用；军事力量可能与经济纠纷的解决无关，但在与敌对集团的政治和军事关系上，军事力量却起着非常重要的作用。①由此可见，强调相互依赖并非是要否定军事力量在维护和实现国家利益中的作用，而是认为应该存在着比军事力量实现政治目标和国家利益更有效的手段和途径。即各个国家或地区在决定是否使用任何政策手段之前，要分析该政策手段在相互依赖关系中所产生的敏感性和脆弱性的影响。只有当试图使用某一种手段所付出的代价是可以被接受的时，该手段才能够付诸实施。

因此，有学者认为，相互依赖不会自动导致和平，军事手段效用的降低也不是无条件的，相互依赖导致和平在一定的前提和条件下才会实现。目前的主要观点包括：经济发达的国家或地区之间的经济互赖才会导致和平，民主国家或地区之间的经济互赖才会导致和平，国际组织成员之间的经济相互依赖才会导致和平。而不发达国家或地区之间、发达与不发达国家或地区之间、非民主国家或地区之间、民主与非民主国家或地区之间、国际组织成员与非成员之间的相互依赖，很可能会导致更多的冲突。

认为经济互赖反而会加剧冲突的观点认为，在各个国家或地区间相互依赖不断加深的情况下，政治已经成为它们之间讨价还价的过程，这一政治过程把经济相互依赖所隐含的权力资源转化为现实的权力。但是，不同国家或地区之间的实力是不一样的，很多时候它们之间的相互依赖是非对称的，它们在运用武力或面对军事威胁时所呈现的敏感性和脆弱性也是不一样的。在复合相互依赖关系中占有利地位的国家或地区，“能轻而易举地通过非军事手段对结果进行有效控制，强迫他人按自己的愿望做他所不愿做的事情”②。

---

① ［美］罗伯特·基欧汉、约瑟夫·奈著，门洪华译：《权力与相互依赖（第3版）》，北京：北京大学出版社，2002年版，第26页。

② 樊勇明：《西方国际政治经济学理论与流派》，上海：上海人民出版社，2003年版，第48页。

根据美国学者罗伯特·吉尔平的理论，经济相互依存和相互获益的许诺，并未消除一些国家或地区以牺牲别的国家或地区、或牺牲全球经济的整体利益来增进自己利益的企图，也并未消除他们之间的竞争与不信任，随着相互依存的增加，他们可能更担心自己的安全与相互依存的相关代价。①

对于在相互依赖中占据不利地位的一方来说，经济互赖的不断加深可能会让他们更加失去安全感，加深他们的焦虑感。如果这种情绪没有得到适当的纾解和释放，很可能会导致他们采取保守性和对抗性的政策，甚至可能采取激进的手段，如强化军备等来维护自身安全。美国学者肯尼思·沃尔兹就认为："紧密的相互依赖意味着交往的密切，从而增加了发生偶然冲突的机会。最残酷的内战以及最血腥的国际战争都发生在制度相似而且紧密联系的人们之间。除非潜在的参战各方具有某种联系，否则战争根本不可能发生。如果相互依赖的各国之间的联系无法得到规范，必然会发生冲突，偶尔也将诉诸暴力。如果相互依赖的发展速度超过了中央控制的发展，相互依赖便会加速战争的来临。"②

综上所述，经济互赖既可能减少冲突、促进和平，也有可能导致冲突和战争，不仅取决于相互依赖的性质是否是非对称的，还在于相互依赖的各方"对于经济互赖的利益评估和价值认知"③。也就是说，如果相互依赖的双方对经贸关系的发展前景有所期待，都认为可以从相互依赖中得到更多的利益，认知到一旦破坏这种局面将付出更大代价时，相互依赖是可以起到促进和平的作用的。但如果不对称相互依赖加深的是双方的疑虑，增强脆弱性和敏感性，一方产生强烈的不安全感，就难以降低冲突和战争的可能性。

借鉴上述理论来讨论海峡两岸经济相互依赖所产生的和平安全效应，就必须从深入分析影响台海地区和平稳定的主要因素入手。当前大陆、台湾和

---

① 樊勇明：《西方国际政治经济学理论与流派》，上海：上海人民出版社，2003年版，第36页。

② ［美］肯尼思·沃尔兹著，信强译：《国际政治理论》，上海：上海人民出版社，2004年版，第185页。

③ C. Copeland, "Economic Interdependence and War: A Theory of Trade Expectations", in Michael E. Broun, eds, THEORIES OF WAR AND PEACE, (Boston: the MIT Press, 2000), p. 469.

美国为主的国际势力对什么是影响台海地区和平稳定的主要因素有不同的看法。大陆认为“台独”分裂势力的分裂活动，以及美国等极少数国家通过售台武器干涉台湾问题，是导致台海地区紧张局势的根源。台湾当局认为大陆不放弃“武力犯台”的思维，以及现实的“武力威胁”是对台海地区和平安全的最大威胁。美国采取的是平衡和模糊立场，认为台海两岸“任何一方单方面试图改变现状”都是破坏台海和平的做法。它一方面表示不支持“台独”，一方面又鼓吹大陆的“武力威胁”，不断对台出售武器。以下笔者将从大陆的和平意愿和台湾的安全考虑的角度，具体分析两岸经济互赖对台海和平安全的影响。由于美国在本质上是影响台湾问题的外部因素，美国的考量也将融入其中进行分析。

## 二、经济互赖与大陆的和平意愿

由于两岸在综合实力，特别是军事实力上的差距，很多人认为在台海地区是否会发生冲突或战争的问题上，大陆具有绝对的主导权。因此，大陆用和平方式解决台湾问题的决心和使用非和平方式处理台湾问题的能力，是决定台海地区和平稳定的关键因素。要想分析相互依赖对台海和平稳定的影响，就必须先分析相互依赖对大陆的和平意愿和军事能力的影响。在大陆是否会使用非和平方式的问题上，一般有两种论调：一种是从现实主义推演出来的观点，即“虽然两岸经贸存在高度互赖，但由于大陆担心台湾在关键时刻会切断或终止这种关系，导致资金和重要的财货、资源流入大陆受阻，为了避免互赖所延伸出来的脆弱性，反而可能发动战争，或以其他形式的威吓或并吞行动来抓住台湾”①。另一种论调是美国学者经常鼓吹的，即虽然大陆不断表达和平解决台湾问题的决心，但却不断提升军事威慑的能力。决心和动机是可以改变的，而能力是确定的，因此不能因为大陆强调和平统一而低估大陆对台武力威胁或使用武力的可能性。以下笔者将针对这两种论调进行评述和剖析。

争取以和平的方式解决台湾问题，实现国家的完全统一，从 1979 年以

① 李英明：《全球化时代下的台湾和两岸关系》，台北：生智文化事业有限公司，2001 年版，第 123 页。

来一直是祖国大陆对台政策和对台工作的基本方针。应该承认，和平统一大政方针的确立与两岸经济相互依赖并无直接的联系，因为上个世纪70年代末80年代初，两岸之间的交流交往尚未实现，两岸经济上的密切联系尚未建立，就更无从谈起经济上的相互依赖。但是，随着80年代末两岸经贸联系的逐渐建立，两岸经济关系在此后二十多年的长足发展，两岸经济相互依赖对大陆更加坚定“和平统一”的方针产生了重要影响。大陆领导人多次在不同场合不断重申，“我们将坚定不移地致力于和平统一，以最大的诚意、尽最大的努力争取和平统一的前景”，“没有人比我们更希望用和平的方式解决台湾问题”。2005年3月，胡锦涛总书记就发展两岸关系提出的四点意见中，其中有一点就是“坚持和平统一的努力决不放弃”，因为“和平解决台湾问题、实现祖国和平统一，符合两岸同胞的根本利益，符合中华民族的根本利益，也符合当今世界和平与发展的潮流。这是我们始终坚持为实现和平统一而不懈努力的根本原因”，因此，“只要和平统一还有一线希望，我们就会进行百倍的努力。”①

两岸经济关系已经成为两岸关系的主要方面，成为两岸发展各种关系时一个不得不考量的基础因素。维护两岸的和平稳定涉及的不仅仅是军事安全领域的问题，而是一项涉及政治、经济、社会、文化等诸多方面的系统工程。以新功能主义的解读，两岸经济领域的相互依赖也必定会外溢到社会、文化、政治和军事等诸多领域。两岸经济关系并非只是单纯的经济事务，两岸当局的经贸政策的制定涉及政治问题，两岸民众间的经贸往来涉及社会问题，两岸经贸关系中某些纠纷的处理可能涉及法律问题。同样，两岸经济相互依赖的效应也会延伸到军事安全领域，或多或少会影响到台海和平稳定。

两岸经济上的相互依赖不仅为两岸维持和平稳定的形势创造了条件，而且更加坚定了大陆尽一切可能用和平方式解决台湾问题的信心和决心。正是因为二十多年来两岸经济上交流交往的不断深入，两岸的利益联结越来越密切，两岸民众的情感越来越融合，使得两岸当局和民众越来越体认到维护台海和平稳定的重要性。台湾学者李英明就认为，虽然两岸在政治上经常因

---

① 《胡锦涛就新形势下发展两岸关系提四点意见》，新华社，北京，2005年3月4日电。

“对等、主权”等问题陷入争议、充满张力，甚至出现各种危机，但基本上，“和平的局面被维持住了，探究其原因，与两岸经贸互赖格局有所关联，应该是不容否认的”。其中一个很重要的原因就是，大陆“对两岸经贸互动抱持着正面的期待”，而这种“对两岸经贸互动的持续期待，总是相对的会把两岸导向和平的方向倾斜和发展”。①前美国贸易代表佐利克就曾表示，虽然两岸对经济相互依赖不能保证和平，但毕竟能给双方提供机会，有助于消除歧见，获得稳定与和平。② 美国知名中国问题专家兰普顿也认为，强化经济联系与互动是目前改善两岸关系最可行的力量，因为两岸交流已经大大缓和了两岸之间的冲突。③

经济学中的“机会—成本”理论在某种程度上可以有效地解释两岸经济相互依赖与台海和平安全之间的关系。祖国大陆或台湾可以看做是两个理性统一的行为体，两岸经济相互依赖可以使资源在两岸之间得到更有效的配置，促进双方共同的经济增长和各自的经济繁荣，并使之参与国际经济交往的整体财富都得以提高；而战争和冲突会无疑会中断两岸之间的经济往来，导致经济方面的损失，从而增加了战争和冲突的机会成本，也提高了冲突的门槛。如前一章所分析的那样，两岸经贸关系是一种互利的关系，大陆在两岸经贸交流中也是获益的一方，台海地区出现不和平、不稳定的局面，同样会损及到大陆的利益，而这种利益不仅仅只是经济利益，还包括政治、社会、对外战略等各种利益。按照此逻辑推理下去，作为理性的大陆领导人，在思考到底使用和平还是非和平手段时，必定会在战争的机会收益和经济后果之间进行更多的权衡。而且，从两岸经济互赖的程度看，大陆对台湾经济依赖的程度相对较小，两岸经济实力差距也在不断拉大，因此，并不存在大

---

① 李英明：《全球化时代下的台湾和两岸关系》，台北：生智文化事业有限公司，2001 年版，第 123 页。

② 《佐利克：美国应尽速与亚太国家签自由贸易协定》，台湾《中国时报》，2002 年 2 月 2 日。

③ David M. Lampton, “The Taiwan Relations Act After Twenty Years: Looking Back to Look Ahead,” Testimony before the United States Senate Committee on Foreign Relations, Hearings on “U. S. – Taiwan Relations: 20th Anniversary of Taiwan Relations Act”, March 25, 1999.

陆会因为担心经济上的脆弱性而贸然发动战争的可能性。

对大陆来说，在两岸经济关系相互依赖的情况下，尽一切可能争取以和平的方式解决台湾问题，是一种有效降低战争和冲突风险，获取最佳收益的理性选择。大陆并不希望因为“轻易使用”非和平的方式，对海峡两岸经过二十多年发展起来的密切经贸联系造成毁灭性打击，也不希望因为台海地区的军事冲突而破坏大陆改革开放和经济发展的进程。2003 年 12 月，军事科学院彭光谦少将提出大陆如果进行反“台独”战争可能付出的六条代价，包括：一是 2008 年的奥运会、2010 年的世博会可能受到影响。二是国外投资可能减少。三是我们与某些国家的关系可能倒退。四是东南沿海地区可能受到战火的影响，可能有人员和财产的损失。五是国家经济发展可能受到影响。可能停顿几年，也可能倒退几年。六是中国人民解放军可能要作出必要的牺牲。①虽然彭光谦将军认为，为了维护国家统一可以不惜代价，上述这些代价都是可以承受的，是以暂时的、局部的牺牲换来国家的完全统一和民族的振兴，是值得的。但实际上，人们经常讲的“不惜代价”更多的是一种决心的表达，而不是一种理性的决策思维，任何领导人在作出战争决策时都不可能不对战争可能导致的风险与收益进行深思熟虑的权衡。

从另一个角度来看，正是两岸经济相互依赖的不断加深，才使得大陆对以和平的方式解决台湾问题更具信心，更能够“站在全民族发展的高度，以更远大的目光、更丰富的智慧、更坚毅的勇气、更务实的思路，认真思考和务实解决两岸关系发展的重大问题”②。两岸经济上的密切联系，大陆自身经济的高速发展，让大陆越来越相信，通过和平的方式解决台湾问题可能获得的收益，应该远远好于通过战争方式所能够达到的效果，目前通过和平的方式解决台湾问题的可能性并没有完全丧失。但是，大陆尽一切可能争取和平统一的前景，并不意味着大陆完全放弃在不得已的情况下使用非和平方式解决台湾问题的选择。两岸经济互赖不会削弱大陆遏制“台独”分裂活动的决

---

① 《反“台独”战争中国将付出什么代价?》，转引自新浪网，http：//news. sina. com. cn/c/2003 - 12 - 04/13542283404. html。

② 胡锦涛：《携手推动两岸关系和平发展，同心实现中华民族伟大复兴》，新华网，北京，2008 年 12 月 31 日电。

心和能力。单纯依靠经济互赖也不能够从根本上消除威胁台海安全的两大根源，即“台独”势力的分裂企图和外国势力的干涉企图。胡锦涛总书记在纪念《告台湾同胞书》三十周年座谈会上的讲话中表示，“‘台独’分裂势力及其分裂活动违背两岸同胞共同利益，是对两岸关系和平发展的最大威胁”，并重申“反对‘台独’分裂活动决不妥协”。[①]

任何国家或地区在作出战争与和平的权衡时，都不仅仅只会考虑到经济利益，还会考虑到政治与安全利益。有大陆学者指出，“对所有国家来说，保证自己的政治和安全利益都是获取经济利益的必要的先决条件。当然，获取经济利益可以增加国家的经济实力，进而增强国家的安全保障和政治声望，但当国家的政治和安全利益受到威胁时，一国置经济上的实惠于不顾，选择战争就成为十分可能的事情”。[②] 台湾问题毕竟是涉及中国主权和领土完整的核心问题，如果“台独”势力和外国干涉势力铤而走险，挑战和侵犯中国的核心利益，即便在两岸经济相互依赖的情况下，大陆在万不得已的时候，也无法完全排除使用和平以外的方式来维护国家的主权和领土完整。从这个意义上说，经济上的相互依赖并不能完全使大陆放弃用非和平方式解决台湾问题的可能性。台湾学者杨仕乐在研究相互依赖与大陆的武力使用后指出，在两岸关系中，与大陆使用武力最直接最相关的就是台湾的统“独”政策，不过这方面的证据是混合的。大陆在 1995 至 1996 年发动的导弹演习即是针对其所认知的李登辉的“台独”倾向，是直接反驳互赖限制武力使用的有力证据。[③]

虽然经济互赖对维护台海和平与安全有一定的积极作用，但我们也应该看到，经济互赖在解决台海和平安全问题上还是有一定局限性的，其在军事安全领域的外溢效应是有限度的。台湾岛内的“台独”分裂势力不会仅仅因为两岸经济相互依赖就完全放弃“台独”分裂活动，美国等外国势力也不会

① 胡锦涛：《携手推动两岸关系和平发展，同心实现中华民族伟大复兴》，新华网，北京，2008 年 12 月 31 日电。

② 常欣欣：《和平与经济相互依赖关系的理论考察》，《北京行政学院学报》，2001 年第 5 期，第 68 页。

③ 杨仕乐：《中国威胁？经济互赖与中国大陆的武力使用》，台湾《东亚研究》，2004 年第 2 期，第 129 页。

仅仅因为两岸经济互赖而放弃对台湾问题的干预，两岸之间的政治和安全对话也不会仅仅因为两岸经济互赖就一定能够取得突破。两岸经济互赖更多的是为维护台海和平安全创造有利的环境和条件，并不能代替两岸之间进行军事安全领域的接触、交流和协商，要解决涉及台海和平与安全的诸多问题，从根本上说还是要在政治和军事领域自身进行。我们不能盲目得出“只要两岸实现经济相互依赖，台海和平安全就一定有保障”的结论。胡锦涛总书记已经提出“为有利于稳定台海局势，减轻军事安全顾虑，两岸可以适时就军事问题进行接触交流，探讨建立军事安全互信机制问题”，并再次呼吁，“在一个中国原则的基础上，协商正式结束两岸敌对状态，达成和平协议，构建两岸关系和平发展框架”。①这其实就是要求两岸充分利用两岸经济相互依赖所带来的良好氛围和难得机遇，通过在政治和军事安全领域的协商与对话，从根本上寻求解决台海和平安全问题的途径。

## 三、经济互赖与台湾的安全考量

对于两岸经济相互依赖到底能否给台海地区带来和平与安全，台湾方面有着更为复杂的考虑，不同学者、不同的党派和政治人物对此问题的看法存在着明显的分歧。有人认为两岸经济互赖可以为台海和平稳定营造良好的环境，有利于台湾的安全；有人则认为两岸经济互赖可能会使台湾的安全环境更为艰困。这种复杂和分歧的看法背后有着深层次的原因：一方面，台湾方面在两岸综合实力和军事实力的对比中居于劣势，很多台湾人在思考台海和平与安全的问题时，更多的是从维护台湾自身安全的角度去考量，缺乏足够的自信，带有某种自利性和防范性的特点；另一方面，由于台湾内部各种政治势力，特别是蓝绿两大阵营之间在两岸政策上基本共识的缺乏，使得以国民党和民进党为首的蓝绿势力会以意识形态为考量，从各自的政治立场出发，缺乏对此问题客观理性的分析和思考，致使蓝绿两大阵营在此问题上的看法呈现出较大的差异。

民进党和泛绿阵营比较倾向于从消极的角度看待两岸经济互赖可能导致

① 胡锦涛：《携手推动两岸关系和平发展，同心实现中华民族伟大复兴》，新华网，北京，2008年12月31日电。

的安全后果。他们的主要观点如下：其一，认为两岸经济上的相互依赖将使台湾所面临的“国家安全”风险加大，“过度对中国（大陆）经济依赖的结果必危及‘国家安全’”①，台湾将丧失反制大陆进行武力威慑或“武力威胁”的决心和能力。这种观点认为大陆是将发展两岸经贸关系作为“以经促政”的工具，两岸经济上的相互依赖和台湾对大陆不对称依赖的加深，迟早会导致台湾面临政治和安全上的后果。其二，认为两岸经济互赖并不能消除大陆“武力犯台”的意图，反而可能更有诱因刺激大陆对台湾使用武力。这种观点认为两岸经济互赖与大陆对台湾的“现实武力威胁”之间并没有必然和直接的联系。在民进党当政时期，虽然两岸经济上的相互依赖不断加深，但大陆对台湾的“军事威胁”并没有削弱，大陆反而通过制定《反分裂国家法》，在东南沿海进行针对台湾的军事部署，威胁到台湾的安全。因此，两岸经济互赖无助于台湾安全环境的改善。

民进党并非没有意识到两岸经贸关系在维护台海和平稳定中扮演着非常重要和关键的角色，但却更多的从维护台湾的所谓“国家安全”的角度对大陆对台政策中所释放的善意表示怀疑，有时候甚至进行恶意解读和扭曲。如在民进党1999年通过的“台湾前途决议文”中，一方面提出要“寻求深切相互了解与经贸互惠合作，建立和平架构，一起达成双方长期的稳定与和平”②。但与此同时，陈水扁在2000年的《跨世纪中国政策白皮书》中，又提出两岸经贸关系必须兼顾“国家安全”与经济利益，认为“经济安全发展战略除了要保护‘领土完整及主权独立’外，还包括通过经济繁荣与成长，使‘国家’发展的方向与所需条件不受威胁。有形的基本物资条件、无形的‘国家认同’和‘国家体制’，均在安全考虑之内”。③ 2001年，时任“陆委会”主委蔡英文就表示，两岸若能够逐步建立正常化的经贸关系，加强经贸合作，增进良性互动，则可以体现两岸经济的互惠双赢，进而塑造和

① 陈明通：《“我国”大陆政策的检讨与前瞻》，载台湾“行政院大陆委员会”编印：《坚持“主权、民主、和平、对等”四原则的两岸关系》，台北：“行政院大陆委员会”，2008年版，第28页。

② 《台湾前途决议文（1999年）》，民进党中央网站，http：//www. dpp. org. tw/。

③ 陈水扁：《跨世纪中国政策白皮书》，载台湾“行政院大陆委员会”编：《‘政府’大陆政策重要文件》，台北：“行政院大陆委员会”，2002年版，第83页。

平与稳定的两岸关系。①曾在民进党时期担任“陆委会”副主委的童振源也认为，两岸经贸交流应该有助于加速大陆成为一个开放、繁荣、负责的国际社会成员，因此两岸经贸交流有助于两岸问题和平解决。②虽然已经意识到经贸关系对维护台海和平稳定的重要性，但陈水扁八年执政期间的两岸经贸政策思维还是呈现出主观和客观上的矛盾性：客观上认识到两岸经贸关系蓬勃发展、势不可挡，有利于台海地区的和平、安全与稳定，主观上台湾当局又担心会损害到台湾的所谓“国家安全”。

只是在民进党和泛绿阵营的思维中，一直还有一种挥之不去的逻辑，他们认为大陆的所谓“现实武力威胁”和长期坚持“不放弃用非和平方式解决台湾问题”的政策选择，是造成台海地区局势紧张的根源。在此认知下，民进党想当然地认为，大陆在促进两岸经贸关系发展方面的任何政策举措，都只是为了实现两岸最终统一、为非和平方式解决台湾问题而运用的“统战”手法。因此，他们得出的结论是，两岸经济互赖的程度越深，台湾就越不安全，台海地区的和平稳定就越难以得到保障。绿营学者李宪荣就认为，经济和台商已经成为大陆挟持台湾的另一利器，一旦双方发生战争，大陆可以以台商作为人质，协迫台湾投降或接受他的条件。在这种对大陆有利的情况下，台商可能是导致大陆对台用武的一个诱因。③台湾还有人认为台商对大陆投资、两岸经贸关系的发展促进了大陆经济的发展与繁荣，而这样做的结果却可能是使大陆更有能力对台湾进行“武力威胁”。2004 年 7 月，时任台湾“陆委会”主委的吴钊燮在一次演讲中表示，两岸军事问题是台湾要面对及克服的很大难题，大陆经济发展非常迅速，它的经济发展让它更有能力发展军事力量，而大陆的军事力量对台湾有很强的针对性；如果两岸军力失

---

① 蔡英文：《加入 WTO 后两岸经贸政策》，载台湾“行政院大陆委员会”编印：《坚持“主权、民主、和平、对等”四原则的两岸关系》，台北：“行政院大陆委员会”，2008 年版，第 81 页。

② 童振源：《台湾与“中国”经贸关系——经济与安全的交易》，台湾《远景基金会季刊》，2000 年第 1 卷第 2 期，第 51－81 页。

③ 李宪荣：《中国对台湾的意图及台湾的危机管理》，载许世楷、施正锋编：《台湾前途危机管理》，台北：前卫出版社，2001 年版，第 175 页。

衡，中国大陆或许有诱因使用武力，因为他认为使用武力，台湾将很快被占领。①

与民进党相比，国民党和泛蓝阵营比较多地从积极的角度看待两岸经济互赖所产生的台海和平与安全效应，但也并没有放弃从维护台湾安全的角度思考两岸经贸关系的发展问题。马英九当局一方面依然坚持认为大陆对台湾构成“武力威胁”，要求大陆撤除所谓“瞄准台湾的飞弹”；另一方面又将两岸经贸关系的发展当做台湾获取安全和实现经济发展的机会。马英九试图在威胁与机会之间找到一个平衡点，将危险降到最低，将机会最大化。马英九在2008年11月的记者招待会中就表示，“我一方面要追求两岸的和平，一方面也要维持坚强的‘国防’、维持两岸和平，我们采取各种方式，包括促进双方的往来、贸易、投资、旅游、金融，让双方能够在许多其他的方面建立良好的关系，降低冲突的风险”。②这说明，马英九当局认识到，发展包括两岸经贸关系在内的各种关系，能够为台海地区实现和平稳定创造良好的条件。

国民党和马英九当局对两岸经济互赖与台海安全的思维逻辑比较接近自由主义和新功能主义的观点。马英九多次表示，台湾要避免战争，就要改进两岸关系，要通过各种步骤让台湾海峡可能发生冲突的机会，减到最低的限度。按照新自由主义的理论，在当前两岸关系得到改善的背景下，两岸经贸关系的相互依赖，加上大陆已经提出两岸就发展政治关系、建立军事互信机制、结束敌对状态和签订和平协议进行探讨，可以使台海地区的紧张氛围更加缓解，使得双方主观上的安全感得以增加，台湾民众对台海地区可能发生冲突的恐惧感就会减少，这反过来又可以促进两岸经贸关系的进一步发展和经济互赖的进一步加深。而两岸在经济领域关系的深化，可以逐渐向两岸人员往来、文化交流、社会合作等领域溢出，使得两岸发生冲突与战争的可能性进一步降低。2009年11月，马英九在接见台湾工业协进会代表时就表示，

---

① 吴钊燮：《和平与发展——开创两岸双赢新局》，载台湾“行政院大陆委员会”编印：《坚持“主权、民主、和平、对等”四原则的两岸关系》，台北：“行政院大陆委员会”，2008年版，第98－99页。

② 《马英九记者会谈话全文》，台湾“总统府”网站，http：//www. president. gov. tw/php－bin/prez/shownews. php4？_ section＝3&_ recNo＝158。

如果两岸签署ECFA，台湾被边缘化的机会将减少，企业经营将会采取与现在不同模式，因为有更多空间、机会外销大陆，两岸和平机会就更大，“生意做这么大怎么会打仗?”。①

对于马英九当局的上述认知，民进党从自身逻辑和政治斗争的角度不断提出挑战和质疑。马英九上台后，不断推进两岸两会之间的协商，大力促进两岸经贸关系的发展，与大陆商签ECFA，的确已经为台海地区的长期和平稳定奠定了良好的基础，得到了台湾多数民众的认同和肯定。但是，民进党的某些看法和他们的某些逻辑，在台湾岛内也并非完全没有市场。部分台湾民众中长期存在的某些疑虑和偏见难以在短期内完全消除，民进党的宣传和煽动使他们对两岸经济互赖可能导致的安全疑虑加深。因此，无论是对马英九当局还是对大陆政府而言，都需要认真看待经济互赖可能会加剧台湾岛内部分民众“安全疑虑”的问题，若不及时疏导也可能会对台海和平安全产生负面影响。

## 第二节　经济互赖与两岸政治对立

除了台海安全形势与台湾同胞的安全疑虑以外，如何结束两岸的政治对立也是关系到两岸关系和平发展的核心问题之一。胡锦涛总书记2008年12月31日在纪念《告台湾同胞书》发表三十周年座谈会上明确指出，两岸复归统一，不是主权和领土再造，而是结束政治对立。②胡锦涛总书记的这一论述精辟地点出了台湾问题的根本性质，指出了促进两岸关系和平发展的根本任务。具体地说，在影响两岸关系发展的诸多因素中，台湾当局的政治地位问题、台湾的国际活动问题等都是带有结构性特征的历史遗留问题，会影响到两岸政治互信的建立和国家完全统一前两岸政治关系的发展。而这些问题又与两岸在“主权”问题上的不同看法，在“中华民国”或台湾当局的“国际地位”问题上的分歧有密切联系。在经济全球化和区域经济一体化的

① 《马英九：两岸生意做大怎会打仗》，台湾《联合晚报》，2009年11月20日。

② 胡锦涛：《携手推动两岸关系和平发展，同心实现中华民族伟大复兴》，新华网，北京，2008年12月31日电。

大趋势和大背景之下，传统的国家主权观念不断遭到挑战，需要我们用更新的思维去看待世界的发展变化。同样的，两岸经济相互依赖的加深也不可避免地会对两岸在“主权”问题上的观念、两岸政治关系的发展，以及两岸为结束政治对立所进行的各种努力产生影响。

## 一、经济互赖的政治涵义

对经济相互依赖政治效应的研究，必然首先会涉及经济与政治的关系。对此问题很多学派都进行了诠释，其中马克思主义关于经济基础与上层建筑的论述是其中最为经典的分析之一。马克思主义的历史唯物主义认为，经济基础决定上层建筑，政治是经济的集中表现。这主要表现为：第一，经济基础决定上层建筑的产生。上层建筑包括政治上层建筑和思想上层建筑，无论哪一部分都是适应经济基础的需要而产生的。第二，经济基础的状况决定上层建筑的性质，有何种性质的经济基础，就有什么性质的上层建筑。第三，经济基础的变化发展决定上层建筑的变化发展。经济基础发展的客观要求决定上层建筑不断地进行相应地调整和改革。随着经济基础的变更，全部庞大的上层建筑也或快或慢地发生变革。上层建筑的发展变化要适合经济基础的性质、水平和要求。①

在看到经济基础决定上层建筑的同时，也应该看到上层建筑对经济基础的重要影响。大陆学者柳建平在研究国际经济关系政治化问题时指出，国际经济关系与国际政治是两个相互影响的事物，国际经济关系作为实现国际政治目标的手段，实质上是国际经济关系在国际政治影响下如何进一步为国际政治服务。②这一观点可以借鉴到对政治与经济关系的认识上。马克思主义也认为，上层建筑对经济基础有着巨大的反作用。主要表现为：第一，上层建筑有助于自身经济基础的建立并保护其发展，排斥其他类型的经济基础，包括对旧经济基础残余势力的清扫和对新经济基础萌芽的镇压。第二，从服务

① 林诏、张华、胡东华等编：《2010 年硕士研究生入学考试应试教程（政治分册）》，重庆：西南师范大学出版社，2009 年版，第 54－56 页。

② 柳建平：《当代国际经济关系政治化问题研究》，北京：人民出版社，2002 年版，第 42 页。

方式上看，上层建筑通过对社会物质生活和精神生活的控制，来为经济基础服务。第三，上层建筑为先进的经济基础服务时，就会对社会发展和生产力的发展起促进作用；如果是为落后反动的经济基础服务，就会对社会发展和生产力的发展起阻碍作用。①美国学者约翰·斯帕尼尔在分析国际经济关系的政治影响时，就提到这种反作用。他一方面观察到，在世界经济相互依存的情况下，各国为了实现本国的利益，不得不越来越多地融入国际经济关系之中，国际社会也越来越处于相互依存的状态；但另一方面，权力政治所带来的弊端为相互依存的发展设置了种种障碍，而相互依存的发展最终要克服这些障碍。②

对于经济基础与上层建筑在运行过程中的矛盾，马克思主义也给出了解释。经济基础与上层建筑的相互作用构成了它们之间的矛盾运动，在这一对矛盾中，经济基础相对于上层建筑来说是易变的，而上层建筑相对于经济基础来说是比较稳定的。在一定经济基础上形成的上层建筑要经历一段逐步完善的过程，一经形成又具有相对稳定性，由此就形成了经济基础与上层建筑的矛盾运动。上层建筑是适应一定的经济基础而建立起来的，是为经济基础服务的。新建立的上层建筑基本上是适应经济基础的巩固和发展的要求的，虽也有矛盾，但是次要的。即使在这种情况下，仍应及时调整上层建筑中不适应经济基础需要的部分，建立新的上层建筑，只有这样才能发挥上层建筑的积极作用。而新的经济基础和上层建筑一旦建立起来，它们之间就达到了新的基础上的基本适合，开始了经济基础与上层建筑的新的矛盾运动。③

经济基础与上层建筑的矛盾并不是一成不变的，辩证唯物主义还认为，同一矛盾体的双方在一定条件下可以相互转化。经济与政治作为社会活动的两个方面，在一定条件下也存在着相互转化的可能性。刘德厚教授认为，经济在社会生活中具有多种功能，政治功能是其中的一项重要功能。经济的政

---

① 林诏、张华、胡东华等编：《2010年硕士研究生入学考试应试教程（政治分册）》，重庆：西南师范大学出版社，2009年版，第54-56页。

② John Spanier, Games Nations Play - Analyzing International Politics, Hoit, Rinehart & Winston, Fourth Edition, 1981, p563.

③ 林诏、张华、胡东华等编：《2010年硕士研究生入学考试应试教程（政治分册）》，重庆：西南师范大学出版社，2009年版，第54-56页。

治功能是经济功能结构在社会政治生活中的一种表现，主要表现为经济对社会政治生活的“决定功能”、“渗透功能”、“调节功能”、“规范功能”，以及运用经济手段达到政治目的的“政治功能”。[①]柳建平则进一步认为，“在经济与政治相互影响的条件下，经济可以作为实现政治目标的手段”，而且“经济可以成为一种新的政治形态，直接发挥对社会成员利益全局关系进行协调与控制作用”。[②]

马克思主义关于经济基础与上层建筑的论述，和矛盾双方可以相互转化的观点，对理解相互依赖的政治效应有着很强的解释力。经济相互依赖在某种程度上就是一种经济基础，在相互依赖形成和发展的过程当中，需要有相应的政治上层建筑与之相适应。而且，随着相互依赖程度的变化，政治上层建筑也应该随之调整，以适合经济基础的发展性质与要求。如前所述，经济相互依赖在发展的过程中不可避免地会产生一些问题，如敏感性、脆弱性和不对称性。政治上层建筑如何认识和处理这些问题，对于相互依赖的发展有着重要影响。如果处理得当，可以促进相互依赖的良性发展，如果处理不当，则可能会阻碍相互依赖的进一步深入。如果上层建筑与经济基础能够协调发展，两岸经济相互依赖的政治功能也就能够得到很好的发挥。笔者在本节将借鉴上述理论，对两岸如何在互赖的经济基础上，如何探讨发展国家完全统一前的政治关系进行论述。

马克思主义经济基础与上层建筑的原理对发展两岸关系的宏观政策思维有很强的解释力，但具体到结束两岸政治对立的问题时，我们还必须关注到两岸关系中的另一个核心问题，即两岸针对“主权”问题的分歧。即在两岸经济相互依赖的背景下，两岸的“主权”争议实质是什么，到底会朝着怎样的方向发展？有不少学者提出两岸可以搁置“主权”争议，可以超越“主权”争议，甚至有人提出在经济全球化的背景下，各个国家或地区间经济相互依赖不断加深，国家“主权”观点会不断淡化，并最终会消弭，两岸的

① 刘德厚：《论经济的政治功能及其结构体系问题》，《求索》，1995 年第 1 期，第 18－23 页。

② 柳建平：《当代国际经济关系政治化问题研究》，北京：人民出版社，2002 年版，第 50 页。

“主权”争议也可以从长计议。

主权的概念是随着近代民族国家的出现而出现的，是人类社会发展到一定阶段的产物。自从1648年《威斯特伐利亚和约》签订，现代意义上的国家逐渐形成以后，主权就成为国家对内行使最高权力、对外代表国家人格的基本原则，它一直是现代国际关系的基础。英国学者伊恩·布朗利认为主权的具体内容应该包括：（1）对其领土和永久居住人口的基本的排他性管辖权；（2）在此排他性管辖权区域内其他国家的不干涉义务；（3）依据习惯法和经承担义务者同意的条约而产生的对义务的依赖。①也就是说，主权同时拥有对内属性和对外属性，即国家具有的独立自主地处理自己对内和对外事务的权力；在国内事务上表现为最高权，在国际上表现为独立权。美国学者威廉·奥尔森认为，主权传统意义上的主权国家体系“把人们分成一个个作茧自缚的政治实体”，每个主权国家都按照自身的意愿来单独行事，“这一直是主权国家体系的一个根本性的难题”。②现代主权理论认为，完整的国家主权包括了政治主权、经济主权和文化主权等几个方面，政治主权是国家主权最重要的体现，是国家赖以存在、成为独立主权国家的基础，也是国家享有经济主权、文化主权的前提。

主权概念的内涵不是一成不变的，而是随着时代的发展不断地发生着变化。二战之后的一段时间，主权的概念得以强化，被认为是国家的基本属性，是不可分割、不可转让的绝对权利。但是，自从经济全球化的浪潮开始席卷世界之后，人们在思考和维护主权问题时开始出现一些观念上的变化，传统意义上的主权制度出现急剧嬗变，绝对意义上的主权概念不断遭到质疑，主权的相对性不断凸显。其中最明显的表现就是随着各个国家或地区间相互依赖的加深，各国家或地区在制定某些政策、做出某些决定时，已经不能仅仅只是从自身的角度考虑，而是既需要体现独立自主的一面，同时又要顾及与其他国家或地区的相互协调与合作，这就不可能不对传统的主权观念

---

① ［英］伊恩·布朗利著，余敏友等译：《国际公法原理》，北京：法律出版社，2003年版，第319页。

② ［美］威廉·奥尔森著，王沿等译：《国际关系的理论和实践》，北京：中国社会科学出版社，1989年版，第13页。

产生一定的冲击。1992 年，时任联合国秘书长的安利就表示，绝对的、排他的主权时代已经过去，它的理论从来就与实际情况不符合。后任联合国秘书长安南也提出，国家主权就其最基本的意义而言，正在重新定位。在经济全球化深入发展和国家或地区间经济相互依赖加深的背景下，不少人提出要根据新的形势变化更新传统的主权观念，主要有“主权过时论”、“主权弱化论”、“主权有限论”、“主权消亡论”、“人权高于主权论”、“主权分割论”、“主权让渡论”等。

但是，对于经济的相互依赖是否会导致主权观念的淡化或者主权功能的弱化，也有学者提出了不同的看法。有学者认为，经济全球化并未从根本上改变民族国家的主权。民族国家及国家主权在国内和国际政治生活中仍然处于核心地位并起着核心作用，国家及其主权的基本功能并未消失。尽管经济全球化从不同的角度、在不同的领域对民族国家的主权产生了一定的冲击和影响，甚至侵蚀了部分经济主权，但是民族国家主权最核心的部分——国家独立自主地处理其内外事务的权利仍然没有发生根本改变。①　也有学者观察到，实际上国家主权受到限制、弱化以及实现程度的降低，并没有从根本上危及国家主权的基本原则，国家主权受限制、被让渡的同时，各主权国家同时又得到了新的主权、利益和发展机遇，总体上不可能会有主权无端丧失的情况。②上述学者的看法在大陆学者中有一定的代表性，特别是中国作为发展中国家，对“主权限制”、“主权消亡”等论调有着更高的警惕性。而且，这种在国际社会中对“主权”的认知和解释，在思考和解决两岸问题时是否适用，也需要进行具体和深入分析。

## 二、经济互赖与两岸政治关系

马克思主义关于经济基础与上层建筑的论述，对理解两岸经济互赖的政治效应有着很重要的意义。一般的观察认为，两岸政治与经济关系呈现一种

---

① 徐蓝：《经济全球化与民族国家的主权保护》，《世界历史》，2007 年第 2 期，第 22－24 页。

② 任卫东：《全球化进程中的国家主权：原则、挑战及选择》，《国际关系学院学报》，2005 年第 6 期，第 4 页。

“政冷经热”的现象，两岸经济关系经过过去二十多年的发展，已经形成了越来越紧密的相互依赖关系，而且这种相互依赖还在不断地深化之中。但与此同时，两岸的政治僵局似乎迟迟无法取得突破。在李登辉和陈水扁时期，分别提出“戒急用忍”和“积极开放、有效管理”、“积极管理、有效开放”的两岸经贸政策，不断利用政治的手段对两岸经贸关系的发展进行干预，而两岸政治关系在李登辉和陈水扁当政时期也数度出现紧张和危险的局面，一些症结性的政治问题并没有因为两岸经济关系的热络而有所突破。即使在马英九上台后，两岸经贸关系的发展迎来新的契机，马英九当局也实行了更为开放的两岸经贸政策，但两岸政治关系的发展依然迟滞。虽然大陆和台湾都表示要“先经济后政治、先易后难、循序渐进”，但台湾方面似乎对两岸展开政治对话依然心存芥蒂。如果照此观察，似乎两岸经济关系与政治关系的发展有一种“政经背离现象”，似乎两岸经济相互依赖的经济基础并没有产生决定政治上层建筑的效应。

笔者认为，两岸关系中看似矛盾的这种“政经背离现象”其实并没有从根本上违背马克思主义关于经济基础决定上层建筑与矛盾双方相互转化的原理。人们在观察两岸关系发展时，更多的是从短期的、具体的、策略的角度去思考，而没有站在更高的高度、从长远的角度、以更大的格局、用战略的眼光来看待两岸关系发展中的政治与经济现象。胡锦涛总书记在纪念《告台湾同胞书》发表三十周年的讲话中指出，“我们应该登高望远、审时度势，本着对历史、对人民负责的态度，站在全民族发展的高度，以更远大的目光、更丰富的智慧、更坚毅的勇气、更务实的思路，认真思考和务实解决两岸关系发展的重大问题”。[①]二十多年两岸经济关系的发展，已经使得两岸之间形成了相互依赖、互惠共存的经济基础，这种经济基础决定了必须有相应的上层建筑来适应。无论是大陆还是台湾领导人，在思考两岸政治关系的发展时，都必须考虑到这种关系，必须适应两岸经济已经形成相互依赖态势的这种经济基础，并在此基础上探讨发展国家完全统一前的政治关系，构建两岸关系和平发展的框架。

---

① 胡锦涛：《携手推动两岸关系和平发展，同心实现中华民族伟大复兴》，新华网，北京，2008年12月31日电。

从长远的角度来看，两岸经济互赖有利于创造两岸政治对话、结束政治对立、实现国家完全统一的条件。如前所述，经济与政治关系可以相互转化、经济可以实现政治功能，但这种转化和功能的实现都需要一定的时空为背景。台湾问题的最终解决是一个长期、复杂和艰巨的过程，在这个过程中，各种矛盾、分歧、对立的出现都是正常的现象，解决这些矛盾也不是一朝一夕的事情，而应该着眼大局、着眼长远，为两岸经济与政治关系的转化、经济关系政治功能的实现创造条件。大陆学者李非教授就认为，“两岸政经关系的现有表现只是一种暂时性的表象，是政经互动在特定时期的一种阶段性表现，这种表象并不能也不会最终否定政治与经济相互促进的规律”，“在两岸政经关系中，还存在一个经济的量和政治的质的关系，经济交流的量达到一定程度就会冲破台湾当局设定的政治限制，需要并形成一种新的政治关系，而当局的确认只是一种形式与程序”。①大陆学者李家泉也认为，“经济是基础，政治是上层建筑；千利益，万利益，经济利益是最主要的利益；千关系，万关系，经济关系是最基础的关系；从短期看，政治可以决定经济，但从长远看，一定是经济决定政治”。② 也就是说，两岸经济关系对政治的影响效应并非不存在，而是还未完全呈现，或者还没有很好地被人们所认知。实际上，两岸经济关系发展的历史也表明，两岸经济的相互依赖对两岸整体形势和政治关系的影响是显而易见的。

两岸过去二十多年经济关系的发展，对于两岸形势的稳定，起到了不容忽视的重要作用。正是因为两岸经济联系越来越密切，两岸经济相互依赖不断加深，才使得台湾当局各种限制性的两岸经贸政策难以推行，才使得台湾岛内的“台独”分裂势力在进行“台独”分裂活动时有所顾忌，才使得祖国大陆更有信心实行各项惠及台湾同胞的政策措施。两岸关系在过去二十多年数次走到危险的边缘，最终都能够“有惊无险”地全身而退，除了政治上的考虑与运作之外，两岸经济上的密切联系自然也是重要影响因素之一。无论是大陆政府还是台湾当局，在进行政治决策时，都不可能不考虑到两岸经

① 李非：《海峡两岸经济关系通论》，厦门：鹭江出版社，2008 年版，第 359 页。

② 李家泉：《在危机中前进的两岸关系——专家点评两岸关系的热点问题》，《台声》，2003 年第 8 期，第 12 页。

济关系已然十分密切的现实。李登辉在当政时期，就已经意识到经济的作用和威力。1999 年 8 月 7 日，李登辉在抛出“两国论”后表示，“两岸现有紧张情势解决关键不在军事角力上，最终归诸于经济力量”，若台湾能够“持续发展且稳定经济，必可获得最后胜利”。[①]只是李登辉当时的主要想法只看到了问题的一个方面，其目的是要通过限制两岸经济关系的发展来阻遏大陆的经济发展，削弱大陆对台动武的能力；他并没有看到两岸关系发展的另一个大趋势是，台湾的经济发展离不开两岸经济合作，两岸经济关系可以突破某些政治上的限制而持续发展。这也是李登辉的“戒急用忍”的政策最后招致失败的重要原因。

即便在民进党当政时期，两岸经济关系的发展也对台湾当局的政策产生了重要冲击和影响。台湾学者丁永康观察到，在民进党当政时期，作为上层建筑的政治与意识形态，是采行渐进式的“去（de－ling 离开）中国化”政策；但是作为下层建筑的经济则也是被迫采行另一种“去（go to 去向）中国化”的政策。[②]虽然民进党的整体执政思维是要阻碍两岸经济关系的发展，保持台湾经济与大陆的“安全距离”，但在上台后，面对两岸经贸交流的态势，也不得不对李登辉时期的“戒急用忍”政策进行调整，在某些具体领域也不得不采取一些开放措施；面对两岸民众要求“三通”的巨大压力，也不得不开放“小三通”，并与大陆相关行业协会展开“春节包机”的协商。这充分说明，两岸经济关系的发展已经形成一种不可阻挡之势，积极发展两岸经贸关系成为台湾民众的主流民意，任何党派任何人在台湾当政都必须正视这一态势，任何企图通过政治上的操弄逆转这一态势的螳臂挡车的政策措施，都注定是要失败的。

两岸经济互赖也让台湾岛内的“台独”分裂势力的“台独”挑衅活动难以得逞，在某种程度上维护了两岸关系的大格局。陈水扁当政时期，虽然变本加厉地进行所谓“公投制宪”、“和平公投”、“入联公投”等“台独”

---

① 《李登辉称解决两岸紧张情势终将归诸经济力量》，台湾《中央日报》，1999 年 8 月 8 日。

② 丁永康：《台湾 8 吋晶圆赴中国大陆设厂政经分析》，中国网，http：//www.china. com. cn/chinese/zhuanti/179112. htm。

分裂活动，但最终还是难逃失败的结局，这与两岸经济相互依赖的密切联系不无关系。经济互赖会让台湾的工商界、产业界的切身利益与大陆联系起来，他们不希望因为台湾当局的“台独”挑衅影响到两岸经贸关系和自身企业的发展，会通过一定的方式向台湾当局施加压力，迫使民进党当局在进行“台独”挑衅时有所收敛。同时，经济互赖将两岸经济发展的命运紧密地联系在一起，台湾当局任何限制性政策、挑衅性行为最终会伤害到台湾自身经济的发展。如果两岸因为台湾当局的“台独”挑衅而兵戎相见，对台湾经济来说也会造成毁灭性的打击。

更为重要的是，二十多年两岸经济发展，相互依赖态势的形成，已经让两岸多数民众的切身利益紧密地联系在一起，形成了一股难以阻挡的反“台独”和希望两岸关系和平发展的主流民意。台湾绝大多数民众都不希望因为台湾方面的“台独”挑衅而导致两岸发生冲突，已成为制约“台独”势力进行“台独”活动的重要力量。1991 年，当“台独”势力在岛内活动开始日渐猖獗之时，据台湾《联合报》报道，“一家民意调查公司所做的民意测验结果显示，如果台湾明天宣布独立，有 47% 的受访者会感到很害怕，只有 5. 3% 很高兴”。①而根据台湾政治大学选举研究中心从 1994 年到 2007 年的民调结果，希望“尽快独立”的民众最高时只有 8. 5%，最低时只有 2. 8%；态度“偏向独立”的民众最高时也只有 15. 4%，最低时只有 6. 5%。②因此，两岸经济的互赖在某种程度上可以制约“台独”分裂势力进行“台独”冒险的决心和能力，也可以让台湾民众更切身地体会到发展两岸经济关系给他们带来的和平与福祉，还让大陆在反“台独”反分裂过程中更有信心，更坚定维护两岸关系和平发展的决心。

对于民进党和“台独”势力利用政治阻碍两岸经贸关系发展的行为，同样可以从经济基础与上层建筑的关系方面来认识。民进党前主席许信良 2007 年在厦门大学台湾研究院演讲时，就从经济基础与上层建筑的关系来分析民进党的两岸政策及两岸关系的发展。他认为，民进党关于“台独”的意识形

---

① 台湾《联合报》，1991 年 10 月 28 日。

② 《台湾民众统独立场趋势分布（1994 - 2007）》，台湾政治大学选举研究中心网站，http：//esc. nccu. edu. tw/newchinese/data/tonduID. htm。

态即是一种脱离了经济基础的台湾民族主义，是五十年前的封闭的民族国家架构下的意识形态。今天依然坚持，不符合台湾人民的利益。两岸关系问题，其实应从更广大的领域、更高远的视野来看，那样才能看得更全面、更清晰，这对于台湾未来发展走向尤其具有现实意义。在这一问题上，台湾当局应摒弃过时、落伍的意识形态，以及那些与台湾人民利益相悖的做法，在全球化发展的大趋势下，重视大陆未来对于台湾的重要作用，积极融入这种趋势、潮流。[①]也就是说，民进党和“台独”势力当前所坚持的政治主张，是一种落后的上层建筑，它已经不能适应两岸经济互赖背景下两岸关系发展的需要。他们要求对经贸政策进行限制本身就说明他们“担心经济交流会触动他们政治立场的调整”[②]。面对两岸已经形成经济相互依赖的经济基础和民进党依然不放弃“台独”主张之间的矛盾，虽然他们还心有不甘，不断对政治立场进行“量”上的微调，但他们迟早不得不面临着“质”的调整和变革，否则就可能会面临着被淘汰的命运。

马英九上台以后，在两岸政治关系改善的大环境下，两岸经贸交流的潜能开始得到充分的发挥，获得了前所未有的发展契机。中国社科院台湾研究所朱磊认为，两岸一贯互有经济需求，为什么往年总是“政冷经热”，就是因为政治关系不好；两岸经贸关系实质性突破的最重要原因就在于，两岸政治互信的初步建立和逐步加深。[③] 2008 年 5 月以来，随着台湾岛内政治形势发生积极变化，两岸关系发展也面临着新的历史机遇。马英九当局逐步施行了某些开放性的两岸经贸政策，以适应两岸经济发展的需要；两岸两会在“九二共识”的政治基础上，在短时期内就恢复了中断十年的协商，并本着“建立互信、搁置争议、求同存异、共创双赢”的精神，就两岸经济关系发展中的诸多问题达成了协议。这些都是两岸经济与政治关系良性互动的产物，是两岸当局调整政治上层建筑以适应两岸经济互赖的经济基础的重要举措。如果说两岸没有“九二共识”的共同政治基础，两会协商也不会开展；

---

① 《许信良：站在高处看两岸关系更全面》，《厦门日报》，2007 年 4 月 11 日。

② 李非：《海峡两岸经济关系通论》，厦门：鹭江出版社，2008 年版，第 360 页。

③ 《回望 2009：两岸经贸交流取得突破》，《人民日报（海外版）》，2010 年 1 月 7 日。

同时，如果说没有过去二十几年的两岸经济关系作为基础，没有两岸同胞需要解决经贸交流过程中累积和遗留的各种问题的强烈需求，马英九当局也不会在短时间内就调整某些限制性的经贸政策，两岸政治关系的改善也不会显得如此迫切和迅速。

在看到两岸经济互赖对政治关系可能产生影响的同时，我们也不能无限夸大经济关系的政治效应，更不能就此得出“只要发展两岸经济关系，两岸政治问题就一定能够得到解决，两岸就一定能够实现完全统一”的结论。两岸经济互赖的政治效应并不是无条件显现的，而是在一定条件下才有实现的可能。两岸在经济交流中会产生两种政治和经济利益，一种是自我利益，一种是共同利益。在两岸进行经济交往的过程中，这两种利益并不是完全一致的，有时候利益性质上的差异和利益结构的不平衡，会使两岸在交流中产生各种矛盾，而这些矛盾的解决不能完全靠经济手段，有时候还要综合运用政治、军事和外交手段。因此，两岸经济互赖在产生积极的政治效应的同时，有时候经济问题也会延伸成为政治矛盾，不利于两岸政治关系的发展。台湾学者高朗就曾认为，在两岸之间政治问题尚未解决及台湾内部政治精英意见未整合之前，不能期望透过两岸经贸往来迅速进行政治整合。[①] 由此可见，两岸的最终完全统一是一项系统工程，需要政治、经济、社会、文化、军事、外交等各领域的合力配合，才有可能实现。两岸经济互赖是其中非常关键的一个因素，可以为其他领域功能的实现提供重要的经济基础，但它不应该也不可能是唯一的决定因素。

就目前而言，两岸经济交流的深化不能取代两岸的政治对话，两岸经济上的相互依赖可以使两岸在政治上“斗而不破”，但不能从根本上阻止两岸就一些政治问题继续保持“斗争”的态势。两岸尚未结束敌对状态，两岸之间还存在一些历史遗留的结构性难题尚未解决，在今后两岸关系和平发展的过程中还会遇到各种新的问题。而且，由于台湾实行的是“政党政治”，也实现过“政党轮替”，岛内政局的发展存在着某些变数，这些都可能使两岸政治关系的发展不会是一帆风顺。即使马英九上台后，两岸在台湾当局的政

---

① 高朗：《从整合理论探索两岸整合的条件与困境》，载包宗和、吴玉山编：《争辩中的两岸关系理论》，台北：三民书局，1990 年版，第 54 页。

治地位、台湾的国际活动问题、建立军事互信机制、签署和平协议等问题上还是有一定存在着一些分歧。两岸当前所进行的协商还只是停留在经济领域，并没有自然外溢或延伸到政治领域，马英九当局还是奉行“先经后政”的“政经分离”政策，对两岸政治对话持保留态度。两岸政治问题的解决最终还是要通过两岸的政治对话，“先经后政”并非是只谈经济不谈政治，两岸目前所进行的经济领域的协商在很大程度上只是为政治对话“创造条件、预作准备”，而无法取代政治对话本身。

## 三、经济互赖与两岸“主权”分歧

在影响两岸政治关系的诸多因素中，台湾当局的政治地位问题是其中最核心的因素之一，也是台湾内部不同党派和政治势力大陆政策的一个根本分歧点所在。台湾很多人一直担心两岸经济的相互依赖会导致台湾在主权上会被“矮化”，台湾的“主权”会在与大陆的不对称相互依赖中被“掏空”。有学者从“全球化”对传统“主权”观念产生冲击那里得到灵感，希望借此思考在两岸经济互赖的背景下，如何为两岸间的“主权”争议解套。台湾不少人提出两岸应“淡化”、“搁置”或“超越”他们的“主权”争议，认为“主权”争议并不影响到两岸经济合作的开展，两岸都不应该过分强调“主权”，而通过经济、社会等领域的功能性合作，逐渐过渡到政治的“整合”或“统合”。那么，两岸之间和台湾内部不同党派之间对台湾“主权”问题争议的实质到底是什么，两岸经济相互依赖对我们思考解决“主权”争议是否有帮助，笔者以下将尝试进行深入探讨。

针对围绕台湾问题的“主权”争议，各方存在着四种不同的看法或主张。第一种是大陆所坚持的，认为虽然两岸尚未统一，但主权和领土完整并未分裂。胡锦涛总书记在纪念《告台湾同胞书》发表三十周年座谈会上的讲话中指出，“维护国家主权和领土完整是国家核心利益。世界上只有一个中国，中国主权和领土完整不容分割。1949 年以来，大陆和台湾尽管尚未统一，但不是中国领土和主权的分裂，而是上个世纪 40 年代中后期中国内战遗留并延续的政治对立，这没有改变大陆和台湾同属一个中国的事实。两岸复归统一，不是主权和领土再造，而是结束政治对立”。[①]第二种看法主要是以中国国民党为代表的势力和人士所主张的，一方面认为依照“中华民国宪法”，两岸在主权和领土意义上是一个国家，另一方面又坚持“中华民国是一个主权独立的国家”，而“中华民国”现在在台湾。马英九2008年9月在接受墨西哥太阳报采访时就表示，“我们基本上认为双方的关系应该不是两个中国，而是在海峡两岸的双方处于一种特别的关系。因为我们的宪法无法容许在我们的领土上还有另外一个国家；同样地，他们的宪法也不允许在他们宪法所定的领土上还有另外一个国家，所以我们双方是一种特别的关系，但不是国与国的关系，这点非常重要”。[②] 但同时他又表示，“中华民国”在大陆的时间只有三十八年，在台湾的岁月却将超过一甲子。在这将近六十年间，“中华民国”与台湾的命运已经紧紧地结合在一起。[③]上述两种看法既有一定的交集，也存在着很大的差异。双方都认为法理上中国的主权和领土是一体的，但对于“中华民国”或台湾当局的政治定位，看法存在着重大分歧。

关于台湾“主权”问题的第三种看法主要是以民进党为代表的政治势力和人士所主张的，主要是强调“台湾是一个主权独立的国家”，不是中国的一部分，它与中华人民共和国是互不隶属的两个“国家”。1999年，民进党通过“台湾前途决议文”，其中就明确提到“台湾是一主权独立国家，其主权领域仅及于台澎金马与其附属岛屿，以及符合国际法规定之领海与邻接水域。台湾，固然依目前宪法称为‘中华民国’，但与中华人民共和国互不隶属”。2002年8月，陈水扁抛出“一边一国”论，声称“台湾跟对岸中国一边一国”，而且“主权对等”，将两岸关系定位为“两国关系”。2005年2月，陈水扁明确提出“‘中华民国’是一个主权独立的国家；‘中华民国’

---

① 胡锦涛:《携手推动两岸关系和平发展，同心实现中华民族伟大复兴》，新华网，北京，2008年12月31日电。

② 《马英九接受墨西哥太阳报系集团董事长瓦斯盖兹专访》，台湾“总统府”网站，http://www.president.gov.tw/php-bin/prez/shownews.php4?_section=3&_recNo=2。

③ 《马英九发表“人民奋起，台湾新生”的就职演说》，台湾“总统府”网站，http:www.president.gov.tw/2_special/2008_0520p/speech.html。

的主权属于2300万台湾人民；台湾前途任何的改变，只有2300万台湾人民才有权利做最后的改变”。

第四种看法主要也是“台独”分裂势力和以美国、日本为首的外国势力所主张，即“台湾地位未定论”。曾经担任台湾地区副领导人的吕秀莲就主张过“台湾地位未定论”，她声称攸关台湾地位最关键的是1951年的“旧金山和约”，日本无条件放弃台澎后，并未提到台湾归属谁，这是各国经过激辩后故意不提的，“才会有台湾法律地位未定的问题”。[①] 2009年5月，日本交流协会台北事务所长斋藤正树在一次在演讲中依据《旧金山和约》和“中日和约”，强调日本是“放弃”台湾主权，因此台湾“国际地位”未定，并声称此一观点“代表日本政府”。美国在台协会理事主席薄瑞光2009年11月访问台湾时则露骨地表示，美方在中国大陆不论私下或公开谈话，包括美中联合声明，与美国长期以来对台政策一致，美国对台湾的“主权”所采取的立场从未有丝毫改变。美国对台湾地位的立场已载于美中1972年与1979年公报。公报中美国表示，美方“认知”（acknowledge）中国的立场是只有一个中国，台湾是中国的一部分”。那是美方最后一次对台湾地位的陈述。他说，30年来，美方已清楚说明，“认知”并不表示“承认”（recognize）、“接受”（accept）或其他除“认知”（acknowledge）外的意思。过去37年，有一些力量迫使美国对台湾“主权”采取更明确的立场，或令美国用一些政治术语定义台湾，美方从未同意。他还表示，胡锦涛主席和奥巴马总统发表的《中美联合声明》中，关于美国尊重中国主权和领土完整的论述不包括台湾。[②]

要想分析两岸经济互赖是否有助于解决上述“主权”看法上的分歧，首先必须对这些不同看法或主张的性质进行剖析。在上述四种对台湾“主权”的看法和主张中，有些存在着原则性和根本性的分歧，有些分歧虽然重大但并没有涉及维护“一个中国”框架的原则性问题。胡锦涛总书记表示，“两岸在事关维护一个中国框架这一原则问题上形成共同认知和一致立场，就有

---

① 《吕秀莲抛出“台湾地位未定论”激起公愤》，华夏经纬网，http：//www. huaxia. com/zt/2001－02/9970. html。

② 《薄瑞光中国主权说，隐含新争端》，香港中评社，台北，2009年11月25日电。

了构筑政治互信的基石，什么事情都好商量。”[①]大陆和国民党虽然在“一个中国”的政治涵义上存在着分歧，但双方毕竟能够接受“九二共识”，这就使得双方有了共同的政治基础。大陆提出在两岸事务性协商过程中可以暂时不涉及“一个中国”的政治意涵问题。马英九当局则认为两岸的分歧“是属于主权层面的争议，目前无法解决，但是我们虽然不能够解决这个问题，却可以做一个暂时的处理，这就是我们在 1992 年与中国大陆所达 成的一个共识，称为‘九二共识’，双方对于‘一个中国’的原则都可以接受，但对于‘一个中国’的含意，大家有不同的看法。因为对主权的问题到底能不能解决？如何解决？何时解决？目前可以说都没有答案。但是我们不应该把时间精力花在这样的问题上，而应该把重点摆在其它更迫切、更需要双方解决的项目”。[②]

笔者认为，马英九关于两岸分歧“属于主权层面的争议”的认知并不准确。从法理上看，双方在“一个中国”政治涵义问题上的分歧并非“主权”层面的分歧，中国的主权并没有分割，而更多涉及的是“政权”层面，是两个对抗性政权符号如何相互认知的问题。刘国深教授就提出两岸“领土主权一体、政权差序并存”的看法，认为尽管两岸目前各自分别以中华人民共和国和“中华民国”为“国号”，但中国的主权和领土完整并没有从法律的意义上一分为二，大陆和台湾同为中国不可分割的组成部分的政治现实并未改变；中华人民共和国和“中华民国”在两岸之间是两个对抗性政权的政治符号，它们所涵括的领土主权和人民范围完全重叠，并不构成两个国家。[③]

如果说大陆和台湾在“领土主权意义上的两岸一中是现状，不需要我们去追求，只是需要我们去维护”[④] 的问题上有基本的认知，那么就不存在通

---

① 胡锦涛：《携手推动两岸关系和平发展，同心实现中华民族伟大复兴》，新华网，北京，2008 年 12 月 31 日电。，

② 《马英九接受墨西哥太阳报系集团董事长瓦斯盖兹专访》，台湾“总统府”网站，http：//www. president. gov. tw/php - bin/prez/shownews. php4？_ section = 3&_ recNo = 2。

③ 刘国深：《试析现阶段两岸关系》，《台湾研究集刊》，2003 年第 2 期，第 31 页。

④ 刘国深：《两岸关系和平发展新课题浅析》，《台湾研究集刊》，2008 年第 4 期，第 2 页。

过发展两岸经济关系和经济互赖来解决“主权”争议的问题，更不能说两岸经济互赖合作中存在所谓“经济主权让渡”的问题。两岸之间的问题的确有可能通过包括经济领域在内的全方位交流来逐渐得到解决。台湾学者李英明也表示，两岸都已经进入信息化和全球化的时代，并且已经联结成一个网络，从此以观，从传统绝对主义的主权观向互赖主权的转折，也是两岸无法回避的问题，如果这种转折完成，两岸才有可能进一步整合，而以此为基础，两岸间的“一中”争议或许才有可能被解消。[①]照此逻辑，两岸经济相互依赖的最重要功能就是如何维护国家的主权和领土完整，如何解决与两岸同胞生活密切相关的经济社会文化问题，如何充分发挥功能性外溢或扩散效应，创造有利于两岸结束政治对立的机会与条件。

那么，如果两岸在“主权”问题上存在着根本性的分歧，经济互赖是否有助于分歧的解决呢？无论是鼓吹“台湾独立”还是“台湾地位未定论”的“台独”势力或外国势力，都既希望台湾能够成为一个“主权独立的国家”，又能够享受到两岸经济合作所带来的实际利益。因此，台湾有人提出应该从全球化和区域化的角度来考量来进行两岸的经济合作，两岸应该“淡化主权观念”，大陆应该放弃“一个中国原则”，唯有这样，两岸经济互赖才不会引起政治上的揣测和疑虑。其实，大陆在进行两岸经济合作时向来秉持不以政治分歧干扰经济合作的立场，但这并不意味着大陆会因为经济合作而牺牲主权、领土等核心利益，大陆不可能因为两岸经济互赖就会在维护国家主权和领土完整问题上有任何的妥协。实际上，大陆并没有在推动两岸经济合作时过分强调“主权”的问题，反而是台湾某些人经常将“主权”挂在嘴边，以捍卫台湾“主权”的斗士自居，不断批评主张与大陆进行密切经济合作的政党和人士是出卖台湾“主权”。陈水扁 2010 年 2 月在看守所还接受专访指责马英九的“搁置主权”争议是“矮化主权、牺牲主权”。美国也曾经放出风声，要求台湾当局在与大陆的商谈中不要造成中华人民共和国对台湾拥有“主权”的印象。

因此，以经济互赖为借口，要求大陆淡化“主权”观念的提法，在很大

① 李英明：《全球化时代下的台湾和两岸关系》，台北：生智文化事业有限公司，2001 年版，第 113 页。

程度上是要为确立台湾“主权独立”创造条件，他们这样做恰恰是要通过淡化中国的主权而强化台湾的“主权”，是大陆所不能同意的。台湾从来都不是一个“主权独立的国家”，因此也根本不存在在两岸经济相互依赖的背景下，有任何“主权”被“矮化”、被“掏空”的问题。民进党对台湾是“主权独立国家”的主张，在某种程度上只是民进党自说自话的政治喃语，并不反应两岸关系的现实。由此可见，如果两岸在事关“一个中国”框架的问题上存在根本的分歧，经济合作与经济互赖都难以解决两岸在此问题上的“主权”争议。

## 第三节　经济互赖与两岸民众认同

两岸经济互赖除了会对维护台海地区和平安全、解决两岸政治对立等方面产生影响外，还会影响到两岸同胞的感情融合，以及对国家或民族的认同。胡锦涛总书记在纪念《告台湾同胞书》发表三十周年座谈会上的讲话中指出，两岸应“通过交流合作增进感情融合、增加共同利益”，“两岸各界及其代表性人士要扩大交流，加强善意沟通，增进相互了解”，“两岸同胞是血脉相连的命运共同体。包括大陆和台湾在内的中国是两岸同胞的共同家园，两岸同胞有责任把她维护好、建设好”。[①]两岸经济相互依赖是两岸“命运共同体”与“共同家园”的一个重要组成部分，从某种程度上说是最为基础的部分之一。只有两岸在经济上形成了相互依赖，朝向制度化和一体化方向发展，才有可能为两岸在社会上、文化上、政治上朝向整合的方向发展打下坚实的基础。而台湾民众是否意识到两岸是“命运共同体”，是否接受中国是两岸同胞的“共同家园”，在很大程度上与台湾民众对中华民族、中华文化和一个中国的认同有关。笔者之所以提“两岸民众认同”，而非只是提“台湾民众认同”，主要是认为，不仅台湾民众需要加强对中华民族、中华文化和“一个中国”的认同，大陆很多民众也需要强化对两岸关系和平发展进程中的中华民族、中华文化的认同及对台湾社会的理解和尊重。

---

① 胡锦涛：《携手推动两岸关系和平发展，同心实现中华民族伟大复兴》，新华网，北京，2008 年 12 月 31 日电。

## 一、经济互赖与认同的关系

要想研究经济互赖与认同的关系，首先必须厘清“认同”的概念。“认同”在现代汉语中有两种涵义：一是认为跟自己有一致、共同之处而具有亲近感或可归属的愿望；二是赞同、承认、认可之意。台湾的杨莲福总结出，在欧美社会科学传统中，“认同”是指将自己视为某一“群体”（group）的一分子，这些有关认同的社会现象，都是以某一具有某类特征或特性的群体为对象，将自己视为该群体的一分子，并且认为自己和所属的群体有共同的特性和利益，甚至共同的“命运”。① 台湾学者江宜桦认为，“认同”应该包含三种含义，第一种是“同一、等同”，第二种是“确认、归属”，第三种是“赞同、同意”。②因此，认同既包括对自身身份的定位，也包括对周围群体身份的认知，是在两种身份一致基础上的一种归属感。认同现象在社会生活中很常见，比如社会认同、文化认同、族群认同、民族认同、国家认同、政治认同等。在一般情况下，人民是认同最重要的主体，国家、政府或政党、团体有时候也是认同的主体。

人们的认同一旦形成，在一定时期内会保持稳定性，但也并非一成不变，而是会根据内外环境的改变而不断发生变化。台湾学者葛永光认为，认同的形成就是经过不断的自我省思“我是谁?”以及“他是谁?”，引申到团体就成了“我们是谁?”及“他们是谁?”的问题。③很多因素会对认同的变化产生影响，经济、教育、社会、文化、政策、舆论等都会影响到人们认同观念的形成和改变。一旦人们认知到自己身份发生改变，认知到自己所处的环境已经发生改变，就会寻找与新的身份和新的环境相匹配的归属，新的认同就会逐渐形成。当然，这种新认同的建立并非是对过去观念的彻底摒弃，有些观念的改变并不是一朝一夕的事情，而是一种固有观念逐渐减弱，新的

① 杨连福：《人口问题与台湾政治变迁》，台北：博扬文化事业有限公司，2005年版，第260页。

② 江宜桦：《自由主义、民族主义与国家认同》，台北：扬智文化事业股份有限公司，2000年版，第8－11页。

③ 葛永光：《文化多元主义与国家整合——兼论中国认同的形成与挑战》，台北：正中书局，1993年版，第45页。

观念逐渐形成的过程。

既然很多因素都会影响到人们认同的改变，经济相互依赖自然也会对认同产生影响。建构主义的代表性人物、美国著名学者亚历山大·温特就指出，“相互依存、共同命运、同质性”是集体身份形成的主动或有效原因，自我约束是被动或许可原因。在一个情境中四个变量可能都会存在，其存在程度越高，集体身份形成的可能性就越大。他认为，相互依赖可以使各方在互动的社会学习过程中更加强烈地感受到彼此相互依赖的关系，强化彼此间的联系感和认同感，从而影响集体认同的形成。共同命运和同质化“可以通过减少冲突和增加自我与他人彼此视为同一群体成员的能力来得到促进”，而自我克制的途径，将使“集体认同更容易实现”。因此，建构主义认为，客观相互依存是形成集体认同的基础，而只有主观上的相互依存才能建构集体认同，问题是把客观相互依赖转化为主观相互依存，把给定的效用结果转化为有效的效用结果。[①]

依据建构主义的理论，经济上的相互依赖是形成集体身份的一个必要条件，经济上的往来与交流，相互依赖态势的形成，可以促使相互依赖的各方原来的身份都在减弱，各方都在学习用他者的眼光来看待自己，可能会导致自我身份的再定义和集体认同的出现。而“集体认同的建构能够在各成员之间产生认同感，使个体的自我利益与共同体其他成员的利益认同为一，从而相互包容”[②]，又有助于相互依赖的加深。但与此同时，温特也认为相互依赖不能构成集体身份认同的充分条件，他认为相互依赖是一个客观条件，集体身份是一个主观条件，不能保证相互依赖必然导致集体身份认同。因为随着相互依赖程度的提高，行为体之间的关系可能更为脆弱，因此也就更有客观的理由感到自身的不安全。只有在克服了这种心理之后，相互依赖才可能将集体认同导向积极的方向发展。[③]

---

① ［美］亚历山大·温特著，秦亚青译：《国际政治的社会理论》，上海：上海世纪出版集团，2000 年版，第 431 – 437 页。

② 邱芝：《论欧洲一体化进程中集体认同的建构》，《世界经济与政治论坛》，2007 年第 4 期，第 122 页。

③ ［美］亚历山大·温特著，秦亚青译：《国际政治的社会理论》，上海：上海世纪出版集团，2000 年版，第 431 – 438 页。

建构主义关于经济互赖与认同的理论对两岸关系也有一定的解释力。台湾学者陈陆辉和耿曙研究后发现，受政治认同影响所及，对部分台湾民众而言，两岸经贸实质上是“与对手贸易”，无怪乎环绕两岸经贸的辩论，为何经常牵扯“国家认同”议题。这也可帮助说明，两岸间密切的经贸互赖，为何始终未能外溢为政治整合。[①] 在两岸关系中，我们讨论得比较多的是大陆民众和台湾民众对中国的国家认同、对中华民族的民族认同和对中华文化的文化认同等。国家认同、民族认同、文化认同这几个概念之间既有联系，又有区别。国家认同中包含着民族认同、制度认同或文化认同的因素，民族认同中也包含着国家认同和文化认同的因素，文化认同中也包含着民族认同的因素，它们之间有时候难以截然分开。由于历史的原因，两岸分隔数十载，民众在民族、国家和文化的认同上产生了某种程度的差异，导致两岸民众在交流交往的过程中存在着一些误解，不利于两岸关系的和平发展。两岸经济上的相互依赖在多大程度上能够促使台湾民众的“国家认同”、民族认同和文化认同朝着有利于两岸关系和平发展的方向变化，能够促使大陆对台湾民众的观念有更多的了解、尊重和包容，能在多大程度上有利于两岸“命运共同体”和“共同家园”的建构，以下将进行深入讨论。

## 二、经济互赖与台湾民众的“国家认同”

在国家认同、民族认同、文化认同等诸多概念中，台湾民众的“国家认同”是近年来被讨论得最多的概念之一。但对于什么是“国家认同”，不同的学者有不同的看法。因为对于不同的民众而言，“国家认同”可能有“族群国家”、“文化国家”、“政治国家”的不同认知。[②]因此，我们在讨论台湾民众的国家认同时，首先要分清他们所指涉的是哪种意义上的“国家”。比如对“中国”一词，有的台湾民众理解为政治意义上的“中华人民共和国”和“中华民国”，有的民众理解的是民族和文化意义上的中国，不同的理解

---

① 陈陆辉、耿曙、涂萍兰、黄冠博：《理性自利或感性认同？影响台湾民众两岸经贸立场因素的分析》，台湾《东吴政治学报》，2009 年第 2 期，第 114 页。

② 刘文斌：《台湾“国家认同”变迁下的两岸关系》，台北：问津堂书局，2005 年版，第 21 页。

往往潜藏着不同的政治立场和认同观念。台湾学者江宜桦将台湾民众的“国家认同”分为“族群认同”、“文化认同”和“制度认同”三个主要层面来讨论。[①]刘文斌则引用自由制度主义的观点，认为“文化认同和族群认同不足以提供国家强有力的凝聚力”，而“制度认同”是“国家认同中最重要的因素”；而“在台湾最足以呈现对制度认同的基础，就是对现行‘中华民国宪法’的认同问题”。[②]笔者认为，台湾民众的“国家认同”中，民族认同、文化认同、制度认同是对两岸关系影响最大的因素，也是本节所要讨论经济互赖对“国家认同”影响的重点所在。

首先必须明确的是，台湾民众的“国家认同”观念在过去几十年时间里并不是一成不变的，而是在不断发展变化的，这也是我们讨论经济互赖有无可能影响台湾民众“国家认同”变化的重要前提。台湾学者施正锋认为，从近年台湾对于“国家认同”的辩论来看，正显示台湾人的“国家认同”并不稳固，甚至可以说台湾并没有一个各方接受的“国家认同”。[③]实际上，随着台湾岛内“政治民主化”和政党政治的发展，一些政治势力为了达到一己一党之私，不断挑动省籍族群因素，刺激台湾民众敏感的“统独”神经，混淆“台独”意识与台湾意识的概念，推动各种“去中国化”、“公投制宪”的“台独”分裂活动，使得台湾民众的“国家认同”出现了混乱和扭曲。刘文斌观察到，相对于逐渐统合的两岸经济范畴，“国家认同”的转变因素就自然成为台湾当政者左右两岸政策制定的重要参考依据。这种情况的发展，就是经济因素逐渐统合，但“国家认同”的政治因素却造成两岸关系的紧张。[④]

台湾学者在分析“国家认同”时，往往会刻意忽视其中所包含的“民

---

① 江宜桦：《自由主义、民族主义与国家认同》，台北：扬智文化事业股份有限公司，2000年版，第8－11页。

② 刘文斌：《台湾“国家认同”变迁下的两岸关系》，台北：问津堂书局，2005年版，第22页。

③ 施正锋：《台湾意识的探索》，载夏潮基金会编：《中国意识与台湾意识》，台北：海峡学术出版社，1999年版，第89页。

④ 刘文斌：《台湾“国家认同”变迁下的两岸关系》，台北：问津堂书局，2005年版，第22页。

族认同”的内涵。所谓“民族认同”，简单地讲，就是台湾民众是否认同两岸同属中华民族，两岸同文同种，自己是炎黄子孙。民族认同虽然不能完全等同于国家认同，但却是可能对国家认同产生重要影响的因素。张亚中教授认为，台湾人民有着两种不同的复杂认同感，一方面觉得两岸应该有着共同的民族认同，但另一方面又觉得彼此在四十年并没有相同的历史回忆与经验。因此，民族认同成为最具可变性的一项认同。[①]但事实上，2009 年 7 月，台湾《远见》杂志民调显示，80. 2% 民众自认是中华民族的一分子：泛蓝立场民众有 94. 5%、中立民众有 77. 7%，皆与一年前的调查结果相近；而泛绿立场民众自认是中华民族一份子的比率，则从一年前的 51. 5% 增加至本次调查的 66. 3%，认为不是的比率则从 30. 3% 下降至 20. 9%。再则，本次调查中，20 至 44 岁民众自认是中华民族一份子的比率也相对较高，皆在八成六至九成二之间。[②]

上述民调结果和笔者多年与台湾民众接触的经验都表明，绝大多数台湾民众对中华民族的认同，立场并没有太多动摇，即使在民进党执政八年，不断宣扬台湾主体意识，炮制“台湾民族”概念的情况下，依然有八成左右的台湾民众认为自己是中华民族的一分子。当然不能因此得出结论认为这一结果是两岸经济互赖所致，但至少可以肯定的是，两岸经济的相互依赖在很大程度上有助于继续维系台湾民众对中华民族的认同感，而且随着大陆经济的发展和中华民族在世界上地位的提升，台湾民众的民族自豪感和认同感还可能会进一步提升。不少人都提出两岸应“携手赚世界的钱”，各种“中华经济区”、“华人共同市场”、“大中华共同市场”、“亚洲华人共同市场”、“经济大中国”的构想也不断提出，都反映出经济互赖对民族认同的确有维系和促进效应。

文化认同与民族认同、国家认同也有着密切的联系。根据建构主义的“文化—规范—认同”范式可以得知，文化因素对一个国家、地区或民族内

① 张亚中：《两岸统合论》，台北：生智文化事业有限公司，2000 年版，第 118 - 119 页。

② 《两岸互动一年，马英九满意度民调》，远见杂志民调中心，http：//www. gvm. com. tw/gvsrc/index. htm。

部成员的行为可以产生规范效应，而普通和被广泛接受的社会规范又有助于建构对国家或民族的认同。美国学者安东尼·史密斯认为，文化认同是国家认同的起始和结果，更是民族主义的核心。① 中华文化是两岸同胞共同的宝贵财富，是维系两岸同胞民族感情的重要纽带。中华文化在台湾根深叶茂，台湾文化丰富了中华文化内涵。有大陆学者就认为，台湾同胞对中华文化的认同，实质上能够反映出对“海峡两岸同属中华民族”的政治认同。② 事实上，台湾绝大多数民众并不否认两岸文化的血脉联系，也承认中华文化是台湾文化的核心要素。但是，由于李登辉和陈水扁当局十几年来在文化领域的分裂活动，也有部分台湾民众对台湾文化与中华文化的关系产生了模糊认识，出现了某些诸如“台湾文化与中国文化已经呈现完全不同面貌”，“中华文化是台湾文化的一部分”等不正确的看法。

台湾民众的文化认同依然是影响两岸关系和平发展的重要方面。前中国国民党主席吴伯雄表示，两岸关系除了经济联系之外，血缘和文化更是推动两岸关系和平发展的强大动力。③其实，经济与文化也并不是完全分离的，两岸经济交流之所以能如此密切，经济互赖程度能够不断加深，与两岸同胞同属中华民族，有着共同的文化背景不无关系。很多台商之所以优先选择到大陆投资，之所以在大陆投资比在世界上其他地区投资更容易取得成功，除了大陆的政策优惠和台商们自身的努力之外，一个很重要的原因就是他们是在一个相对熟悉的文化氛围、共同的语言环境和相似的生活方式下经商，容易产生某种归属感和认同感。台湾大学经济学教授陈添枝在分析为什么台商投资向大陆倾斜时，认为第一原因就是语言和文化上的接近，因为文献显示“心理距离”是对外投资地点的重要决定因素，厂商在投资时除了考量各种

---

① Anthony D. Smith, National Identity, Las Vegas: University of Nevada, 1991, p. 52, p. 74.

② 赵森、李义虎：《构建两岸关系和平发展框架》，载周志怀主编：《新时期对台政策与两岸关系和平发展》，北京：华艺出版社，2009 年 1 月版，第 210 页。

③ 《吴伯雄：血缘和文化是推动两岸和平发展动力》，新华网，长沙，2009 年 7 月 10 日电。

投资的环境条件外，对“地主国”的亲和感影响投资也极为重大。[①]另一位台湾学者蔡学仪也表示，两岸皆源于中华文化，拥有共同的历史及传统，甚至语言和生活习惯都非常类似，这对两岸的经济整合形成相当有利的基础。[②]两岸经济交流和互赖深化的过程其实也是一种文化交流整合的过程，两岸经济活动所带动的不仅仅是资金流、货物流，带还动了人员的频繁往来和观念的碰撞，有助于台湾民众对大陆的了解和对中华文化的进一步认同。

在影响台湾民众“国家认同”的诸多因素中，与大陆在制度认同上的差异恐怕是最主要的症结所在。两岸经过几十年的分离，分别发展出了不同的政治、经济和社会制度，这种制度上的差异的客观存在，加上几十年来台湾当局和某些政治势力的刻意扭曲和操弄，很容易让台湾民众由于对大陆制度的不了解而产生某种恐惧和敌视，进而影响到他们的“国家认同”观念。很多台湾民众对中华人民共和国的“制度认同”与对中国的“国家或民族认同”混为一谈，认为中华人民共和国就等同于中国，认同中国就等于认同中华人民共和国，因此产生对“中国认同”的抵触和抗拒，不接受“一个中国”原则，甚至不承认自己是中国人。其实，他们混淆了对中国的国家认同和对中华人民共和国的制度认同的概念。而产生这种现象的一个重要原因是“从1994年起，台湾已将‘制度认同’作为一种防御性手段，而认为这是两岸根本的差异与无法建立集体认同的关键所在”，具体表现在“台湾以‘民主化’作为区隔与中共的不同，更以‘民主认同’作为两岸迈向统一的必要条件”。[③]在两岸经济交流合作中，台湾当局也经常以大陆的政治与经济制度“不民主、不开放”为借口，对台商和台湾民众进行恐吓，提醒他们防范所谓政局变动或“政策多变”所带来的各种风险。

两岸经济上的相互依赖对台湾民众“制度认同”的影响是潜移默化的。两岸经过几十年的对抗和敌对，要让台湾民众认同大陆的政治和社会制度在短期内还比较困难。但从两岸经济交流的历史中我们可以看出，几十万的台

---

① 陈添枝：《全球化与两岸经济关系》，台湾《经济论文丛刊》，2003年第3期，第336页。

② 蔡学仪：《两岸经贸之政治经济分析》，台北：新文京开发出版股份有限公司，2003年版，第73页。

③ 张亚中：《两岸统合论》，台北：生智文化事业有限公司，2000年版，第130页。

商在大陆正常经营，上百万的台湾同胞选择在大陆长住生活，本身已经证明制度差异本不应该成为两岸走到一起的障碍。台湾学者林信华认为，在目前的两岸关系中，虽然拥有近100万的台商在大陆，但两岸之间并不存在任何的共同制度，这在人类社会中的确是一种非常特殊的互动状态。①祖国大陆正是出于对两岸制度差异的认知，以及对台湾保持原有制度的尊重，邓小平同志在上个世纪八十年代就提出“和平统一、一国两制”的基本方针，希望能够为解决因制度不同而导致的两岸之间的误解和争议。但由于台湾民众对大陆制度的不信任，加上台湾当局和舆论的抹黑和扭曲，使得台湾很多民众在根本不了解到底什么是“一国两制”的情况下，就盲目表达不认同和反对的意见。

在两岸经济相互依赖的背景下，经济上的密切联系可以为两岸民众提供更多交流接触的机会，从而使台湾民众有更多的信心和对大陆更多的了解，增强他们对大陆政治社会制度的理解和尊重，这在某种程度上是认同的一种初级阶段。卡尔·多伊奇认为，非正式的信息、商品和人的交流，可以导致认知上的改变，来提高国家或地区间的互信，产生共同体的意识。②当台湾越来越多的民众了解到大陆的政治和社会制度并不是岛内舆论报道和书本上所描述的那样，当他们通过交流亲身感受到大陆必须实行与国情相适应的制度，他们就不仅不会感到恐惧，还有可能更加深入地思考大陆制度的某种合理成分，从而促进两岸在制度认同上差异的缩小。虽然要台湾民众在短期内认同“中华人民共和国”还有一定的难度，但如果他们越来越认同“一个中国”，能够接受“九二共识”，对两岸关系的和平发展就会起到积极的正面作用。

## 三、经济互赖与两岸共同认同的建构

两岸“命运共同体”和“共同家园”的建构并不是台湾民众单方面的

---

① 林信华：《超国家社会学：两岸关系中的新台湾社会》，台北：韦伯文化国际出版有限公司，2003年版，第199页。

② Karl W. Deutsch, “The price of Integration”, in Philip E. Jacob, and Henry Teune, eds, The Intergration of Political Communities, (Philadelphia: J. B. Lippincott), pp. 143 - 178.

事情，而是要两岸同胞共同努力才能够实现。张亚中教授表示，两岸“如果认同都无法建立，共同的愿景自然也就难以实现”，如何在现实与彼此有利的基础上重构两岸的认同，已是应该认真思考的问题。[①] 在上文所引用台湾《远见》杂志2009年7月所做的民调中，当追问受访者，两岸民众是否都属于中华民族的一部分时，表示认同的有57.6%，不认同的有30.8%。此时“我群”、“他群”的对立意识浮现，尤其泛绿立场民众有63.3%表示不认同、30.3%认同，与大多数台湾民众的看法相反。[②]这种既认同自己属于中华民族一分子，但不认同两岸民众同属中华民族的吊诡现象，说明了两岸民众的共同认同尚需要进一步建构。

张亚中教授将两岸之间的认同分为“垂直型重叠认同”和“水平型重叠认同”两种，水平型重叠认同是指两岸对彼此相互并存的认同，垂直型重叠认同是指一个国家或民族主体对其历史的纵贯认同，或分离的一方对原有母体的认同。[③]两岸之间共同认同的建构既需要在垂直层面进行，也需要在水平层面进行。从功能主义的角度看，两岸经济上的相互依赖可以为水平型和垂直型重叠认同创造条件。经济上的相互依赖可以为两岸提供某种功能性合作的契机，而这种功能性合作又可能导致两岸在各个领域都产生合作的需求，当这些领域的功能性合作形成一种难以分割的互赖网络，就可能逐渐扩张或外溢到政治部门，使得两岸的民族和文化认同更加强化，从而有利于垂直型重叠认同的实现；同样功能性合作也会使得两岸不得不发展出共同的组织和制度，当这些组织和制度，让两岸民众感受到可以从中得到更多的利益和福祉时，他们也会增强对这些组织和制度的认同，从而有利于水平型重叠认同的实现。

当然，经由经济互赖发展而来的功能性合作使得两岸民众的认同趋向一致，并不是一件简单的事情。张亚中曾经观察到，两岸之间的善意并没有因为两岸的互动频繁而增加，反而是在互动过程中发现了对方的歧异处远大于

---

① 张亚中：《两岸统合论》，台北：生智文化事业有限公司，2000年版，第109页。

② 《两岸互动一年，马英九满意度民调》，远见杂志民调中心，http://www.gvm.com.tw/gvsrc/index.htm。

③ 张亚中：《两岸统合论》，台北：生智文化事业有限公司，2000年版，第111页。

彼此的共同点，双方的争执也因为互动增加而增加，彼此间的敌意也没有经由互动而消解。①笔者倒认为，张教授的观察可能并不全面，没有从整体、长远和辩证的角度来看待两岸之间的交流互动。合作从来都不是一件容易的事情，尤其是对两岸这种隔绝和敌对多年的双方来说，合作要有更多的诚意、善意与耐心。经过多年的隔绝之后，两岸同胞在交流的过程中，发现彼此的不同，是一件很正常的事情；由于双方各自都有自己的坚持，彼此产生分歧和争执也并不奇怪，关键是在争执之后能否理性思考、相互理解、相互了解、化解分歧。事实上，如果我们放眼1987年以来的两岸关系发展史，一个明显的现象就是两岸民众的交往越来越便捷、越来越自然了，两岸在经济上的相互依赖越来越深，两岸在社会文化领域的分歧越来越少了，两岸多数民众的相互了解和理解越来越深了。虽然两岸在政治上还存在一些结构性难题，但政治关系毕竟只是两岸关系的一个方面，我们不能刻意放大政治上的分歧，而忽略两岸交流互动所带来的经济和社会效应。

两岸共同认同的建构还需要大陆有更大的胸怀来包容台湾民众的一些复杂的政治情感和现实的利益需求。两岸经济的相互依赖使得大陆和台湾都从中受益，当然这种受益是不平衡的，会有谁受益比较多、谁受益比较少的问题。笔者认为，如果两岸都纠缠在谁为谁作的贡献大，谁为谁做出的牺牲大，谁从两岸经济互赖中得到的好处多，不利于两岸共同认同的建构。在两岸经贸关系发展中，台湾对大陆一直保持着高额的顺差，大陆也不断单方面出台各种惠台政策，支持台湾经济的稳定和繁荣，这是大陆同胞的应有之义。温家宝总理2008年3月在记者招待会上表示，为了台湾同胞的利益，我们甚至愿意作出必要的牺牲，比如说大陆与台湾的贸易，台湾保持着多年的巨额顺差。2007年双边贸易额超过1200亿美元，台湾的顺差超过700亿美元。台湾至今还限制我们的产品进入岛内多达2000多种，即使这样，我们对台湾还是放开市场，包括农产品市场。在台湾同胞最困难的时候，我们主动来帮助同胞销售水果等农副产品。②胡锦涛总书记2010年春节在漳州看

---

① 张亚中：《两岸统合论》，台北：生智文化事业有限公司，2000年版，第111页。

② 《温家宝：大陆将继续扩大同台湾经贸交流的范围》，新华网，北京，2008年3月18日电。

望台商时也表示，凡是对广大台湾同胞有利的事情，我们都会尽最大努力去办，并且说到做到。现在两岸正在商谈经济合作框架协议，这是一件促进两岸经济合作、实现互利双赢的好事。在商谈过程中，我们会充分考虑台湾同胞特别是台湾农民兄弟的利益，把这件好事办好。[①] 这些都体现出大陆是抱持着一种只要有利于台湾民众、有利于两岸关系和平发展，可以暂时不计得失的态度来进行两岸经贸合作，必定有助于两岸共同认同的建构。

两岸经济上的相互依赖不能在短期内改变台湾民众的某些政治坚持，也难以在短期内消除他们的某些疑虑。对此，大陆也需要展现更大的耐心和更多的宽容，花更多的时间和精力，不厌其烦地进行澄清、解释和疏导，从而将寄希望于台湾人民，做台湾人民工作的方针真正落到实处。胡锦涛总书记2005年3月4日表示，台湾同胞是我们的骨肉兄弟，是发展两岸关系的重要力量，也是遏制"台独"分裂活动的重要力量。"台独"分裂势力越是想把台湾同胞同我们分隔开来，我们就越是要更紧密地团结台湾同胞。无论在什么情况下，我们都尊重他们、信赖他们、依靠他们，并且设身处地地为他们着想，千方百计照顾和维护他们的正当权益。[②] 2008年12月31日，他进一步表示，对于部分台湾同胞由于各种原因对祖国大陆缺乏了解甚至存在误解、对发展两岸关系持有疑虑，我们不仅愿意以最大的包容和耐心加以化解和疏导，而且愿意采取更加积极的措施让越来越多的台湾同胞在推动两岸关系和平发展中增进福祉。[③]近年来，大陆公开表示台湾意识不等于"台独"意识，以及"只要他们回到推动两岸关系和平发展的正确方向上来，愿意与那些曾经主张过、从事过、追随过'台独'的人接触；只要民进党改变'台独'分裂立场，我们愿意作出正面回应"的表态，都是上述精神的体现。

总而言之，两岸经济上的相互依赖可以为两岸带来更多的共同利益基础，有助于发展两岸之间的功能性合作，有助于两岸同胞在此基础上强化共

---

① 《胡锦涛春节前夕看望台湾同胞：共同开创两岸关系更加美好的未来》，新华网，北京，2010年2月12日电。

② 《胡锦涛就新形势下发展两岸关系提四点意见》，新华网，北京，2005年3月4日电。

③ 胡锦涛：《携手推动两岸关系和平发展，同心实现中华民族伟大复兴》，新华网，北京，2008年12月31日电。

同的民族认同和文化认同，缩小制度认同的差异，朝向建立共同认同的方向发展。但是，经济互赖只是两岸建构共同认同的必要条件，很多认同上的分歧或差异难以仅仅依靠经济互赖来解决，依然需要两岸当局和人民能够相互理解、相互包容，探寻双方在利益上的共同点和一致性，产生“一荣俱荣、一损俱损”的集体身份认同。只有这样，才能够真正体认到两岸同胞是“命运共同体”，包括台湾在内的中国是两岸同胞的“共同家园”。

## 小　结

本章主要讨论的是两岸经济互赖所产生的安全、政治与认同效应的问题。两岸经济相互依赖不仅为两岸维持和平稳定的形势创造了条件，而且更加坚定了大陆尽一切可能用和平方式解决台湾问题的信心和决心。对大陆来说，在两岸经济关系相互依赖的情况下，尽一切可能争取以和平的方式解决台湾问题，是一种有效降低战争和冲突风险，获取最佳收益的理性选择。但两岸经济互赖不会削弱大陆遏制“台独”分裂活动的决心和能力。单纯依靠经济互赖也不能够从根本上消除威胁台海安全的两大根源。两岸经济互赖更多的是为维护台海和平安全创造有利的环境和条件，并不能代替两岸之间进行军事安全领域的接触、交流和协商。

对于两岸经济相互依赖到底能否给台海地区带来和平与安全，台湾方面有着更为复杂的考虑。民进党和泛绿阵营比较倾向于从消极的角度看待两岸经济互赖可能导致的安全后果。国民党和泛蓝阵营比较多地从积极的角度看待两岸经济互赖所产生的台海和平与安全效应，但也并没有放弃从维护台湾安全的角度思考两岸经贸关系的发展问题。无论是对马英九当局还是对大陆政府而言，都需要认真看待经济互赖可能会加剧台湾岛内部分民众“安全疑虑”的问题，若不及时疏导也可能会对台海和平安全产生负面影响。

两岸经济关系二十多年的发展，已经使得两岸之间形成了相互依赖、互惠共存的经济基础，这种经济基础决定了必须有相应的上层建筑来适应。无论是大陆还是台湾领导人，在思考两岸政治关系的发展时，都必须考虑到这种关系必须适应两岸经济已经形成相互依赖态势的这种经济基础，并在此基础上探讨发展国家完全统一前的政治关系，并构建两岸关系和平发展的框架。

从长远的角度来看，两岸经济互赖有利于创造两岸政治对话、结束政治对立、实现国家完全统一的条件。两岸过去二十多年经济关系的发展，对于两岸关系形势的稳定，起到了不容忽视的重要作用。两岸经济互赖也让台湾岛内的“台独”分裂势力的“台独”挑衅活动难以得逞，在某种程度上维护了两岸关系的大格局。两岸经济互赖的政治效应并不是无条件显现的，而是在一定条件下才有实现的可能。两岸经济交流的深化不能取代两岸的政治对话，两岸经济上的相互依赖可以使两岸在政治上“斗而不破”，但不能从根本上阻止两岸就一些政治问题继续保持“斗争”的态势。

只要大陆和台湾在“领土主权意义上的两岸一中是现状，不需要我们去追求，只是需要我们去维护”的问题上有基本的认知，两岸经济相互依赖的最重要功能就是如何维护国家的主权和领土完整，如何解决与两岸同胞生活密切相关的经济社会文化问题，如何充分发挥功能性外溢或扩散效应，创造有利于两岸结束政治对立的机会与条件。如果两岸在事关维护“一个中国”框架的问题上存在根本的分歧，经济合作与经济互赖都难以解决两岸在此问题上的“主权”争议。

两岸经济的相互依赖在很大程度上有助于继续维系台湾民众对中华民族的认同感。两岸经济交流之所以能如此密切，经济互赖程度能够不断加深，与两岸同胞同属中华民族，有着共同的文化背景不无关系。在两岸经济相互依赖的背景下，经济上的密切联系可以为台湾民众提供更大的信心和对大陆更多的了解，从而增强他们对大陆政治社会制度的理解和尊重。经济上的相互依赖可以为两岸提供某种功能性合作的契机，其扩张和外溢效应可以使两岸的民族和文化认同更加强化。两岸经济上的相互依赖不能在短期内改变台湾民众的某些政治坚持，也难以在短期内消除他们的某些疑虑。两岸共同认同的建构还需要大陆有更大的胸怀来包容台湾民众的一些复杂的政治情感和现实的利益需求，尽量少计较两岸经济互赖中的暂时得失。

# 第五章　两岸经济互赖的机制化效应

机制化是另一个与相互依赖密切相关的概念。经济相互依赖使两岸在交往过程中产生了越来越急迫的制度化需求。从前面的分析中可以看出，两岸经济相互依赖的经济、安全与政治效应都存在积极面和消极面，经济互赖本身并不能使得两岸完全消除政治上、经济上和安全上的顾虑，不能解决两岸关系发展过程中的诸多问题，而机制化能够为这些问题的解决提供一个新的思路和途径。从某种意义上说，两岸关系的和平发展与最终实现完全统一的过程，就是两岸关系不断实现机制化，最终形成两岸都可以接受的制度化安排的过程。两岸经济关系的发展已经走过了二十多年的历程，已经形成了相互依赖的态势，但在绝大多数时候却是处于一种“单向、间接、片面”的不正常状态。台湾当局出于各种政治考虑，对两岸经贸关系的发展进行各种不合理的人为限制，使得两岸经贸关系中的机制化需求虽早已显现，但被长期压制，无法实现。2008 年 5 月台湾岛内政局发生积极变化以后，两岸经贸关系的发展开始面临新的难得的历史机遇。在两岸同胞的共同努力下，两岸经贸关系开始趋向正常化的方向发展，而能否实现机制化是两岸经贸关系正常化的一个重要步骤和标志。

两岸从上个世纪九十年代以来，已经进行了不少机制化的尝试，也取得了一定的进展，但机制化的进程并不顺畅，还有相当多需要努力的空间。2008 年以来，两岸两会领导人进行了四次协商，共签署十二项协议，达成一项共识，这在很大程度上就是两岸关系迈向机制化的重要体现。在当前两岸经济关系逐渐趋向正常化的情况下，如何充分发挥两岸经济互赖的功能，进一步推动两岸朝向建立综合性经济合作框架的方向发展，并带动两岸关系的机制化进程，便成为重要任务。在 2009 年 12 月举行的两岸两会领导人第四次商谈中，双方已经同意将商签两岸经济合作框架协议（ECFA）作为 2010 年第五次两会会谈重点推动的协商议题，并在 2010 年初进行了两会框架下的专家级商谈。如果两岸真的能够签署经济合作框架协议，无论对两岸经济相互依赖不断深化，两岸经贸关系的完全正常化，还是促进两岸关系的持续和平与共同繁荣，都有重要的意义。在本章中，笔者将主要就两岸经济互赖的机制化意涵、需求、路径等进行深入分析，并结合两岸正在推动商签的经济合作框架协议进行具体分析。

# 第一节　两岸经济互赖的机制化意涵

要理解两岸经济相互依赖是如何产生机制化效应，首先就必须从理论上厘清经济互赖与机制化之间的关系，分析它们的意涵。在第一章我们就已经分析过，两岸之间已经形成某种程度的复合相互依赖，随着相互依赖的加深，两岸之间如何调控与管理他们之间的关系，越来越引起人们的重视。无论是危机管理还是机遇管理，机制化都是不可忽视的一个重要方面。在相互依赖的理论研究中，新自由制度主义对相互依赖与机制化的研究最为深入。虽然这一理论是以国际机制、国际合作与世界和平为研究对象，但我们依然可以借鉴它们来探讨两岸关系中的相互依赖与机制化的意涵。

## 一、"机制化"的概念辨析

在社会科学和经济学的研究中，"机制化"与"制度化"、"一体化"是经常在一起使用，但又容易产生混淆的概念。对于"机制"与"制度"之间是否存在区别，不同的学者有不同的看法。在中文中，"机制"一词的含义很广泛，在英文中，与"机制"、"制度"有关的词汇有好几个，如"regime"、"mechanism"、"institution"等。大陆学者孙茹观察到，自从International Regime 和 International Institution 理论被介绍到中国后，"国际机制"一词经常与西方的机制（制度）理论连在一起。一些学者将 international regime 译为"国际机制"，而将 international institution 译为"国际制度"，以示区分，实际上，两者在中文中都没有对应的、一致的翻译。在西方理论中，两个概念之间没有明确区分，二者常常互换使用。[①]美国现实主义学者约翰·米尔

---

① 孙茹：《亚太多边安全合作与中美关系：制度的视角》，《美国研究》，2005 年第 4 期，第 100 页。

斯海莫就认为，机制和制度可以被视为完全同义的概念。而另一位美国学者罗伯特·基欧汉则试图对两者加以区分，认为国际制度的外延比国际机制大，国际机制只是国际制度的形式之一。

从严谨的科学研究来讲，对"机制"和"制度"两个词进行适当的区分还是有一定必要的。在英文中，"制度"一词总是在复数意义上使用的，它具有两种含义。一是它可以用来指日常生活中的法律、规则、规范和习惯；二是可以用来指称各种各样的机构或组织，如学校、医院等。而"机制"一词的英语词汇来自法语，它最初的含义是指政权、政府或政治制度，而且特指"对社会其他部分施加统治的个人、帝国、政党或者团体"。因此，从词源上看，"机制"和"制度"的含义是不同的。"制度"和"机制"相比更为宽泛，它既包含机制所强调的规范性含义，也包括操作机制的组织机构和执行机制所造成的后果。①

由此可见，"机制"与"制度"是两个既有密切联系又有细微差别的词汇。国际机制的定义最为权威的是美国学者克莱斯勒在 1983 年提出来的，他认为国际机制是一系列隐含的或明确的原则、规范、规则以及决策程序，行为者对某个既定国际关系领域（问题）的预期围绕着它们而汇聚在一起。所谓原则，指的是对事实因果关系和诚实的信仰；所谓规范，是指以权利和义务的方式确立的行为标准；所谓规则，是指对行动的专门规定和禁止；所谓决策程序，是指流行的决定和执行集体选择政策的习惯。② 罗伯特·基欧汉也持类似的看法，他认为"机制"可以解释为促进行为体之间实质性协议达成的工具，它提供原则、规则、规范和决策程序，帮助行为体克服达成协议的障碍，从而促进协议的达成。而"制度"是有可能涉及行为的一般模式、范畴或特殊的人为安排，而不论这种安排是正式的还是非正式的，这可

---

① 王明生、梨鹂：《国际机制概念新解》，《湖北行政学院学报》，2007 年第 5 期，第 222 页。

② Stephen D. Krasner, *Structural Causes and Regime consequences: Régime as Intervening variables*, in Stephan D. Krasner ed, *INTERNATIONAL REGIME*", (Ithaca: Cornell University Press, 1983), p. 2.

能会有助于我们对某些令人烦恼的混乱现象进行选择。[①]

综上所述，我们可以总结出，“机制”可以是原则、规则、准则、协议、机构、过程或决策程序，它是一个比“制度”更宏观、更宽泛的概念。“机制”更强调各要素之间彼此依存、有机结合和自动调节所形成的内在关联和运行方式，它包含制度的内容，更包括各种监督的手段和方法，即工具性的功能。如“协调机制”不仅是指一系列的制度，更包含如何进行协调的手段、方法和协调机构和协调程序等，其目的是要达成协议或默契。[②]

所谓的“机制化”或“制度化”就是建立机制或制度的程序和过程，它们是一种动态的概念。机制化的形成一般要经过确立共同需求、协商制定规范、建立机构或达成协议等几个步骤。机制化的形成是各种关系发展到一定程度并产生某种需求后的产物，它首先需要各方在促进共同利益或解决利益冲突的驱使下产生建立各种规则、制度的客观需求和主观意愿，以降低交往过程中的交易成本，获取更大的利益。其次，机制化的过程就是各方进行协商或沟通，并相互妥协达成一致的过程。此外，机制化的成果一般需要通过达成协议或成立相关机构来体现和落实，它可以是正式的、全面的协议，有时候也可以是非正式的、部分的但大家共同遵守的默契。

很多人在研究“机制化”的问题时，经常会提及“一体化”的概念，二者是有一定联系，但属于两个不同层次的概念。一体化的英文是“integration”，是指两个或多个不同的相互独立的主体通过某种方式，逐步整合或结合成一个单一实体的过程，它涉及经济、政治、社会、文化、法律等各个方面的互动和融合。大陆学者曹小衡指出，一体化的理论具有相当鲜明的西欧经济的色彩，源于战后欧美一些国家的理论家避免重开战端、稳定欧洲政治及促进各方互利双赢的思考，政治意图明显大于经济意图，其理论论述也是政治优先、经济开道。[③]因此，一体化在发展过程中，区域经济一体化取得了

---

① ［美］罗伯特·O·基欧汉著，门洪华译：《局部自由化世界中的自由主义、权力与治理》，北京：北京大学出版社，2004年版，第135、172、173页。

② 李鹏：《海峡两岸关系析论——以和平发展为主题之研究》，厦门：鹭江出版社，2009年版，第223页。

③ 曹小衡：《东亚经济格局变动与两岸经济一体化研究》，北京：中国对外经济贸易出版社，2001年版，第11－17页。

明显的进展，但政治的一体化还在不断尝试之中。美国学者巴拉萨认为，经济一体化既是一个过程，又是一种状态。就过程而言，它包括旨在消除各经济单位之间的差别待遇的种种举措；就状态而言，则表现为各国间各种形式的差别待遇的消失，并形成诸如自由贸易区、关税同盟、共同市场、经济联盟与完全的经济一体化等形态。①

从以上的分析中可以看出，无论一体化是一种过程还是一种状态，机制化都只是实现一体化的一种手段和形式。两个行为体可以通过机制化的方式，消除它们之间各种差别待遇，进行经济、政治、社会等多方面的整合，从而达到一体化的状态。一体化形成的过程必须要机制化作为基础和保障，一体化的最后状态也是全面机制化的建立，但机制化只是一体化的必要条件，机制化并不必然能够导致一体化，一体化还需要诸多其他条件的配合才有可能实现。

## 二、相互依赖与机制化的关系

新自由制度主义认为，国际机制协助提供了国际经济进程赖以产生的政治框架，认知国际机制的发展和崩溃，是理解相互依赖政治的关键。基欧汉认为，霸权国家主导建立的国际机制确保着国际合作与世界和平，国际机制对于促进无政府状态下的合作是可能的，对于减少国际纷争与不和是有价值的，对管理国际相互依赖是有意义的。②罗伯特·基欧汉和约瑟夫·奈还运用多个分析模式解释了国际机制变迁与相互依赖之间的关系。

第一个模式是经济过程解释模式。这种分析模式认为，在经济的过程中，政治的影响是存在的，在分析相互依赖和机制变迁时，必须纳入政治的因素。技术变革与经济相互依赖的增加将使现有的机制过时，现有的机制难以应对交往活动的大量增加，原有的制度、规则和程序将面临无效或崩溃的威胁。政府无论是出于内部政治的要求，还是出于货物、资本以及人员流动

① 转引自唐永红：《两岸经济一体化问题研究——区域一体化的理论视角》，厦门：鹭江出版社，2007 年版，第 4 页。

② 苏长和：《解读霸权之后——基欧汉与国际关系理论中的新自由制度主义》，《美国研究》，2001 年第 1 期，第 138 - 146 页。

所带来的巨大经济效应的考虑，都需要考虑修改或重新创立机制。但是，机制可能会因为相互依赖或技术变革随时可能瓦解，但机制不会彻底崩溃，它们很快就会得以重建，以适应新的经济和技术状况。①

第二个模式是总体权力结构解释模式。罗伯特·基欧汉认为，国家或地区间的相互依赖早已有之，国家或地区间在军事安全领域存在高度相互依赖，并与彼此的敌对相关联，始终处于传统世界政治分析的核心。总体权力结构模式强调在一个体系中，结构（即国家间的权力分配）决定国际机制的性质，即它是建立在强者制定规则的前提下的，权力结构一旦发生变化，机制也会发生相应的变化。阿瑟·斯坦就指出，利益决定制度，权力的分布状况决定利益，国家或地区之间的权力分布状况，决定了他们之间互动的环境和政策选择的优先次序，因而也决定了国际制度形成的动因和预期。②

第三种模式是问题领域结构解释模式。这种模式强调不同问题领域往往具有不同的政治结构，而这些结构可能在不同程度上独立于经济、军事力量的分布状况。军事力量在经济领域不再发生效力，与某一问题领域相关的经济力量可能与其他问题领域无关。它同样强调强者制定规则，但它同时又认为，虽然规则是强者制定的，但起作用的却是该问题领域行为体的实力，各个问题领域之间是很难完全联系起来的。虽然现有机制的影响与收益，与心怀不满的一方对新规则结果的预期之间存在差距，但机制本身可以限制政策变化，各方即使试图利用不对称相互依赖的敏感性，但也不应更多操纵脆弱性。③

第四种模式是国际组织解释模式。这种模式强调各国各地区之间的联系不仅存在于外交部门的正式关系中，也存在于政府间纽带和跨政府纽带之中。它假定网络、规范和制度一旦建立起来，就难以根除甚至做出重大调整，它们影响和制约着行为体运用权力的能力。国际组织模式的有效性取决

---

① ［美］罗伯特·基欧汉、约瑟夫·奈著，门洪华译：《权力与相互依赖（第3版）》，北京：北京大学出版社，2002年版，第39－43页。

② 阿瑟·斯坦：《协调与合作：无政府世界中的制度》，载大卫·A·鲍德温主编，肖欢荣译：《新现实主义和新自由主义》，杭州：浙江人民出版社，2001年版，第47页。

③ 樊勇明主编：《西方国际组织经济学理论与流派》，上海：上海人民出版社，2003年版，第54－56页。

于行为体不会因试图利用彼此的脆弱性相互依赖而摧毁机制；但如果行为体之间的冲突超出了一定限度，这一模式与敏感性相互依赖将不甚相关。①

罗伯特·基欧汉认为，上述四种模式各有所长，互为补充，单独一种模式都难以作出完美的解释，而需要采用综合的方式，根据不同的研究对象选择解释模式。综合上述模式的分析，我们可以总结出相互依赖与机制化的关系主要有以下几个方面：第一，相互依赖使得各行为体之间的机制化成为可能和必须；第二，相互依赖的发展将会不断导致机制的变革；第三，相互依赖的背景下，机制的建立和运行会受到各行为体实力结构对比的影响；第四，决定各行为体实力的军事、经济领域的相互依赖，对其他问题领域的机制化影响有限；第五，在相互依赖的情况下，机制一旦建立，就难以摧毁。

## 三、两岸经济互赖的机制化意涵

在从理论上介绍经济相互依赖与机制化的关系之后，我们将运用上述四种模式来具体分析两岸经济相互依赖的机制化意涵。

从经济过程解释模式来看，两岸经济相互依赖的发展必然会产生建立机制化的需求，以及不断变革调整这些机制的需要。在两岸经济关系的发展过程中，两岸当局的影响从来都是存在的，虽然两岸施加影响的意图、动机和方式并不相同。大陆政府主要是从推动两岸经贸关系发展的角度进行影响，台湾当局则更多的是从防范、限制的角度施加影响。但是，无论如何，两岸业已形成相互依赖的经济关系，已经产生了巨大的利益联系。而机制的建立是以利益为基础的，“由于相互依赖的存在，任何行为者的获益都是其他行为者选择所产生的后果，就正如他自己选择产生后果一样”②。这就使得无论是大陆政府还是台湾当局，即使从实现经济利益的角度考虑，也不得不推动机制的建立和变革。

以总体权力结构模式的分析，两岸在经济相互依赖的情况下，建立什么

---

① ［美］罗伯特·基欧汉、约瑟夫·奈著，门洪华译：《权力与相互依赖（第3版）》，北京：北京大学出版社，2002年版，第56－59页。

② 阿瑟·斯坦：《协调与合作：无政府世界中的制度》，载大卫·A·鲍德温主编，肖欢荣译：《新现实主义和新自由主义》，杭州：浙江人民出版社，2001年版，第45页。

性质的机制、怎样来建立机制，主要由在两岸关系结构中实力较强的一方来决定。在当前的两岸综合实力结构对比，特别是经济和军事实力的对比中，台湾方面明显居于劣势，大陆牢牢掌握着两岸关系的主导权，对两岸关系发展的格局和趋势有着主要影响。如果依据这一解释，两岸的机制化将由大陆来主导和决定。这也是为什么台湾岛内有些政治势力和部分民众对两岸关系机制化尚有疑虑的重要原因所在。其实，总体权力结构模式对两岸关系机制化的解释力是有限的，它只看到赤裸裸的权力因素，却忽视了两岸关系中存在的情感因素。两岸同属中华民族，两岸同胞都是一家人。大陆多次表示愿意在“平等互利”的基础上来推动两岸的协商对话，会充分考虑和广泛照顾到台湾同胞的合理诉求、普遍关切和实际利益。在两岸关系机制化的进程中，不会也不可能发生大陆单方面制定规则，然后强加于台湾的事情。而且，在台湾问题上，外部势力的干预动机和能力，也是影响到两岸实力结构对比的重要因素，不能单纯从两岸实力对比的角度来分析。

按照问题领域结构解释模式的分析，两岸综合实力结构对比上的差距，并不影响到两岸在具体问题领域机制化的建立和变化。虽然大陆在两岸综合实力的对比中占据优势，但它对两岸在经济、政治、社会、文化等具体领域机制化的建立，运用机制化解决两岸关系某一领域的具体问题，产生的影响是有限的。这种解释模式认为，在机制建立和变革的过程中，主要参与者质疑机制的性质、是否创立机制、以何种形式创立机制将成为政治斗争的焦点，相互依赖中的敏感性和脆弱性往往因此而产生。①在两岸已经形成某种程度复合相互依赖的情况下，如果大陆过分强调实力的对比，将会刺激台湾在不对称相互依赖中的敏感性和脆弱性，不利于两岸在具体问题领域机制化的建立；而台湾方面也不应利用综合实力对比中的不利地位及其产生敏感性和脆弱性，来限制两岸关系在具体领域机制的建立和变化。实际上，两岸在具体领域机制化的建立，如在金融监理合作、知识产权保护、共同打击犯罪、确保食品安全等领域机制的建立，都与两岸综合实力结构的对比关系不大。

国际组织的解释模式是强调在机制已经建立的情况下所产生的影响。当

---

① ［美］罗伯特·基欧汉、约瑟夫·奈著，门洪华译：《权力与相互依赖（第3版）》，北京大学出版社，2002年版，第53页。

然，大陆和台湾同属一个中国，不是“国与国”之间的关系，两岸之间的任何机制和组织的建立，在性质上都不是“国际组织”，但这一模式依然对两岸关系的机制化有某种借鉴意义。两岸关系机制化的实现可以通过多种形式，从目前来看，主要采用的是通过协商达成协议的方式，但我们并不能排除在两岸关系发展到一定的阶段后，采取建立相关共同组织机构的方式来实现机制化。厦门大学台湾研究院的刘国深教授就以两岸共同治理为论述基础，建议两岸将公权力的行使区分为政治性事务和行政性事务，两岸搁置争议的部分，应严格限制在高阶政治议题，低阶行政层面问题可逐步展开交流，逐步走向共同治理；两岸可考虑成立“两岸共同事务委员会”，共同策划、组织、协调、控制和监督两岸共同事务的合作问题。①这种“两岸共同事务委员会”的设计，其实就是两岸关系机制化的一种体现。类似的组织机制一旦建立，两岸任何一方都难以运用自己的实力优势，或者以自己在相互依赖中存在脆弱性为借口，随意摧毁这一机制。当然，这一解释模式也没有排除在特定情况下，即两岸“冲突超出一定限度”，如台湾某些势力认为这一组织机制严重影响到他们“台独”目标的实现，或者大陆认为“台独”分裂活动已经严重威胁到国家主权和领土完整的时候，导致台湾或大陆的敏感性上升，从而影响到机制的运作和维持。

总而言之，两岸经济互赖必定会影响到两岸机制化的建立、运作、维持和崩溃。无论对大陆政府还是台湾当局来说，一方面要正视两岸已经形成某种程度复合相互依赖的情况下，不管是从政治的角度考量，还是从经济利益的角度考虑，机制化都已经成为一个必然的趋势；机制化对维护两岸关系的稳定，促进两岸关系和平发展框架的形成，都有相当积极的意义。另一方面，也要看到两岸复合相互依赖中形成的敏感性和脆弱性会影响到两岸机制化建立的进程。在机制化实现的过程中，不仅要看到两岸综合实力对比可能会对机制化的格局和趋势产生的影响，也要看到两岸许多特定问题领域的机制化有其自身的规律，要照顾到双方对某些问题敏感性和脆弱性的关切，在平等互利的基础上建立机制和进行变革。

① 《刘国深建议成立“两岸共同事务委员会”》，香港中评社，台北，2009 年 11 月 13 日电。

## 第二节 两岸经济互赖的机制化趋向

伴随着两岸经济相互依赖的不断深化，两岸关系机制化的需求越来越迫切、越来越强烈，涉及的领域也越来越多，双方都开始尝试和建立某种交往和沟通机制。虽然还有不少人对两岸关系的机制化存在疑虑，两岸建立机制的过程中还遇到种种问题，但两岸关系的机制化却在此过程中不断发展，取得了一定的进展。两岸共同参与建立某种促进和规范两岸关系的机制，不仅意味着可以对两岸关系发展的规律和趋势准确把握，促使两岸积极务实地解决存在问题，使双方的相关政策措施更具稳定性和长期性，更将进一步有力推动两岸关系朝向构建和平发展框架的方向迈进。那么，两岸经济互赖走过了怎样的机制化历程，它会使两岸在经济、政治、安全与社会等诸多领域产生哪些机制化需求，这种需求会通过什么路径来实现，都是本节所要讨论的问题。

### 一、两岸经济互赖的机制化历程

笔者在第二章将两岸经济相互依赖的进程分为“成型、巩固和深化”三个阶段，在这三个阶段中，第一个阶段（1988－1992 年）只是经济互赖的初始阶段，在两岸政治关系尚未解冻的背景下，虽然两岸经济、文化和人员交往的展开衍生了大量的事务性问题亟待处理，但要两岸通过协商谈判形成机制化安排还为时尚早。为了解决这些问题，大陆和台湾都单方面出台了相关的政策和法律规定，以规范两岸交往中的各种问题。如大陆先后制定了《关于鼓励台湾同胞投资的规定》、《中国公民往来台湾地区管理办法》、《关于不再追诉去台人员在中华人民共和国成立前的犯罪行为的公告》、《关于人民法院处理涉台民事案件的几个法律问题》等，台湾当局也制定了“大陆地区和台湾地区人民关系条例”，对台湾同胞往来大陆进行规范。由于两岸在当时并无直接沟通管道，虽然在规定或条例制定的过程中或多或少都考虑到对方的某些情况，但上述规定或“条例”的制定基本上都是单方面行为。随着两岸经济关系和人员往来的频繁，越来越多问题的产生，仅仅依靠大陆或台湾单方面出台规定来加强人员交往的管理已经不能满足需要，两岸双方更需要一起来协商或建立某些制度，进行机制化的联系。1990 年 9 月，为了合作打击两岸间的违法犯罪活动，两岸红十字组织签署了“金门协议”，这是海峡两岸分别授权的民间团体签订的第一个书面协议，在某种程度上可以作为两岸关系机制化尝试的开始。

在两岸经济互赖巩固的阶段（1992－2001 年），两岸民间关系机制化的努力明显加快。两岸都已经意识到，仅仅靠临时性的接触已经无法应付和妥善解决这些问题，两岸的协商谈判不可避免，两岸关系的机制化是迟早要面对的事情。为了解决两岸民间关系中的经济性、事务性问题，两岸此前分别成立了海基会和海协会，并于 1993 年 4 月在新加坡举行了“汪辜会谈”，达成《汪辜会谈共同协议》、《两会联系与会谈制度协议》、《两岸公证书使用查证协议》、《两岸挂号函件查询、补偿事宜协议》等四项协议。但是，两会之间的接触和达成协议只是两岸机制化接触的开始，两岸并没有因为经济互赖的巩固而达成任何具体的经济协议。1995 年江泽民同志在《为促进祖国统一大业的完成而继续奋斗》的讲话中，提出“我们赞成在互惠互利的基础上，商谈并且签订保护台商投资权益的民间性协议”。这在某种程度上可以看成是大陆希望尝试建立某种两岸共同的机制，来规范两岸经贸关系的努力。但是，当时的李登辉当局非常担心两岸交流会形成某种固定的机制，他在 1996 年提出“戒急用忍、行稳致远”作为开展两岸交流的原则，并称是为了台湾的“生存与发展”，“基于‘国家’整体的安全、经济的安定发展”的考虑。李登辉要求我工商界谨慎面对两岸的经贸关系发展，要考虑到大陆投资的风险，并且通过制订《企业对大陆地区投资审查办法》、《在大陆地区从事投资或技术合作审查原则》、《在台湾地区从事大陆物品广告活动许可办法》等法规，通过要求台商赴大陆投资进行登记、利润汇回台湾、对工商界人士进行施加压力等方法来“规范”两岸的经贸活动，落实“戒急用忍”政策。台湾当局的这些举动严重限制了两岸经济关系实现机制化的可能性。

两岸经济关系机制化的真正提出是在经济互赖的深化阶段（2001 年至今）。机制化本身就是经济互赖发展到一定阶段的产物。无论是李登辉的“戒急用忍”还是陈水扁前期的“积极开放、有效管理”，都没有能够挡住两岸经贸关系持续发展，两岸经济互赖不断深化的步伐，这种客观趋势迫使大陆和台湾都必须认真思考建立经济合作机制的问题。台湾越来越多的人士提出建立两岸经济合作机制的问题，台湾当局也不得不予以回应。在2001年8月26日，台湾当局“经发会”两岸组总结报告中，就有“推动签署两岸投资保障协定及两岸租税协定”的条文。2002年9月，时任“陆委会”主委的蔡英文在一次演讲中也表示要“以制度化协商建构正常化的经贸关系”，认为大陆“片面立法规范”不能取代双方透过互动及正式协商所能够提供的更有力的保障，因此“透过双方正式协商，建构持续发展两岸经贸的合理环境与条件，是双方政府无可推卸的责任”。[①]此后，民进党当局也多次提出要透过机制化协商两岸经贸往来中所衍生的诸多问题。但是，民进党当局在提出恢复两岸制度化协商的同时，却拒不承认一个中国原则，拒不接受“九二共识”，使得两岸两会之间协商迟迟无法展开。虽然大陆从善意的角度出发，通过“民间对民间、行业对行业”方式就“包机直航”和“大陆居民赴台旅游”等议题进行协商，在澳门达成了2005年春节包机以“双向、对飞、多点、不落地”的方式展开的协议。此后，在澳门协商模式的基础上，两岸航空业者和旅游民间组织就节日包机、周末包机、货运包机和大陆居民赴台旅游等议题在澳门进行了多次技术性磋商。但由于民进党当局拒不接受一个中国原则，顽固进行“台独”分裂活动，双方并未能达成相关协议。

大陆在推动两岸建立经济合作机制方面态度一向比较积极。2002年1月24日，国务院副总理钱其琛在江泽民主席《为促进祖国统一大业的完成而继续奋斗》重要讲话发表七周年座谈会上的讲话中指出，“为推动两岸经济关系上升到一个新的水平，我们愿意听取台湾各界人士关于建立两岸经济合作机制、密切两岸经济关系的意见和建议”。[②]2005年4月，在中国共产党总书记胡锦涛与中国国民党主席连战会谈新闻公报中，两党首次明确提出“促进两岸展开全面的经济合作，建立密切的经贸合作关系，建立稳定的经济合作机制，并促进恢复两岸协商后优先讨论两岸共同市场问题”。5月，在胡

---

① 蔡英文：《加入WTO后两岸经贸政策》，载台湾“行政院大陆委员会”编印：《坚持“主权、民主、和平、对等”四原则的两岸关系》，台北：“行政院大陆委员会”，2008年版，第80－81页。

② 《钱其琛：坚持“和平统一、一国两制”基本方针，努力推进两岸关系发展》，新华社，北京，2002年1月24日电。

锦涛与宋楚瑜的会谈公报中，也提出“促进两岸恢复协商后，就建立两岸贸易便利和自由化（两岸自由贸易区）等长期、稳定的相关机制问题进行磋商”。此后，中国共产党与国民党、亲民党等就建立两岸经济合作机制等问题举办了多次论坛，进行了深入交流。

2008年5月马英九上台后，两岸关系的机制化进入一个新的阶段。2008年6月11日至14日，应海协会的邀请，海基会董事长江丙坤率海基会协商代表团访问北京，两会董事长举行了会谈，并达成两岸周末包机和大陆居民赴台旅游两项协议，并就推进两会协商、加强两会联系交往等事宜进行了讨论。这是两会领导人近十年来的首次会谈，标志着中断多年的两会制度化协商正式恢复。2008年12月31日，胡锦涛总书记在《纪念告台湾同胞书》发表三十周年的讲话中，再度明确提出“我们期待实现两岸经济关系正常化，推动经济合作制度化，为两岸关系和平发展奠定更为扎实的物质基础、提供更为强大的经济动力。两岸可以为此签订综合性经济合作协议，建立具有两岸特色的经济合作机制，以最大限度实现优势互补、互惠互利”，他还提出“我们将继续采取积极措施，包括愿意协商两岸文化教育交流协议，推动两岸文化教育交流合作迈上范围更广、层次更高的新台阶”，“两岸可以适时就军事问题进行接触交流，探讨建立军事安全互信机制问题。我们再次呼吁，在一个中国原则的基础上，协商正式结束两岸敌对状态，达成和平协议，构建两岸关系和平发展框架”。[①] 胡锦涛的讲话充分展现了大陆希望实现两岸关系机制化的迫切期待。当前，两岸正在就签订两岸经济合作框架协议进行协商，教育文化交流协议也在推动之中，两岸军事互信机制、和平协议等议题也进入两岸学者研究和讨论的范畴，随着两岸经济互赖和复合相互依赖的不断深化，两岸关系机制化的进程也会不断走向深入。

## 二、两岸经济互赖的机制化需求

从两岸关系机制化的历程中可以看出，两岸的经济互赖越深入，机制化的需求也就越高。虽然两岸已经建立起了海协会和海基会、民间对民间、党

① 胡锦涛：《携手推动两岸关系和平发展，同心实现中华民族伟大复兴》，新华网，北京，2008年12月31日电。

对党的沟通机制，也达成了一些协议，但两岸关系整体的机制化程度并不高，仍然不能满足两岸关系实现和平发展愿景的机制化需求。2009年10月，马英九在接受《澳大利亚人报》采访时就表示，他希望目前只是在发展两岸制度化正常关系的开端。①胡锦涛总书记也曾表示希望通过“实现两岸经济关系正常化，推动经济合作制度化，为两岸关系和平发展奠定更为扎实的物质基础、提供更为强大的经济动力”。②当前，两岸关系发展面临难得的历史机遇，两岸政治关系日益趋向和平稳定，两岸经贸关系不断拓展和深化，两岸的民间往来更加便捷密切，两岸交流中衍生问题也在不断增加，使两岸关系机制化面临新的挑战和机遇。经济相互依赖只是两岸关系机制化的基础之一，如何将互赖转化为实实在在的机制化成果，满足两岸关系和平发展的机制化需求，还需要两岸同胞的共同努力。

第一，机制化是将经济互赖转化为两岸实际经济利益和共同利益的需要。

从前面的理论分析中我们可以得知，两岸的经济互赖将会带来巨大的经济效应，这种效应既包括大陆或台湾都能够从经济互赖中获得切实的经济利益，也包括两岸能够通过合作创造更多的共同利益，使得两岸经济合作和互赖能够发挥“一加一大于二”的超额利益。两岸经济合作机制化，不仅仅有利于大陆和台湾自身经济的发展，有利于解决台湾经济发展中的诸多困境，更有利于两岸经济的共同繁荣，有利于两岸经贸关系的稳定和持续发展。马英九曾经用“推动两岸经贸关系正常化、避免台湾经济边缘化、促进台湾经济国际化”来形容推动商签两岸经济合作协议的必要性。胡锦涛总书记在《纪念告台湾同胞书》发表三十周年的讲话中，也精辟地概括了建立两岸经济合作机制的好处，他指出，两岸可以为此签订综合性经济合作协议，建立具有两岸特色的经济合作机制，以最大限度实现优势互补、互惠互利。建立更加紧密的两岸经济合作机制进程，有利于台湾经济提升竞争力和扩大发展

① 《澳媒专访：马英九盼两岸发展制度化正常关系》，台湾“中央社”，台北，2009年10月28日电。

② 胡锦涛：《携手推动两岸关系和平发展，同心实现中华民族伟大复兴》，新华网，北京，2008年12月31日电。

空间，有利于两岸经济共同发展，有利于探讨两岸经济共同发展同亚太区域经济合作机制相衔接的可行途径。①

笔者在第三章中，已经分析了两岸经济互赖对两岸经济合作、经济增长和贸易投资、台湾经济安全、区域经济合作等所产生的效应，要想确保这项效应能够充分发挥，就要实现两岸经济关系的机制化。台湾当前的经济发展面临着一些结构性困境，产业面临着升级的压力，内部投资严重不足，制约了经济的成长；同时，面对着亚太区域经济整合的趋势，台湾也面临着边缘化的危机。两岸经贸关系的机制化可以为这些问题的解决提供重要的机会。大陆学者唐永红认为，20多年来的两岸经济交流与合作，是在有限制的经贸政策环境空间的约束下，由市场机制主导进行的，不仅本身未能实现其可能的发展规模，而且远未充分发挥其对两岸经济发展的促进作用。两岸经济体潜在的互补优势的进一步发挥、竞争性问题的协调，两岸经贸往来格局与相互依存中不对称的消减，两岸经济交流与合作的进一步扩展，以及两岸经贸往来对两岸经济发展贡献度的进一步提高，都有赖于两岸经济关系的正常化以及制度性合作与一体化。②

两岸经贸关系发展的二十多年也是在世界经济全球化的背景下展开的。发展两岸经贸关系不仅仅是大陆和台湾之间的事情，也是国际产业分工与合作体系中的重要组成部分。台湾与大陆发展经贸关系的历程，也是台湾参与全球化和区域化的重要一环。台湾学者黄镇台认为，两岸既然已经融入全球分工体系的一部分，在全球竞争的趋势下，两岸应该充分整合彼此之间的经济优势，发挥最大的效益，才能在全球化潮流中保有竞争力。台湾应该面对两岸之间经贸往来已经密不可分的事实，同时正视两岸在全球分工体系中的角色，善加利用台湾贴近大陆市场的优势，寻找有利的生产要素，才能维持台湾在全球工序体系中的优势。③著名经济学家刘遵义在为萧万长《一加一大

① 胡锦涛：《携手推动两岸关系和平发展，同心实现中华民族伟大复兴》，新华网，北京，2008年12月31日电。

② 唐永红：《两岸经济一体化问题研究——区域一体化理论视角》，厦门：鹭江出版社，2007年版，第148页。

③ 黄镇台：《全球化下的两岸经贸政策与台湾竞争力》，台湾《“国家”政策论坛》，2001年第6期，第112页。

于二：迈向两岸共同市场之路》所作的序中更是指出，海峡两岸经贸的互动，正恰切反映出全球经济发展的分工与互赖关系，双方合作可以大大加强彼此在世界市场的竞争力，可以创造台湾经济另一个发展高峰。随着两岸经贸互动与互赖日趋密切，需要处理和协调的相关议题也愈来愈多，两岸迫切需要的是建构一个经常的协调机制，以达到双赢的目标，进而使两岸经济形成共生关系，而这种共生关系可以成为两岸和平与统合的基础。①

第二，机制化是充分发挥两岸经济互赖的政治和安全效应的需要。

笔者在第四章中详细分析了两岸经济互赖可能产生的政治与安全效应，要想使得这些效应中的积极面得以充分发挥，尽量减少消极面的冲击，推动两岸关系机制化的实现同样是必由之路。从对台海和平安全的影响来说，经济互赖能够促进实现和平大概有两种途径：一种是自我克制，即大陆或台湾都意识到冲突或战争将会摧毁双方的相互依赖，会导致严重的经济与政治后果；另一种途径则是通过机制化的协商沟通并达成协议，用机制的功能来保障台海地区的和平稳定。两岸关系在过去十几年中经常处于不稳定的状态，甚至在马英九上台之后，还因为台湾当局允许达赖访台而对两岸关系产生冲击，一个重要的原因就是由于两岸关系中机制化的缺失，导致两岸之间的政治互信无法建立或深化。刘国深教授就指出，由于两岸敌对关系尚未解除，战争的规则欲去还留，和平的规则待建未建，系统的无序与高度的不稳定仍是两岸关系的最大特征，在这种无序与不稳定状态之下，两岸双方难以进行建设性的制度创新。②

机制化对两岸政治与安全关系的意义在于可以为两岸双方提供更多的沟通渠道，建立经常性和持续有效的合作。机制化的几个基本要素就包括透明度、可靠性、责任性和一致性。③按照罗伯特·基欧汉的分析，合作之所以不能达成，主要是信息不完善和交易成本过高所导致的。信息不完善，导致不

① 刘遵义：《走出困境、创造双赢》，载萧万长著：《一加一大于二：迈向两岸共同市场之路》，台北：天下远见出版股份有限公司，2005 年版，第 11－12 页。

② 刘国深：《两岸关系不稳定态与制度创新》，《台湾研究集刊》，2000 年第 3 期，第 5 页。

③ 倪世雄等著：《当代西方国际关系理论》，上海：复旦大学出版社，2001 年版，第 363 页。

确定性的存在，因为信息正是不确定性的负量。① 而建立机制可以解决这两个问题，而且机制一旦建立，就具有一定的限制性，两岸都有责任和义务去维护机制的正常运作，尽力在机制的框架内采取一致的行动。有大陆学者早就观察到，“两岸关系中缺乏稳定的、有效的理性预期，也缺乏固定的、双方都能接受的游戏规则，一个更严重的后果是在双方之间无法形成制度化的安排”，而机制化可以“使两岸关系变成一种有固定游戏规则的关系，防止和减少意外事件发生的频率及其它们对两岸关系的干扰，并且即使在双方出现问题时，也可以找到解决问题的方法和途径”；也可以“使两岸关系保持必要的连续性和可预见性，也可以使这种关系保持持续博弈而不是一次博弈的特点，以增加双方的相互理解和相互信任，减少相互关系中的不确定性、相互猜疑和不正当期望”。②

机制化建立的本身就是两岸相互沟通、相互协调的过程，在这个过程中，两岸之间可以相互了解，化解疑虑，求同存异，累积互信。2008 年 4 月 29 日，胡锦涛总书记在会见国民党荣誉主席连战时提出，两岸关系要“建立互信、搁置争议、求同存异、共创双赢”。要想实现这一目标，两岸关系的机制化必不可少。由于长期的敌对与隔阂，虽然两岸已经开放了二十多年，但两岸之间依然缺乏深入的了解，互信基础严重不足。这一方面与台湾当局时常破坏两岸关系的政治基础有关，特别是在李登辉和陈水扁当政期间，不断从事背离一个中国原则的“台独”分裂活动，严重侵蚀两岸关系建立互信的基础。另一方面也与台湾当局政治诚信缺失和政策多变有关。台湾当局的大陆政策经常在不同时期而不同，即使在同一时期的政策也变化多端，而且政策解释和文字表述，政策宣示和实际行动之间也往往背道而驰，让人无所适从，自然无法取信于大陆。台湾当局政策多变，其中的一个重要原因就是两岸关系的机制化缺失，使得台湾当局觉得不必遵守两岸关系中的一些基本游戏规则。由于缺乏制度化的沟通机制，或者两会的制度化沟通机

---

① Robert Keohan, “International Institutions: Can Interdependence Work?”, *Foreign Policy*, Spring, 1998, pp 82 – 96.

② 李义虎：《两岸关系缘何难以塑造理性预期》，香港《大公报》，2003 年 8 月 29 日。

制被台湾当局人为破坏，使得两岸本来就脆弱的互信基础更加脆弱，即使当时的李登辉和陈水扁当局释出“善意”，大陆也无法感受到对方的“诚意”或相信台湾当局的“善意”。马英九上台后，两岸有了共同的政治基础，“两会”制度化协商机制得以恢复，两岸建立和增进互信才出现新的可能。

当前两岸关系发展出现了难得的历史机遇，但不可否认的是，两岸之间尚存在某些深刻的利益分歧。今后两岸关系的发展依然会面临的一些历史遗留问题，还会出现新情况新问题，对这些矛盾和分歧，如何保证其不成为两岸关系未来发展中的障碍，不会给两岸关系发展造成破坏性的影响，搁置争议、求同存异，创造条件循序渐进地来解决非常重要，其中很重要的一个方面就是要实现两岸关系的机制化。机制能够提供化解危机的场所和模式，从而规避当事方可能付出的高昂代价，当行为者之间发生利益冲突甚至导致危机发生时，机制便可以充当维持“秩序”的自发力量发挥作用。①“搁置争议、求同存异”与两岸关系机制化是一种相辅相成的关系，正因为两岸双方做到了搁置争议，才能够在求同存异的基础上恢复两会的协商对话；反之，正是因为两岸重新开始机制化的步伐，两岸之间才能够在此机制保障下解决搁置什么争议，到底需要寻求哪些共同利益，如何做到求同存异的问题。换言之，机制化可以使两岸之间的“搁置争议、求同存异”真正落到实处，并在此基础上来建立和增进互信，并达到共创双赢的目标。

第三，机制化是两岸从经济互赖走向社会融合，构建两岸命运共同体的需要。

两岸经济互赖的另一个重要效应体现在两岸民间社会交往方面。从某种意义上说，两岸人员往来、社会、教育、文化等各领域交流的热络，是两岸经济领域的频繁和深入交流所带动的。两岸关系的和平发展、国家的最终完全统一并不仅仅是两岸当局、政党和政治人物的事情，更重要的还是要尊重两岸人民需求与想法。两岸同胞是血脉相连的命运共同体。包括大陆和台湾在内的中国是两岸同胞的共同家园，两岸同胞有责任把她维护好、建设好。刘国深教授认为，以往人民过于注重两岸政治层面的问题，对两岸经济、社

① 简军波、丁冬汉：《国际机制的功能与道义》，《世界经济与政治》，2002年第3期，第17页。

会、文化发展的意义没有予以足够的重视，先从解决经济基础和社会文化等方面的融合入手，或许是解决两岸政治歧见的必经之路。[①]两岸交往虽然已经开放二十多年，但两岸的人民之间依然了解不够、互信不足，导致在一些问题上不能设身处地地尊重对方、理解对方、化解误会，反而容易受到某些势力的误导，甚至产生一些扭曲的认识。两岸的社会融合，就是要在两岸人民共同的文化背景下，通过实现两岸同胞的便捷往来，扩大两岸各领域各界人士的交流，将"两岸同属一个中国"落实到两岸交流交往的方方面面，让两岸同胞从日常生活中就切实感受到我们是命运共同体，我们生活在同一个国家，生活在属于两岸中国人的共同家园。

自从两岸开放以来，两岸在教育、医疗、卫生、新闻、出版、体育、影视、艺术、宗教等社会各领域的交流十分频繁，在交流人数、项目、层级、内容、效果等方面都有相当的拓展。在不断加深的社会各领域交流的过程中，两岸的共同利益也不断呈现。这种共同利益不仅表现在双方都有非常强烈的合作需求和意愿，也表现在双方能够从合作中得到实实在在的利益。两岸在上述民间社会领域的交流既有共同的基础，也有互补的一面。共同的基础源于共同的宗教、教育、文化、艺术背景，双方容易产生共鸣，在交流的过程中不会有语言、文字、文化差异上的隔阂；互补的需求来自于两岸经过几十年的隔阂，在发展水平、发展模式等方面都存在一些差异，各有所长，各有所短，有些差异不仅没有成为双方合作的障碍，反而让双方找到取长补短，进行合作的空间。刘国深认为，大"三通"时代来临后，两岸各行各阶层往来快速增加，两岸民众在就业、求学、婚姻等方面需求的积累会形成巨大的民间社会力量，使两岸人民越来越成为生活在同一个社会中的成员。大"三通"可能使"大陆地区"和"台湾地区"这两个六十年来相对独立发展的社会重新走上全面整合与融合；两岸双方应更关注社会一体化进程。[②] 如何让两岸在这些领域的共同利益得以巩固和发展，如何让两岸社会迈上一体

① 刘国深：《两岸关系和平发展新课题浅析》，《台湾研究集刊》，2008 年第 4 期，第 4 页。

② 《刘国深：大三通或促进两岸经济社会一体化》，台湾"中央社"，台北，2009 年 2 月 14 日电。

化的道路，一个重要的途径就是在这些领域实现机制化。

两岸社会融合还需要解决两岸交流交往中衍生的诸多问题，消除两岸民众由于长期不了解所产生的隔阂，如果这些问题不通过适当的渠道和途径得到处理，民众之间的情感隔阂和认知落差不消除，就长远来看，势必会成为两岸关系的和平发展进程中潜在的不稳定因素。从 1987 年两岸正式开放交流以来，台湾同胞往来大陆的人次虽然已经超过 5000 万人次，但从人数来讲，依然只有四五百万人，在台湾 2300 万同胞中依然只是一少部分。而开放二十多年来，大陆到台湾的人次也只有 200 万左右，人数在 30 万左右，在大陆十三亿人口中所占比例更小。在这种情况下，台湾岛内多数民众对大陆的了解是间接的、负面和不客观的，他们的印象长期停留在贫穷、落后、专制、不文明等方面，对大陆改革开放以后在政治、经济、社会层面所取得的巨大成就缺乏了解，或者即使有所了解也不愿意接受，不少台湾民众对大陆的误解和偏见非常深刻，这也与台湾当局长期以来对大陆的负面宣传有关。同样，大陆绝大多数民众对台湾也缺乏了解，他们对台湾的了解往往停留在民族情义和台湾曾经的经济繁荣的层次，而对台湾的历史、台湾同胞的特殊心态等则缺乏了解。在这种情况下，我们不排除随着两岸民间交往的加深，所产生的问题也会越来越多，隔阂会越来越深的可能性。机制化也是解决两岸民间交往中所衍生的这些问题的重要途径。台湾学者林信华就认为，今后两岸的互动必然是越来越加剧，在经济、社会等各层面与中国大陆进行制度性的协议，乃是为台湾人民的权利降低复杂性与风险程度的务实做法。①

两岸民间交流机制化的一个重要功能是要维系两岸民众间的情感纽带。正是海峡两岸重新联结、形成与维系承载着种种情感的、经济的、文化的、理念的、生活的纽带，才使得两岸的一体化进程更为迅速。②说到底，两岸社会文化领域的机制化就是要通过两岸民间交流交往，增强台湾民众对中国、中华民族、中华文化和国家统一的认同感。而这种“认同”同样可以通过机

---

① 林信华：《超国家社会学：两岸关系中的新台湾社会》，台北：韦伯文化国际出版有限公司，2003 年版，第 204 页。

② 王茹：《两岸命运共同体与两岸公共生活的建构》，《台湾研究集刊》，2006 年第 3 期，第 3 页。

制化的途径来实现，因为机制化的一个重要功能就是将组织各成员的命运与机制紧密联系在一起，加强内在的凝聚力。

当前台湾不少民众对国家统一有疑虑，对中国共产党领导下的大陆缺乏了解，加上“台独”势力和民进党当局过去几年在台湾岛内大肆进行“去中国化”运动、宣扬“台湾主体意识”、割裂台湾文化与中国文化的关系、将台湾人与中国人对立起来，使得台湾民众的认同出现了混乱与偏差。要想导正这些偏差，一个最重要的途径就是尽一切可能扩大两岸的民间交流交往，让台湾民众在机制化交往中了解大陆的政治制度和社会经济发展情况，了解大陆民众的民族情感，了解两岸在血缘上、历史上、文化上的渊源关系，从而使他们化解对大陆的疑虑，增强对中华民族的认同，增强作为中国人的民族自豪感，增强对两岸最终实现统一的理解和支持。国台办主任王毅2008年9月在第三届海西论坛上演讲时就表示，两岸同胞交往由最初台湾同胞来大陆探亲、旅游逐渐扩大到投资、经商、就学、就业，进而发展到文化、教育、科技、卫生、体育、宗教、市政建设、乡镇发展等多领域的双向交流。正是这些每天都在进行着的交流交往活动，构成两岸关系保持总体稳定与发展的支柱和动力。①如此多的两岸民间交流交往当然需要搭建一定的平台来进行，需要构建一定的机制来保障，真正实现两岸同胞的大交流。

## 三、两岸经济互赖的机制化路径

两岸经济互赖的机制化路径可以从三个层次来分析，第一个层次是次序路径，侧重于不同领域机制化次序的探讨，即如何从经济互赖与经济合作的机制化发展到社会、政治、军事安全领域的机制化，构想两岸关系和平发展框架和实现国家的完全统一。第二个层次是内容路径，侧重于具体领域机制化的内容设计，即通过什么样的方式来达成两岸在经济、社会、政治、安全领域的机制化目标。第三个层次是程序路径，侧重技术程序面的分析，即通过什么样的步骤来实现两岸在某一领域乃至整个两岸关系的机制化。

对于两岸关系的机制化到底应该从哪个领域开始，学者们的看法比较一

① 王毅：《促进两岸交流大发展，开创和平发展新局面》，国务院台湾事务办公室网站，http：//www. gwytb. gov. cn/gzyw/gzyw1. asp? gzyw_ m_ id＝1678。

致，多数人都认为应该从比较容易的领域开始做起，逐渐延伸到复杂的领域；当然也有少数学者认为应该抓住重点、全面进行。两岸经济上的相互依赖已经是一个基本现实，经济合作的机制化可以说是顺理成章、水到渠成。目前两岸已经确立了“先经济后政治、先易后难、循序渐进”的原则，这一原则并非凭空想象，而是基于过去二十多年两岸关系发展经验总结而来的。其实，如果回顾过去二十多年来学者们提出的两岸关系机制化设想，就可以发现，涉及经济领域的机制化设想最多。二十世纪八十年代以来，海内外学者就层出不穷地提出两岸经贸合作和经贸关系机制化的各种构想，名称也五花八门，如林邦充的“华人共同市场”，郑竹园的“大中华共同市场”，高希均的“亚洲华人共同市场”，李自福的“经济大中国”，张五常的“两岸经济大循环”，萧万长的“两岸共同市场”，高孔廉的“两岸经济共同体”，高长的“自由贸易区”，以及大陆学者提出“中华经济区”、“两岸经济合作区”、“海峡经济区”等。陈水扁在2001年元旦讲话中提出“统合论”，也是要“从两岸经贸与文化的统合开始着手”来共同寻求“两岸永久和平、政治统合的新架构”。而且，从两岸两会协商的实践来看，它们最初进行的也是经济性、事务性的协商，到目前为止还没有正式进入政治领域的商谈和对话。

虽然在两岸关系机制化从经济领域开始这一点上，学者们的意见比较一致，但对于下一步该延伸到哪个领域、从哪个层面、哪个角度、什么时候开始其他领域的机制化，各方的看法就不尽相同。刘国深教授主张从两岸共同事务着手，将共同事务分为“面对面的共同事务”、“背对背的共同事务”、“肩并肩的共同事务”，迄今两岸的合作主要是处理两岸交流交往中产生的各种问题的面对面类型，今后将会扩及“背对背”和“肩并肩”类型。双方可以考虑成立“两岸共同事务委员会”，共同策划、协调、控制和监督两岸共同事务的合作问题。① 台湾学者张亚中则从“两岸财”的角度进行思考，将“两岸财”分为“私有财”、“协调财”、“共同财”和“纯公共财”四个部分，两岸可以在各种“财”内进行统合，如先成立“两岸农业共同体”、

① 刘国深：《试论和平发展背景下的两岸共同治理》，《台湾研究集刊》，2009年第4期，第6页。

“两岸社会安全共同体”、“两岸南海共同体”，并在此基础上谋求建立“两岸共同体”。[①]张教授的设计也是从经济、民间和两岸共同事务出发，来思考两岸关系制度化的路径。

笔者认为，经济互赖最先外溢到什么领域，就应该从什么领域着手进行机制化，从两岸关系发展的历史和现实来看，机制化的领域路径应该是，从两岸经济合作机制化，到两岸社会文化机制化，再到两岸政治安全机制化，最终建构两岸关系和平发展框架。但是，在经济、社会、政治等领域机制化的先后次序并不是绝对的，并非一定要等前一个领域的机制化完成后才开启后一个领域的机制化，它们之间其实是有交叉重叠的，在某些时候是可以同时进行的。如两岸经济合作机制化与两岸社会文化机制化可以同时进行，而当经济与社会领域的机制化进行到一定程度后，两岸政治安全领域的机制化也可以启动。

对于经济、社会、政治领域机制化的内容路径，不同的领域有不同的方式选择。两岸经济交流机制的内容和方式是近年来被讨论得最多的议题，从理论上说，制度性经济一体化的组织形式包括自由贸易区、关税同盟、共同市场和经济联盟等形式。按照萧万长的“共同市场”构想，两岸共同市场是一个中长程的目标，也是一个一步一步推进的过程，可以分三阶段：第一阶段先解决“三通”直航，推动两岸经贸关系正常化，两岸当局应尽快展开官方性质的协商；第二阶段两岸需要建立经常性的协商平台，就关税减让，给予进入对方市场更便利的条件、进一步推动各种制度和政策配套等问题进行协调，并订立类似 CEPA 和 FTA 的“过渡协定”；第三阶段则是全方位的经济统合工作，包括关税同盟、货币同盟等，以实现“两岸共同市场”的目标。[②]唐永红也认为，当前两岸在经济相互依存性、经济市场规模、经济技术发展水平、经贸政策可协调性等经济层面，已初步具备进行一定程度与形式的经济一体化安排，只要两岸具备经贸关系正常化的前提，两岸经济体当前宜从内容广泛的新型自由贸易区形式着手，进而迈向关税同盟、共同市场、

---

① 张亚中：《两岸统合论》，台北：生智文化事业有限公司，2000 年版，第 277 页。

② 萧万长：《一加一大于二：迈向两岸共同市场之路》，台北：天下远见出版股份有限公司，2005 年版，第 166 – 167 页。

经济与货币联盟更为高级的一体化形式。[①]对于实现机制化的原则和步骤，盛九元教授认为，有关经济合作机制的构建应本着循序渐进的原则，由简到难、由半官方到官方、由非正式到正式、由松散到紧密逐步推进。在目前条件下，经济合作机制可以考量采取在以官方为主导的前提下，以两会为平台、以政党交流加以推动、以民间交流作为补充的形式建立与运作。[②]

对于两岸民间社会的机制化路径，两岸的一些部门和学者也提出了初步的构想。大陆提出两岸可以协商签订“教育文化交流协议”，福建省提出了建立“两岸人民交流合作先行区”的构想，有的学者提出了“金厦特区”或“金厦生活圈”的概念，这些从区域角度思考两岸社会一体化的设想，随着两岸关系的发展，极有可能推及两岸整个社会文化领域。

至于两岸政治安全领域的机制化，两岸当局和学者都提出了一些设想。2003年1月，陈水扁在其元旦文告中首度提出建立“两岸和平稳定的互动架构”，希望确立和平原则、建立协商机制、对等互惠交往、建构政治关系以及防止军事冲突，以期待双边签订协议、达成彼此关系正常化。2004年，连战在竞选过程中提出“建立两岸关系正式稳定架构”的构想，希望在“九二共识”基础上，通过逐步协商，签订一个包括“和平协议”在内的综合性“两岸协议”，进而建立各种交流平台，包括进行领导人互访和会晤，政府各部门之间相互对话，并互派代表，使两岸关系正常化。[③]2005年4月，在胡连会的《新闻公报》中，国共提出“促进正式结束两岸敌对状态，达成和平协议，建构两岸关系和平稳定发展的架构”。胡锦涛总书记在2008年12月31日的讲话中，再次重申两岸可以探讨结束敌对状态、建立军事互信机制、达成和平协议、建立两岸关系和平发展架构等立场。

在学界方面，台湾海基会前副董事长兼秘书长邱进益、台湾大学张亚中教授也都分别提出了“海峡两岸和平合作协议”与“两岸和平发展基础协

---

① 唐永红：《当前两岸制度性经济一体化的经济可行性考察》，《台湾研究集刊》，2007年第1期，第88页。

② 盛九元：《建立两岸经济合作机制的方式与途径研究》，《世界经济与政治论坛》，2009年第4期，第104页。

③ 连战：《改变，才有希望》，台北：天下远见出版股份有限公司，2004年版，第243－244页。

定”的草案，就两岸政治安全关系的机制化建设提出了他们的看法。美国学者李侃如等也提出过“中程协议”等解决两岸政治僵局的设想。在这些设想中，对于两岸政治安全领域机制化的具体内容和方式，学者们的看法不尽相同，比如对何时开启两岸政治对话，政治对话包括哪些内容；到底是先有和平协议，还是先有军事互信机制；是先结束敌对状态，还是签订和平协议就是结束敌对状态等等问题，目前还处在学术争鸣和探讨的阶段。

对于两岸建立机制化的程序路径，首先应该确立原则和基础。任何机制和制度的建立都需要一定的共同基础，两岸关系要实现机制化，首先必须确定一个中国原则和“九二共识”的政治基础。这并不意味着在处理两岸关系中的某些具体问题时，不能有任何灵活的余地。实现两岸关系的机制化同样要务实体现原则性、包容性和灵活性的有机结合，既要立足于当前，也要着眼长远，既要体现特定领域的特点，也要适应两岸关系发展的需要。这样做的目的和好处，一方面是体会到台湾岛内特殊的政治环境和两岸关系特殊的历史背景，为了使台湾民众对大陆的对台政策主张，尽可能地被台湾民众所了解、理解和接受；另一方面，也是为了在两岸接触商谈时，为台湾当局和两岸政治关系的处理留下余地，以便在维护中国的主权和领土完整不容分割的前提下，争取两岸互利双赢的结果。①在两岸关系的实践中，最能展现包容性和灵活性的恰恰是原则性最强的领域，两岸在“一个中国”、“九二共识”问题上的包容和灵活处理就说明了这一点。

在确立原则和基础后，两岸关系机制化的首要任务是要搭建沟通、协商或谈判的平台，这就需要明确参与机制化的两岸双方的角色定位，建立协商制度和机构。一般来说，协商平台的建立往往有两种途径，一种是在明确双方定位后，直接在此基础上搭建协商平台，如在国际政治、经济合作中，直接在国家与国家之间或国家与地区之间建立双边或多边的合作机制；另一种是各方经过协商谈判后，在某些专业领域建立会议制度和协调机构。这两种途径其实并不矛盾，前一种途径所建立的机制化往往比较宏观，后一种途径

① 唐树备：《两岸在政治关系定位上的冲突和建立两岸和平稳定的政治关系的前瞻》，载北京联合大学台湾研究院编：《北京台研论坛（第一辑）》，香港：香港社会科学出版社有限公司，2006 年版，第 343 页。

则是在前一种途径基础上的延伸。在建立起相关机构，搭建好机制化的平台后，下一步就是如何在这个平台上进行机制化协商，解决两岸关系中存在的种种问题。建立制度性的两岸合作机制，需要两岸进行充分对话与沟通，凝聚共识。两岸关系的机制化无论最终是何种形式，其核心都是一种制度安排。任何机制的建立，都必须确立正确的发展目标，制定具体的实施方案，规划相应的推进步骤。除了政治障碍需要超越与突破外，更重要的是如何在两岸敌对状态尚未结束，两岸经贸文化和人员往来尚未完全正常化的情况下，建立规范有效的沟通协商制度，并在此制度下按照双方都认可的程序进行协商。

两岸关系机制化的成果最终要通过一定的形式表现出来。两岸关系机制化旨在达成但并不必然达成某种加强两岸合作、解决各种问题的制度安排或协议，其表现方式有很多。它可以是某种原则或准则，即“对事物的信念、因果关系和忠诚的行为”、“行为的标准、权利与义务”；也可以是某种决策程序，即“做出和贯彻集体决定的主导实践”；[①]也可以是经过协商后达成的一致意见后，签署同意遵循的文件；还可以是双方共同参与组建和加入的制度化机构。具体来说，两岸关系机制化的成果可以是已经达成的类似“九二共识”的双方共同接受的原则，可以是“两会”或其他民间团体已经进行的一系列制度化的商谈，可以是类似“汪辜会谈”和“两会”复谈后签署的各项协议，党对党沟通后达成的《新闻公报》、《会谈公报》等。这些成果是两岸制度化协商的结果，也为今后进一步深化两岸关系的机制化提供了基础和借鉴。具体地讲，两岸关系机制化成果可以是军事互信机制或和平协议，也可以是台湾方面提出的“两岸暂时架构”、“两岸经济合作架构协议”，还可以是类似不少学者提出的“联邦制”、“中程协议”、“两岸共同市场”、“海峡经济区”、“次区域跨关境自由贸易区”的构想等等。这些成果虽然目前尚未实现，但在一定程度上两岸关系的机制化描绘了美好的前景。

---

① 倪世雄等著：《当代西方国际关系理论》，上海：复旦大学出版社，2001 年版，第 363 页。

# 第三节　ECFA 与两岸经济互赖

如前所述，两岸经济上业已形成的相互依赖态势，使得两岸关系在机制化的进程中，经济领域的机制化是最有可能优先实现的。经过二十多年的长足发展，两岸经济关系已经发生结构性变化，早就产生了正常化和机制化的迫切需求。虽然业界和学界一直在不断呼吁，但由于在过去十几年中受到两岸政治氛围的影响，两岸经济关系的正常化和机制化一直未能提上两岸协商的正式日程。2005 年 4 月，中国国民党主席连战到大陆访问后，两岸建立稳定的经济合作机制问题才正式列入两党发表的《新闻公报》和“两岸和平发展共同愿景”之中，成为各界关注的焦点问题之一。台湾地区领导人马英九在竞选期间，提出两岸签署“综合性经济合作协议”的主张，也成为马英九当选后积极推动实施的政见之一。由于受到台湾内部政治因素的影响，马英九当局后来将“两岸综合性经济协议”改称为“两岸经济合作架构协议”，简称“两岸经济协议”。当前，两岸已经开始就商签经济合作框架协议展开协商，并争取达成协议。那么，到底什么是两岸经济合作框架协议，它的签署会给两岸经济互赖带来哪些经济和政治方面的影响，将是本节所要重点讨论的内容。

## 一、ECFA 的由来及性质

ECFA 是“两岸经济合作架构协议”的英文简称，即“Economic Cooperation Framework Agreement”首个大写字母的缩写。对于两岸经济合作机制名称的用词，台湾方面是几经推敲，多次调整和修改，最终确定英文使用“ECFA”的名称。为了在岛内倡导与推广“两岸经济合作架构协议”，2010 年 1 月 6 日，马英九当局决定将 ECFA 简称为“两岸经济协议”。

虽然 ECFA 的名称是由台湾方面提出，但两岸建立经济合作机制的建议却是两岸学者和业界多年的期盼和共识。前文已经提到，大陆官方对两岸经济合作机制的最早表态，见诸于钱其琛副总理 2002 年 1 月 24 日在江泽民同志《为促进祖国统一大业的完成而继续奋斗》重要讲话发表七周年座谈会上的讲话，他当时提到“为推动两岸经济关系上升到一个新的水平，我们愿意听取台湾各界人士关于建立两岸经济合作机制、密切两岸经济关系的意见和建议”。2005年随着连战和宋楚瑜访问大陆，在中国共产党和中国国民党与亲民党的新闻公报中，都提到建立两岸经济合作机制的问题。当时台湾正处于民进党当政之下，民进党当局对于两岸建立经济合作机制并没有正面回应，而只是笼统提出“以制度化协商建构正常化的经贸关系”，其重点只是建构“持续发展两岸经贸的合理环境与条件”。①

国民党候选人马英九在2007－2008年的竞选期间，提出的经济政策的政见中，提到“全面经济合作协定”（CECA）的概念，并明确指出，“全面展开两岸经贸协商，建立应有制度及规范，以符合台湾长远的利益；也唯有国民党有能力推动对等协商，开起两岸经贸协商新时代。我们规划的优先协商议题如次：两岸贸易正常化及特定产业保护机制，两岸投资保障及经贸纠纷调解仲裁，两岸智财权保护及专利认证规范协调，产品标准规格化及标准检测认证规范协调，两岸金融接轨与监理合作，两岸海空直航协商及安排，两岸渔业劳务合作机制”。② 2008年3月28日，马英九当选后接受联合报采访时强调，他上台后“第一步要做的除了直航、观光客之外”，要签一个“综合性经济协定”，把我们关心的项目都纳进来。这个比较接近“自由贸易协定”。“我们要跟大陆签自由贸易协定，他们不肯；他们要跟我们签CEPA（更紧密经贸关系安排），我们也不肯。双方若签综合性经济协定，没有负担，是做得到的。”③ 2009年2月21日，马英九在主持台湾当局经济情势应对会议时重申，应正视两岸经贸现实、建立合理框架，并在“以台湾为主、对人民有利”的前提下，签订两岸综合性经济合作协议。此后，他又在多个场合进行类似的宣示。但是，由于民进党利用两岸“综合性经济合作协议”的英文名称CECA（Comprehensive Economic Cooperation Agreement），与内地与港澳签订的“更紧密经贸关系安排”的英文名称CEPA（Closer Eco-

① 蔡英文：《加入WTO后两岸经贸政策》，载台湾“行政院大陆委员会”编印：《坚持“主权、民主、和平、对等”四原则的两岸关系》，台北：“行政院大陆委员会”，2008年版，第80－81页。

② 《马英九、萧万长的全方位政策白皮书》，马英九、萧万长2008年“总统”竞选网站，http://2008.ma19.net/policy4you/economy/reform。

③ 《马英九：这次胜选给台湾带来新时代》，台湾《联合报》，2008年3月29日。

nomic Partnership Arrangement）接近，大作政治文章，将 CECA 污名化，使得马英九当局不得不将名称改为“两岸经济合作架构协议”，即 ECFA。

大陆对马英九提出的综合性经济合作协议，予以了正面回应。2008 年 12 月 20 日，贾庆林主席在第四届两岸经贸文化论坛开幕式上表示，我们鼓励两岸各界深入探讨建立两岸经济合作机制的内容、形式、步骤等问题，提出建设性意见。对台湾方面关于商签两岸综合经济合作协议的设想，我们十分重视，也愿予以认真研究。只要两岸双方共同努力，就一定能够建立起具有两岸特色、惠及两岸同胞的经济合作机制。① 这是大陆在两岸签署经济合作协议问题上首次高层级的回应。12 月 31 日，胡锦涛总书记在纪念《告台湾同胞书》发表 30 周年座谈会上的讲话中明确提出，两岸可以签订“综合性经济合作协议”，建立“具有两岸特色的经济合作机制”，以最大限度实现优势互补、互惠互利。有学者认为，这是大陆在该问题上最权威、最明确、最有力的表态，态度积极开放并极富善意。②对于台湾在两岸经济合作协议名称上的调整，大陆也给予了充分的理解。在 2010 年春节期间，胡锦涛总书记在考察福建期间，对漳州的台商表示，现在两岸正在商谈经济合作框架协议，这是一件促进两岸经济合作、实现互利双赢的好事。在商谈过程中，我们会充分考虑台湾同胞特别是台湾农民兄弟的利益，把这件好事办好。③温家宝总理在 2010 年 2 月 27 日与网友交流时也明确表示，“我们充分考虑到两岸经济规模和市场条件的不同，充分照顾台湾中小企业和广大基层民众的利益，特别是广大农民的利益。在这些方面，我们可以做到让利，其实道理很简单，因为台湾同胞是我们的兄弟。”④ 这可以说是大陆两位高层领导人短期内相继在此问题上最贴心、最具体、最有针对性的善意表态。

虽然两岸领导人都表达了希望能够尽早协商签订 ECFA 的立场，两岸也

---

① 《贾庆林：及早建立两岸经济合作机制》，新华网，上海，2008 年 12 月 20 日电。

② 朱磊：《两岸签署经济合作协议的前景》，中国台湾网，http：//www1. chinataiwan. org/jinrong/zjzl/200903/t20090326_ 856838. htm。

③ 《共创两岸关系更加美好的未来——记胡锦涛总书记春节前夕在福建漳州看望台湾同胞》，新华网，漳州，2010 年 2 月 12 日电。

④ 《温家宝：充分照顾台湾中小企业利益，我们可让利》，人民网时政频道，http：//politics. people. com. cn/GB/1024/11041089. html。

就推动商签两岸经济合作框架协议达成一致，但因为各方对 ECFA 的法律性质、基本内容、签署方式等问题上还存在一些不同的看法和疑虑，使得双方的协商虽然迫切，但也更为谨慎。首先应该明确的是，两岸协商签订 ECFA，是一个经济问题，而不是政治问题。对此，两岸当局有着一致的立场。2010 年 1 月 13 日，国台办发言人杨毅在回答记者关于“最近台湾有声音说，两岸签署经济合作框架协议即 ECFA，有牵涉到政治，甚至有台湾学者说，如果签了 ECFA 之后会加速两岸的统一”的问题时，明确干脆地回答“ECFA 是一个经济问题”。[①] 2009 年 3 月 19 日，台湾当局“经济部长”尹启铭针对 ECFA 的争议，也表示说，这是属于两岸特殊性质的经济合作协议，不会违反世贸组织的精神，所以不涉及“统独”以及政治问题。[②] 在两岸已经在“九二共识”的基础上恢复协商对话之后，“九二共识”自然成为两岸协商 ECFA 的政治基础，但这并不意味着 ECFA 就是一个政治协议或政治问题。民进党在岛内鼓吹“CECA 涉及经济主权以及政治主权，即先经济统一，接着政治统一”，其根本目的是要扭曲和混淆 ECFA 的性质，将 ECFA 问题泛政治化，从中谋取政治私利。

各界关于 ECFA 性质的争议还反映在它与自由贸易协定（FTA）、更紧密经贸关系安排（CEPA），以及世界贸易组织（WTO）的规则之间的联系与区别到底在什么地方？根据台湾当局“经济部”提出的“两岸经济合作架构协议概要”，在协议的定位上强调 ECFA 不采取港澳模式，所以既非大陆与港澳所签的 CEPA，也不是一般的自由贸易协定，而是属于两岸特殊性质的经济合作协议，不违背世界贸易组织的精神，同时只规范两岸经济合作事项，不涉及统独及政治问题。[③] 大陆也强调的是建立具有两岸特色的经济合作机制，而不是照搬完全 FTA 或者是 CEPA 的模式。台湾方面曾经倾向于以 FTA 的模式与大陆签订综合性经济合作协议，马英九也曾表示这个协议比较接近于 FTA；而大陆曾倾向于比照内地与港澳签订的 CEPA 模式，与台湾签

---

① 《国台办新闻发布会 2010. 1. 13》，国务院台湾事务办公室网站，http: //www. gwytb. gov. cn/xwfbh/xwfbh0. asp? xwfbh_ m_ id = 124。

② 《尹启铭：ECFA 不涉及统独问题》，台湾《联合报》，2009 年 3 月 19 日。

③ 《台称 ECFA 是属于两岸特殊性质的经济合作协议》，香港中评社，台北，2009 年 3 月 19 日电。

订经济合作协议。一般来说，FTA 是两个或两个以上主权国家之间，或两个相对独立的经济体或关税主体之间为推动贸易自由化及相关问题达成的协议；而 CEPA 是中华人民共和国作为主体与香港和澳门特别行政区之间的综合性自由贸易协定，其中包括某些单向优惠安排。CEPA 在名称用语上，选用了“安排”，而不是“协议”或“协定”等，就是为了避免被误认为是国际法意义上的“条约”或“协议”。从 CEPA 的文本来看，在内地方面，签署方是“中华人民共和国商务部副部长”而不是“中华人民共和国”，也不是中华人民共和国商务部；在香港方面，签署方是“中华人民共和国香港特别行政区财政司司长”，而不是香港在 WTO 中的正式名称“中国香港”，也不是“香港特别行政区政府”或“香港特别行政区财政司”。①

两岸之间的关系不是国与国之间的关系，也不是类似内地与港澳之间的关系，不能完全照搬 FTA 或 CEPA 的模式。大陆学者邓利娟认为，大陆与台湾之间的政治关系至今仍是“国家尚未统一的特殊情况下的政治关系”，双方的看法仍然存在较大分歧，因此不宜直接比照 CEPA 模式，而应以目前两岸双方已有的“九二共识”为基础，务实、弹性地定位两岸之间的关系，如“一个国家内两个独立关税区之间的特殊关系”，以便于双方平等协商。基于两岸关系现状是特殊的国内关系，比较务实可行的两岸经济合作机制应当是，既区别于“FTA”，又有别于“CEPA”，而具有独特的“两岸特色”。②清华大学刘震涛教授认为，两岸特色的经济合作机制既与世界上其他的经济合作机制有着共同或相似之处，又有不同于其他合作机制的显著特色，它应该包括：(1) 是两岸之间构建和平发展框架的重要内容；(2) 应该“有利于探讨两岸经济共同发展同亚太区域经济合作机制相衔接的可行途径”；(3) 合作进程具有跨阶段交叉发展的特点；(4) 在特定地区先试先行；(5) 以建构两岸“命运共同体”为战略定位，全面深化合作关系；(6) 应加强两岸间中华文化的交流和文化创意产业的合作；(7) 有利于完善大陆中国特色

① 曾华群：《论内地与香港 CEPA 之性质》，《厦门大学学报（哲学社会科学版）》，2004 年第 6 期，第 30 页。

② 邓利娟：《循序渐进建立具有两岸特色的经济合作机制》，《两岸关系》，2009 年第 3 期，第 32 页。

社会主义建设体系。①

综上所述，我们可以得出，ECFA 是在两岸尚未结束敌对状态，国家尚未完全统一，两岸尚未通过政治谈判解决台湾当局政治地位问题的情况下，单纯从建立两岸经济合作机制的考虑出发，暂时搁置了两岸在一些政治性问题上的争议，以“两岸特色”来弹性定位两岸关系，同时借鉴 FTA 与 CEPA 的某些自由贸易精神和 CEPA 的某些单向优惠安排而签署的一种特殊经济合作协议。对于协议的权威性和法律效力，南开大学曹小衡教授认为，两岸经济合作机制是指使两岸经贸合作的制度化、规范化，是由两岸官方共同制定或认可，有相关法律或政府公权力保证其执行的两岸经贸合作的制度性安排。②

## 二、经济互赖与 ECFA 的经济效应

两岸积极推动商签 ECFA，在某种意义上说，是两岸紧密经贸关系发展到一定程度的必由之路，或者说是两岸经济互赖不断深化的必然产物。从两岸领导人关于两岸经济合作机制和 ECFA 的讲话中，我们可以得出结论，如果两岸能够通过务实协商签订 ECFA，将会产生巨大的经济效应。胡锦涛总书记表示，建立更加紧密的两岸经济合作机制进程，有利于台湾经济提升竞争力和扩大发展空间，有利于两岸经济共同发展，有利于探讨两岸经济共同发展同亚太区域经济合作机制相衔接的可行途径。贾庆林主席表示，建立两岸经济合作机制，是加强两岸经济交流合作的客观需要，是构建两岸关系和平发展框架的重要内涵。温家宝总理在十一届全国人大二次会议记者会上答记者问时明确提到，两岸经济合作协议应该包括“三个适应”：第一是要适应两岸关系发展的进程，第二是要适应两岸经贸交流的需求，第三是要适应两岸经济结构的特点，最终目标是要实现互利共赢。国台办王毅主任也表示，签订这一协议的目的也很清楚，就是要最大限度地实现两岸优势互补，

---

① 刘震涛、王花蕾：《关于两岸特色经济合作机制目标探讨》，《国际经济评论》，2009 年 9 – 10 期，第 57 页。

② 曹小衡：《两岸经贸关系现状与经济合作机制内涵探讨》，《两岸关系》，2009 年第 1 期，第 43 页。

最大可能地追求两岸互利双赢。台湾地区领导人马英九在谈及签署两岸经济合作协议的目的时，归纳为三大功能：推动两岸经贸关系正常化、避免台湾经济边缘化、促进台湾经济国际化。

首先，ECFA 可以给两岸各自经济的发展带来好处。签署 ECFA 不仅有助于台湾经济逐步走出当前的困境，促进台湾产业结构的调整和升级，还能够给大陆经济的发展带来正面的促进作用。进入二十一世纪以来，台湾经济发展持续低迷，近年来刚有起色，又面临国际金融危机的冲击，各种经济指标不断恶化，如何使台湾经济尽快摆脱当前的阴霾，成为台湾当局和台湾民众首要关心的问题。大陆经济发展目前也正处于关键期，经济战略的实现要综合调动来自各方面的资源，利用一切可以利用的条件，除了外国和港澳之外，台湾也是中国大陆经济发展中不可或缺的重要伙伴。根据国际贸易经济合作研究院、对外经济贸易大学、南开大学联合课题组与台湾“中华经济研究院”针对 ECFA 的共同研究，大陆方面研究单位的评估认为，签署两岸经济合作框架协议总体上对大陆经济发展具有正面影响，同时，大陆产业发展将因竞争力强弱不同而从中受益或受到冲击。台湾“中华经济研究院”研究结果显示，签署两岸经济合作架构协议，虽对不同产业带来不同程度的正、负面影响，但整体而言，将促使台湾 GDP 增长，并对福利、贸易、就业、产值等总体经济产生正面效益。两岸研究单位在进行各自研究时，虽然使用的模型和方法有所不同，但所获结论一致，相互印证了研究结论的可信度，也为双方推动两岸经济合作框架协议提供了一个理论的基础。这些结果显示，签署两岸经济合作框架协议对两岸经济发展均有正面效益。①

其次，ECFA 可以有力地推动两岸经贸关系正常化的步伐。两岸经济交流合作经过二十多年的发展，经济互赖的领域很广、程度很深，已经具有相当的规模，产生了巨大的经济利益。但是，由于两岸经济关系长期形成的“间接、单向、片面”结构难以在短期内就完全改变，两岸经济关系正常化还没有真正实现，两岸经贸关系所能够产生的巨大经济效应还没有完全发挥

---

① 《两岸研究单位有关“两岸经济合作框架协议”研究的共同结论与建议》，商务部国际经济合作研究院网站，http：//www. caitec. org. cn/c/cn/news/2010 - 01/20/news_ 1761. html。

出来。两岸商签 ECFA 的过程，两岸经济合作机制的建立，能够加速两岸经济关系正常化的进程，有助于“双方商讨交流合作的重大问题，确定优先领域和重点项目，协调双方的投资和贸易政策，优化经济资源配置，实现两岸经济福利最大化”①。而两岸在商签 ECFA 之前与过程中，就经济交流合作中的产业合作、双向投资保障、知识产权保护、避免双重征税等问题进行协商，本身就对建立制度化、稳定化、规范化的两岸经济合作机制有很大的帮助。曹小衡认为，两岸经贸关系的这种制度性安排较仅靠市场推动的经贸合作，更具有稳定性、安全性和扩展性。他提出三步走的构想：第一步，依一般游戏规则尽快建立正常的两岸经贸关系；第二步，推动建立更为紧密的两岸经贸关系；第三步，使两岸经济朝向联系紧密、高度依存、共同繁荣的“经济共同体”方向前进，使双方的综合国际竞争力大幅提升，为两岸共创双赢奠定坚实的经济基础。②

再次，两岸商签 ECFA 有利于台湾经济亚太区域经济合作机制相衔接，避免经济边缘化。在经济全球化和区域经济一体化的潮流中，大陆随着经济越来越开放，越来越融入国际经济体系，在两岸经贸关系发展的过程中，也自然会注意到和重视台湾参与国际经济合作机制的问题。台湾经济具有岛域经济的典型特点，即腹地狭小、内需有限，对周边经济体有着很大的依存度，是典型的外向型经济且又容易受到外界经济波动的影响。从这个角度说，台湾参与区域和国际经济合作机制更有迫切性，但由于两岸关系中的某些政治问题尚未解决，两岸经贸关系尚未实现正常化，台湾参与区域和国际经济机制的情况一直受到种种限制。特别是在中国—东盟自由贸易区正式启动后，台湾经济边缘化的危机更为严峻。台湾当局要想参与区域经济合作，避免被边缘化的危机，就必须优先处理两岸关系的问题，而与大陆商签 ECFA 有助于探讨两岸经济共同发展与亚太经济合作机制相衔接的可行途径。马英九在 2010 年的元旦致辞中就表示：面对东盟的冲击，我们不能坐视台湾产业即将面临的困境，这是为何“政府”推动与大陆协商经济合作架构协

① 《贾庆林：及早建立两岸经济合作机制》，新华网，上海，2008 年 12 月 20 日电。

② 曹小衡：《两岸经贸关系现状与经济合作机制内涵探讨》，《两岸关系》，2009 年第 1 期，第 43 页。

议的原因。我们要以两岸经济合作架构协议为起点，“为台湾企业争取公平竞争的国际环境”；另一方面，“也要积极寻求与其他主要贸易伙伴洽签自由贸易协议。唯有透过这样的联结，才能加速台湾参与东亚区域经济整合，维系台湾的竞争力”。①

最后，毋庸讳言，两岸商签 ECFA 也会对大陆和台湾的某些产业造成冲击，产生一定的负面经济效应。如同任何双边自由贸易协议一样，两岸经济合作框架协议的签署，对整体大陆和台湾经济而言，必然是利多，但也会对部分产业产生负面的冲击。根据台湾“经济部”的预估，两岸签订 ECFA 以后，有十项产业受到冲击最大，包括毛巾、寝具、织袜、内衣、毛衣、制鞋等高敏感性产业，及成衣、泳装、家电、袋包箱（提袋、包包、箱子）等一般敏感性产业，预计有近三千五百家企业、十万多人的生计将受影响，受冲击的产值将近一千亿元，若当局对于上述产业有完善的配套措施，预期受害程度将有限。②虽然上述竞争力较弱的传统产业可能因为 ECFA 的签订而受到冲击，但对于台湾而言，要认真权衡和处理整体利益和局部利益、短期损害与长期获益的关系，要看到两岸签订 ECFA 给台湾经济所带来的好处远远大于给极少数产业所造成的冲击，如果因噎废食，将不利于整体台湾经济的发展。其实，冲击本身并不可怕，只要两岸能够通过平等互惠的协商，为这些产业争取更长的缓冲期，台湾当局加强对产业升级和转型的辅导，就一定能够将冲击降到最低。台湾“经济部”已经表示要将“敏感性、有争议以及对台湾产业冲击较大的，将置于后阶段协商，以为台湾业者争取较长的适应期”，“劳委会”等部门也开始编列预算，辅导敏感产业的升级转型。大陆对此也多次明确表示，在协商过程中“会充分地考虑台湾方面的合理诉求，照顾台湾同胞的利益，释放我们的善意”。这些都为消除台湾民众的疑虑，降低 ECFA 的负面经济效应创造了良好的条件。

---

① 马英九：《改革奋斗，台湾再起》，台湾“行政院大陆委员会”网站，http：//www. mac. gov. tw/ct. asp？xItem = 72855&ctNode = 5628&mp = 2。

② 《两岸经济协议的内涵与对台湾经济的影响》，转自《国民党中央政策会大陆情势双周报 1567 期》，台湾《中央日报网络版》，http：//www. cdnews. com. tw/cdnews_site/docDetail. jsp？coluid = 110&docid = 101029653。

## 三、经济互赖与 ECFA 的政治效应

如前所述，两岸当局都强调，ECFA 是一个经济问题，不是政治问题。但 ECFA 是经济问题的性质并不影响到它的签署可能会带来某些政治影响或效应。实际上，在过去近两年的时间里，ECFA 议题在台湾岛内已经被民进党和某些政治势力炒作成为一个政治议题，已经对岛内政治产生了某些政治效应。民进党等政治势力反对 ECFA 的一个重要理由就是，ECFA 可能会给两岸关系带来政治效应，这些效应将会导致台湾“主权”矮化和两岸最终统一。民进党在针对 ECFA 的说帖中提出以下论调：“CECA 或 ECFA 涉及经济主权以及政治主权，即先经济统一，接着政治统一”；大陆“不可能没有政治上的考虑”，“促使台湾对中国更高度的经济依赖，就是中国规划的统一途径，让台湾掉入中国的陷阱”；“台湾与中国（大陆）在执行签订所谓经济议题法律文件的过程中，任何涉及‘主权’矮化的默认，都将会造成在国际法上对我们‘主权’认定的不利结果”；协议“是否有附加政治代价？做出什么政治让步或暗盘?”，“过度依赖中国（大陆）已经使台湾成为这次经济海啸中受伤最重的‘国家’”，“依赖中国（大陆）就是放弃经济自主”。①

笔者认为，民进党的上述论调完全是一种政治优先于经济的意识形态考量，其核心是担心两岸签订 ECFA 之后，会使台湾的“主权”受到伤害，会使台湾在经济上更加依赖大陆，从而加速两岸政治上统一的进程。民进党发言人蔡其昌就表示，马英九当局以“两岸人民关系条例”中“地区对地区”的架构，来协商 ECFA，是“主权”上的自我阉割，而“两岸人民关系条例”是建立在一中架构，是虚幻且过时的法令。②事实上，两岸都一再强调，ECFA 是一个经济问题。在两岸都承认“九二共识”的政治基础，两岸两会已经进行多轮协商的情况下，两岸关于 ECFA 的协商是顺理成章的延续，不用涉及也没有讨论所谓的“主权”和两岸关系定位等政治层面的问题。民进

---

① 《CEPA？CECA？ECFA？戳破马政府两岸经济协议的谎言》，民进党中央网站，http：//www. dpp. org. tw/news_ content. php？ menu_ sn = 7&sub_ menu = 43&sn = 3644。

② 《民进党无法接受 ECFA 是区对区》，香港中评社，台北，2010 年 1 月 27 日电。

党刻意凸显 ECFA 可能涉及“主权”，打着“主权”高于一切的旗号，其根本目的不是要维护台湾的所谓“主权”，而是企图借此否定“两岸同属一个中国”的法理架构，否定“九二共识”，继续煽动台湾民众对大陆的敌视和疑虑。

民进党将 ECFA 与两岸统一联系起来更是没有道理。毋庸置疑，实现国家的完全统一是大陆坚定不移的目标。胡锦涛总书记也指出，解决台湾问题的核心是实现祖国统一，目的是维护和确保国家主权和领土完整，追求包括台湾同胞在内的全体中华儿女的幸福，实现中华民族伟大复兴。①但是，大陆也充分意识到，国家的完全统一是一个长期、复杂和艰巨的过程，因此在现阶段，“首先要确保两岸关系和平发展”，将和平发展作为两岸关系的主题。大陆从来都没有认为两岸签订 ECFA 之后就一定能够导致政治上统一，而是务实地提到，两岸经济合作机制可以“为全面扩大和深化两岸经济交流合作发挥积极作用”，“为两岸关系和平发展奠定更为扎实的物质基础、提供更为强大的经济动力”。厦门大学的李非教授也指出，CECA 或 ECFA 只是两岸经济整合的开始，是两岸经济制度化安排的一种方案。两岸经济整合并不必然导致两岸统一，但两岸经济整合是两岸统一的必要条件。②民进党提出，“经济整合在全世界都是政治问题。世界上任何一个国家，当选择与他国在经济关系上建立更紧密、优惠的关系时，不可能没有政治上的考虑。连国际媒体都把 CECA 或 ECFA 视为两岸迈向统一的重大象征，正显示出外界的疑虑”。③这些在某种程度上是将 ECFA 问题“泛政治化”、“泛主权化”、“泛统一化”的做法。如果按照民进党的荒谬逻辑，只要有可能导致两岸最终统一的政策行为都应该被挑战、被质疑，那么两岸当前的协商对话和一切经济、社会、文化等民间交流都有被检讨的必要。

---

① 胡锦涛：《携手推动两岸关系和平发展，同心实现中华民族伟大复兴》，新华网，北京，2008 年 12 月 31 日电。

② 《大陆学者澄清：CECA 导致统一是媒体误解》，香港中评社，香港，2009 年 2 月 23 日电。

③ 《CEPA？CECA？ECFA？戳破马政府两岸经济协议的谎言》，民进党中央网站，http：//www. dpp. org. tw/news_ content. php? menu_ sn = 7&sub_ menu = 43&sn = 3644。

民进党认为ECFA会导致台湾经济过度依赖大陆，会导致台湾失去经济自主，提出“如果这种依赖因为签署了合作协议而更加强化，中国将可以利用减少往来或经济制裁，来威胁我们的厂商和政府”的论调，其实是一种将两岸经济相互依赖的敏感性与脆弱性无限放大的做法，是一种“以小人之心度君子之腹”的思维。我们不能否认在两岸已经形成经济相互依赖，甚至在一定程度上形成复合相互依赖的情况下，作为非对称相互依赖中综合实力比较弱的一方，台湾对ECFA可能导致两岸互赖的进一步加深可能付出的代价，对台湾在相互依赖后可能导致脆弱性表现出一定的敏感，本无可厚非。事实上，脆弱性和敏感性本身就是复合相互依赖的基本特征，它们本身并没有好坏之分，只要处理得当，同样有利于和平的建立与合作的开展。

台湾学者侯立朝指称在ECFA的架构下，中国是“统治国”，台湾是“依赖国”，台湾经济会变成中国大陆经济的附庸，认为ECFA有两种作用：一是依赖关系，可以互相发展；二是控制因素，“依赖国”的内部结构会受到影响，失去自主。①这种论调其实混淆了相互依赖与依附概念，两岸之间不对称相互依赖不等于台湾对大陆的单方面依附。两岸商谈ECFA是在平等互惠的基础上进行的，不存在所谓“统治方”与“依赖方”的不平等问题，而且在协商过程中，大陆政府和马英九当局都不可能对台湾民众的经济、政治和安全疑虑视而不见，定会想办法尽可能减轻台湾在互赖中的脆弱性和敏感性。贾庆林主席就曾表示过，建立两岸经济合作机制，要从两岸实行不同经济制度和体制的实际出发，考虑两岸资源禀赋、经济规模、产业结构、市场容量等方面的差异。②其实，民进党过去执政八年的历史已经表明，在两岸相互依赖也已形成的情况下，如果将脆弱性和敏感性无限放大，并上纲上线，刻意进行政治操作，不仅无法改变两岸相互依赖的态势，还会导致政策的扭曲，不利于台湾民众的利益和福祉。

笔者认为，民进党并非不了解ECFA能够给台湾经济发展所能够带来的好处有多少，也不是不知道ECFA所能够产生的政治效应到底有多大，他们之所以强力反对ECFA，在很大程度上是在利用台湾民众对ECFA的不了解

---

① 侯立朝：《依赖理论与ECFA》，台湾《玉山周报》，2009年第8期。

② 《贾庆林：及早建立两岸经济合作机制》，新华网，上海，2008年12月20日电。

和对其可能产生不可预测影响的疑虑，来谋取选举政治的好处和政党的私利。随着马英九当局对 ECFA 宣导的不断深入，当台湾民众越来越了解 ECFA 的经济和政治效应的时候，民进党的“愚民”和“恐吓”政策也就越来越难以奏效。根据台湾远见杂志民调中心 2009 年 12 月针对 ECFA 议题所做的民调，54.4% 的台湾民众认为两岸签订 ECFA 对台湾未来几年的经济发展具有重要性，认为不重要的只有 19.2%；55.3% 的人认为签订 ECFA 不等于被大陆统一。[①]这也说明，在台湾，多数民众还是支持两岸商签 ECFA，并对其经济和政治效应是有清晰认知的。只要在两岸主流民意的支持下，只要双方共同努力，就一定能够签订 ECFA，为两岸经济关系机制化和两岸关系和平发展提供更坚强的保障。

## 小　结

本章主要讨论了两岸经济互赖的机制化效应问题。笔者认为，两岸经济互赖会影响到两岸机制化的建立、运作、维持和崩溃。无论对大陆政府还是台湾当局来说，一方面要正视在两岸已经形成某种程度复合相互依赖的情况下，不管是从政治的角度考量，还是从经济利益的角度考虑，机制化都已经成为一个必然的趋势；机制化对维护两岸关系的稳定，促进两岸关系和平发展框架的形成，都有相当积极的意义。另一方面，也要看到两岸复合相互依赖中形成的敏感性和脆弱性会影响到两岸机制化建立的进程。

从两岸关系机制化的历程中可以看出，两岸的经济互赖越深入，机制化的需求也就越高。机制化是将经济互赖转化为两岸实际经济利益和共同利益的需要，是充分发挥两岸经济互赖的政治和安全效应的需要，是两岸从经济互赖走向社会融合，构建两岸命运共同体的需要。但经济相互依赖只是两岸关系机制化的基础之一，如何将互赖转化为实实在在的机制化成果，满足两岸关系和平发展的机制化需求，还需要两岸同胞的共同努力。

两岸经济互赖的机制化路径可以从三个层次来分析，第一个层次是次序

① 《两岸签定经济合作协议与交流、民众终极统独观、马满意度民调》，台湾远见杂志民调中心网页，http：//www. gvm. com. tw/gvsrc/index. asp。

路径，侧重于不同领域机制化次序的探讨，即如何从经济互赖与经济合作的机制化发展到社会、政治、军事安全领域的机制化，构想两岸关系和平发展框架和实现国家的完全统一。第二个层次是内容路径，侧重于具体领域机制化的内容设计，即通过什么样的方式来达成两岸在经济、社会、政治、安全领域的机制化目标。第三个层次是程序路径，侧重技术程序面的分析，即通过什么样的步骤来实现两岸在某一领域乃至整个两岸关系的机制化。

ECFA是在两岸尚未结束敌对状态，国家尚未完全统一，两岸尚未通过政治谈判解决台湾当局政治地位问题的情况下，单纯从建立两岸经济合作机制的考虑出发，暂时搁置了两岸在一些政治性问题上的争议，以“两岸特色”来弹性定位两岸关系，同时借鉴FTA与CEPA的某些自由贸易精神和CEPA的某些单向优惠安排，而签署的一种特殊经济合作协议。

两岸积极推动商签ECFA，在某种意义上说，是两岸紧密经贸关系发展到一定程度的必由之路，或者说是两岸经济互赖不断深化的必然产物。它可以给两岸各自经济的发展带来好处，可以有力地推动两岸经贸关系正常化的步伐，有利于台湾经济与亚太区域经济合作机制相衔接，避免经济边缘化。两岸签订ECFA给台湾经济所带来的好处远远大于给极少数产业所造成的冲击，ECFA的负面经济效应可以通过两岸协商和台湾当局的辅导得到妥善解决。

民进党等政治势力反对ECFA的一个重要理由是，ECFA可能会给两岸关系带来政治效应，这些效应将会导致台湾“主权”的丧失和两岸最终统一。事实上，ECFA是一个经济问题。在两岸都承认“九二共识”的政治基础，两岸两会已经进行多轮协商的情况下，两岸关于ECFA的协商是顺理成章的延续，不用涉及也没有讨论所谓的“主权”和两岸关系定位等政治层面的问题。ECFA可以为两岸关系和平发展奠定更为扎实的物质基础、提供更为强大的经济动力，但并不必然导致统一。两岸商谈ECFA是在平等互惠的基础上进行的，两岸经济相互依赖不是台湾对大陆单方面的依附。当前，两岸主流民意都支持两岸签订ECFA，只要双方共同努力，通过友好务实协商达成协议，就能够为两岸经济关系机制化和两岸关系和平发展提供更坚强的保障。

# 结 语　经济互赖与两岸关系和平发展

2008 年 5 月以来，随着岛内政治局势发生积极变化，两岸关系发展也面临着新的历史机遇。经过两岸同胞的共同努力，两岸关系在过去两年实现了历史性转折，取得了突破性进展，迎来了和平发展的新局面。经济合作是两岸关系取得进展最为突出的领域，两岸正在加快实现经济关系正常化和经济合作机制化，正在就商签两岸经济合作框架协议进行协商。两岸经济交流合作向更高层次、更宽领域、更高水平迈进，必然会导致两岸经济的相互依赖继续加深。那么，在两岸关系发展的新形势下，经济相互依赖到底会呈现怎样的趋势，与两岸关系和平发展是一种怎样的关系，到底能够发挥怎样的作用，笔者将结合前面各章的分析，提纲挈领地提出个人拙见，权当本书的结语。

## 一、两岸关系和平发展的意涵

在胡锦涛总书记提出两岸关系和平发展的主题后，很多学者都对到底什么是两岸关系和平发展进行了深入分析。笔者在《海峡两岸关系析论》一书中也提出了自己的浅见，即两岸关系和平发展的内涵应该涵括两岸关系的各个方面，应该包括主观和客观、宏观与微观、战略与策略等各个层面，基本上可以理解为：首先要在两岸关系发展中确立“和平”作为两岸同胞共同追求的一种价值观念，消除破坏台海地区和平稳定的根本威胁，消除可能导致使用非和平手段或发生冲突、战争的一切隐患；在此基础上，加强对两岸同胞共同尊严、情感、利益、生活、福祉的关心、维护和促进，通过扩大交流、加强合作、增进互信、建立机制等各种途径，逐步解决两岸之间存在的政治、经济、社会、安全、外交等各方面的利益分歧，扩大两岸在各领域的共同利益基础，实现两岸关系在和平的基础上谋求共同发展，以共同发展的成就来保障和平的良性循环过程，使两岸关系朝着有利于国家最终统一的方向迈进。①

笔者之所以有上述理解，一个重要原因基于对“和平发展”这个概念本身的理解。对于两岸关系和平发展的英文到底如何翻译，有两种不同的表达法，不同的表达法反映出的是对这个概念的不同理解。新华社和多数学者使用的是“peaceful development of cross－Strait relationship”，这种表达法基本上沿用的是以往将“和平统一”翻译成“peaceful reunification”的模式。但笔者认为，“和平发展”的翻译不能照搬“和平统一”的模式，和平发展有着更深刻的意涵。也就是说，对两岸关系和平发展意涵的理解需要从“和平”与“发展”这两个词本身含义的理解出发，从和平与发展之间辩证关系的理解开始。因此，将“两岸关系和平发展”翻译成为“peace and development of cross－Strait relationship”可能更为贴切。胡锦涛总书记在纪念告台湾同胞书中明确表示，牢牢把握两岸关系和平发展的主题，真诚为两岸同胞谋福祉、为台海地区谋和平，维护国家主权和领土完整，维护中华民族根本利益。由此可见，“和平”绝对不仅仅只是对“发展”的一个修饰词，也不仅仅只是实现两岸发展的一种方式或手段，台海地区的和平也是大陆长期以来孜孜以求的目标。而“发展”也不仅仅只是大陆或台湾自身的发展，而是要实现两岸同胞的共同发展和共同福祉，不仅仅只是追求物质层面的发展，也要追求精神层面的发展。

胡锦涛总书记在论述两岸关系和平发展时，特别提到我们应该登高望远、审时度势，本着对历史、对人民负责的态度，站在全民族发展的高度，以更远大的目光、更丰富的智慧、更坚毅的勇气、更务实的思路，认真思考和务实解决两岸关系发展的重大问题。②贾庆林主席 2009 年 12 月 30 日在学习贯彻胡锦涛总书记重要讲话座谈会上指出，牢牢把握两岸关系和平发展这一主题，既符合当前推进两岸关系的实际需要，又反映了两岸关系发展的客

---

① 李鹏：《海峡两岸关系析论——以和平发展为主题之研究》，厦门：鹭江出版社，2009 年版，第 307 页。

② 胡锦涛：《携手推动两岸关系和平发展，同心实现中华民族伟大复兴》，新华网，北京，2008 年 12 月 31 日电。

观趋势，同时也是坚持和平统一方针的必然要求。①这充分说明，两岸关系和平发展主题的确立，是大陆在认真思考两岸关系发展六十年历史经验教训的基础上，从战略的高度和全局的角度，针对两岸关系发展和和平统一进程中一系列问题进行深入思考和科学判断后提出的。它要求我们在看待两岸关系和国家统一问题时，不能用只看到一时一事的短视眼光，不能仅凭着单纯的民族主义情绪，不能只关注到自己的利益和福祉，而是要着眼长远、放眼大局，要看到解决台湾问题的复杂性和艰巨性，要从两岸同胞的共同利益和福祉，通过促进两岸关系和平发展，为祖国和平统一的最终实现创造最佳的时空环境和条件。

## 二、经济互赖与和平发展的关系

在两岸关系和平发展的进程中，经济关系扮演着基础性和关键性的角色。台湾学者陈陆辉、耿曙认为，两岸经贸开放与否、两岸相互依赖程度等，隐然决定两岸的未来，其重要性不可言喻。② 笔者曾将“经济互赖”作为构建两岸关系和平发展框架的三大支柱之一，认为两岸之间进行合作的方向，除了在形式上实现经济关系正常化和机制化以外，最终是要形成一种相互影响、相互制约和相互作用，“你中有我、我中有你”、“你离不开我、我离不开你”的双向互动的经济整合关系，也就是达到经济上的长期相互依赖。③两岸经济上的这种依赖关系必须是双向的、平等的、互惠的，不是台湾单方面依赖大陆，或者大陆单方面依赖台湾，也不是大陆单方面得利，或者台湾单方面得利，也不存在利用互赖进行控制与反控制的问题。两岸经济交流与和平发展的成果，理应由两岸同胞共享。

在过去二十多年两岸关系的发展中，经济因素始终是最为活跃和最为积

---

① 贾庆林：《在学习贯彻胡锦涛总书记重要讲话座谈会上的讲话》，新华网，北京，2009 年 12 月 30 日电。

② 陈陆辉、耿曙、涂萍兰、黄冠博：《理性自利或感性认同？影响台湾民众两岸经贸立场因素的分析》，台湾《东吴政治学报》，2009 年第 2 期，第 89 页。

③ 李鹏：《海峡两岸关系析论——以和平发展为主题之研究》，厦门：鹭江出版社，2009 年版，第 310 页。

极的因素，成为维护台海地区和平稳定和促进两岸共同发展不可或缺的重要力量。在两岸关系形势出现重大积极变化的情况下，两岸经济关系的发展也迎来了新的发展机遇。在两岸协商过程中，经济关系也是两岸之间共识最多、分歧最少、最容易达成一致、最容易取得进展的领域。2008 年以来，两岸确立了“先经济后政治”的协商原则，迄今所进行的多次协商，议题基本上都集中在经济领域。2008 年 12 月 15 日，两岸同胞期盼多年的“三通”终于得以基本实现，这不仅给两岸人员往来带来了极大的便利，给两岸工商业者带来立竿见影的好处，还会带来两岸经贸关系的结构性变革。根据中国社科院台湾研究院张冠华的分析，两岸“三通”的实现，为两岸经济关系的转型升级提供了重要的基础与凭借，不仅将调整过去扭曲的两岸资源配置，有助于提高两岸产业价值链的总体升级，加快两岸服务业合作，促进两岸经济关系的深化发展与转型升级，还为两岸经济关系的制度化安排与建立两岸特色经济合作机制奠定了良好基础。①

两岸政治关系的改善、两会制度性商谈的恢复和两岸“三通”的基本实现，都必然有利于两岸经济互赖的加深。有学者指出，一年半以来两岸经贸关系的各项进展只是序幕，是为今后更宏大的发展作铺垫。ECFA 所带来的经济影响是根本性的，它的签署将深刻改变两岸经贸格局，使其直接步入制度化阶段。②如果两岸经济关系的机制化能够实现，两岸经济相互依赖的形态也会随着发生变化，从一种在过去两岸政治关系紧张、缺乏沟通对话时期的自发性、松散型依赖，转变为在制度的保障下，两岸当局积极沟通、主动引导下的相互依赖。两岸经济互赖负面效应也可以因为经济正常化和机制化的实现而大大降低。事实上，过去两年时间里，由于两岸在反对“台独”、坚持“九二共识”的基础上建立了互信，从而推动解决了两岸关系中一系列复杂问题，已经使得过去两岸经济相互依赖中的敏感性和脆弱性大大降低。我们可以看到，现在台湾民众对台海地区和平稳定有了更多的信心，国际社会

---

① 张冠华：《后“三通”时代的两岸经济关系》，全国台湾研究会网站，http://www.chinataiwan.org/taiyanhui/lunwenhuicui/200902/t20090218_832287.htm。

② 胡石青：《两岸经贸合作原则必将改为“互谅互让”》，中新网，北京，2010 年 3 月 2 日电。

也对此表示肯定；台湾当局不仅仅从威胁和风险的角度来看待两岸经贸关系的发展，放松了一些对两岸经贸发展的政策限制，岛内外的工商业者和投资者对台湾经济的信心增强；两岸民间社会的交流交往也日益深入，已经开始出现社会融合的趋势。这些都说明，过去一度被人为压制或扭曲的两岸经济相互依赖的积极效应正越来越多地显现出来。

在看到两岸经济互赖的正面效应不断显现的同时，我们也应该理性地看到，两岸之间长期隔绝所导致人民之间的不了解，台湾长期对大陆负面宣传导致台湾民众对大陆的疏离感，台湾民众在某些涉及自身权益问题上对大陆的疑虑依然存在，台湾岛内还有一些政治势力借机煽动两岸之间的对立和敌视。这些问题很多是历史形成的，带有结构性特征，不可能在短期内就能够解决，也不可能仅仅靠两岸经济上的相互依赖就能够解决。对于在两岸关系改善的情况下，两岸经济交往依然存在一些问题，中国社科院台湾研究所朱磊研究员认为主要有以下几个方面的原因：（一）经贸交流合作成果对社会的影响是有滞后性的。人们尚不能感受到成效，自然难以做出积极的评价。（二）两岸经贸交流合作成果尚存在片面性，惠台举措在力度和深度方面还有待加强。（三）在发展两岸经济关系问题上，台湾当局内部意见不统一，宣传不够，未能凝聚岛内民众的共识。①其实，上述问题在很大程度上是技术层面的问题，基本上都可以随着时间的推移，通过政策宣导和加强沟通来得到解决，不会从根本上影响到两岸经贸关系的发展和两岸经济互赖积极效应的显现，不会影响到两岸关系和平发展的大局。

过去几十年的两岸关系历史表明，两岸关系的发展向来都不是一帆风顺的，在两岸构建和平发展框架的道路上，还会遇到种种阻力与挫折。对于两岸经济相互依赖导致台湾民众在经济、政治、安全领域表现出脆弱性和敏感性，大陆理应给予更多的理解和宽容。胡锦涛总书记在 2005 年 3 月 4 日的讲话中，明确讲到“台独”分裂势力越是想把台湾同胞同我们分隔开来，我们就越是要更紧密地团结台湾同胞。无论在什么情况下，我们都尊重他们、信赖他们、依靠他们，并且设身处地地为他们着想，千方百计照顾和维护他

① 朱磊：《回望 2009：两岸关系改善，经贸交流突破连连》，《人民日报（海外版）》，2010 年 1 月 7 日。

们的正当权益。[1] 贾庆林主席也表示，对于部分台湾同胞由于各种原因对祖国大陆缺乏了解甚至存在误解、对发展两岸关系持有疑虑，我们愿意坦诚以待，与他们加强交流沟通，并采取积极措施，使各界各阶层更广大的台湾同胞都享受到两岸关系和平发展的成果，增强对两岸关系发展的信心。[2]这些都说明，大陆有足够的信心、耐心和决心来消除两岸经济相互依赖的负面效应，澄清和化解部分台湾民众的疑虑，追求两岸关系和平发展的美好前景。

构建两岸关系和平发展框架是一个系统工程，它涉及政治、经济、社会、文化、军事、涉外事务等方方面面的问题。贾庆林主席在学习贯彻胡锦涛总书记重要讲话座谈会上表示，要不断巩固两岸关系发展的政治基础、物质基础、文化基础和社会基础，不断增进两岸经济、文化、社会和人民思想感情的大融合，不断增强两岸同胞对中华文化和中华民族的认同，努力构建基础坚实、支撑有力、内涵丰富的两岸关系和平发展框架。[3]两岸经济上的相互依赖只是两岸关系和平发展框架的一个重要组成部分，是两岸关系发展的经济基础，它不是也不可能是实现两岸关系和平发展的唯一动力。在大力推动两岸经济关系迈上一个新台阶的同时，我们也应该为两岸其他领域关系的发展，要为两岸民间社会的交流融合创造条件，特别是要为双方破解政治难题，创造条件、预作准备。只有这样，我们才能够将经济互赖所产生的经济动力，转化为促进两岸关系和平发展的合力，开创两岸关系和平发展新局面，迎来中华民族伟大复兴的锦绣前程。

---

① 《胡锦涛就新形势下发展两岸关系提四点意见》，新华网，北京，2005 年 3 月 4 日电。

② 贾庆林：《在学习贯彻胡锦涛总书记重要讲话座谈会上的讲话》，新华网，北京，2009 年 12 月 30 日电。

③ 贾庆林：《在学习贯彻胡锦涛总书记重要讲话座谈会上的讲话》，新华网，北京，2009 年 12 月 30 日电。

# 参考文献

## 一、中文论著

1. 大陆版

［美］芭芭拉·思多林斯主编，王镭、沈进建等译：《论全球化的区域效应》，重庆出版社，2002年版。

［瑞士］布鲁诺·S·弗雷著，吴元湛、何欣、刘学中译：《国际政治经济学》，重庆出版社，1987年版。

蔡拓等著：《国际关系学》，南开大学出版社，2005年版。

蔡秀玲、陈萍著：《海峡两岸直接"三通"与区域产业整合研究》，中国经济出版社，2004年版。

曹小衡著：《东亚经济格局变动与两岸经济一体化研究》，中国对外经济贸易出版社，2001年版。

陈必达、许月梅著：《国际政治关系经济学》，甘肃人民出版社，1996年版。

陈志敏、［加］崔大伟主编：《国际政治经济学与中国的全球化》，上海三联书店，2006年版。

陈永富主编：《国际贸易理论》，科学出版社，2004年版。

邓利娟主编：《21世纪以来的台湾经济困境与转折》，九州出版社，2004年版。

邓利娟主编：《台湾研究25年精粹·经济篇》，九州出版社，2005年版。

邓利娟、石正方主编：《海峡西岸经济区发展研究》，九州出版社，2008年版。

段小梅著：《台商投资祖国大陆的区位选择及其投资环境研究》，中国经济出版社，2006年版。

范爱军著:《经济全球化利益风险论》,经济科学出版社,2002年版。

范爱军主编:《国际投资学》,山东大学出版社,1996年版。

范宏云著:《国际法视野下的国家统一研究——兼论两岸统一过渡期的法律框架》,广东人民出版社,2008年版。

樊勇明主编:《西方国际政治经济学》,上海人民出版社,2001年版。

樊勇明主编:《西方国际政治经济学理论与流派》,上海人民出版社,2003年版。

国务院台湾事务办公室编:《中国台湾问题外事人员读本》,九州出版社,2006年版。

海峡两岸出版交流中心编:《两岸经贸论坛纪实》,九州出版社,2006年版。

海峡两岸关系协会编:《"九二共识"历史存证》,九州出版社,2005年版。

海峡两岸关系协会编:《两岸对话与谈判重要文献选编》,九州出版社,2004年版。

杭言勇著:《世界经济概论》,机械工业出版社,2006年版。

黄嘉树、刘杰著:《两岸谈判研究》,九州出版社,2003年版。

黄景贵主编:《海峡两岸产业发展与经营管理比较研究》,科学出版社,2007年版。

黄梅波著:《两岸经贸关系回顾与展望》,人民出版社,2007年版。

黄绍臻:《海峡经济区的战略构想——台湾海峡两岸关系走向》,社会科学文献出版社,2005年版。

暨南大学台湾经济研究所编:《经济全球化格局下的两岸产业分工与合作》,经济科学出版社,2006年版。

金应忠、倪世雄著:《国际关系理论比较研究》,中国社会科学出版社,1988年版。

金哲松著:《国际贸易结构与流向》,中国计划出版社,2000年版。

[美]卡尔·多伊奇著,周启朋等译:《国际关系分析》,世界知识出版社,1992年版。

[美]肯尼思·沃尔兹著,胡少华、王红缨译:《国际政治理论》,中国

人民公安大学出版社，1992 年版。

李保明著：《两岸经济关系 20 年：突破与发展历程的实证分析》，人民出版社，2007 年版。

李滨著：《国际政治经济学：全球视野下的市场与国家》，南京大学出版社，2005 年版。

李非著：《海峡两岸经济合作问题研究》，九州出版社，2000 年版。

李非著：《台湾经济发展通论》，九州出版社，2004 年版。

李非著：《海峡两岸经济关系通论》，鹭江出版社，2008 年版。

李非著：《海峡两岸经贸关系》，对外贸易教育出版社，1994 年版。

李非主编：《21 世纪初期海峡两岸经济关系走向与对策》，九州出版社，2002 年版。

李非主编：《台湾研究 25 年精粹·两岸篇》，九州出版社，2005 年版。

李宏硕主编：《海峡两岸经贸关系研究》，中国致公出版社，1994 年版。

李家泉著：《两岸“双赢”之路》，中国友谊出版公司，2001 年版。

李建平主编：《海峡两岸经济发展：新机遇、新思维、新视野》，中国经济出版社，2009 年版。

廖光生编著：《两岸经贸互动的隐忧与生机》，香港中文大学香港亚太研究所，1995 年版。

刘相平著：《经济全球化与两岸经贸关系》，社会科学文献出版社，2005 年版。

刘映仙主编：《海峡两岸经贸关系探讨》，中国友谊出版公司，1993 年版。

林崇城著：《产业与政治：两岸相互依赖的时代》，世界知识出版社，2009 年版。

林卿、郑胜利、黎无生著：《两岸“三通”与闽台经贸合作》，中国经济出版社，2005 年版。

[美] 罗伯特·基欧汉、约瑟夫·奈著，门洪华译：《权力与相互依赖（第 3 版）》，北京大学出版社，2002 年版。

柳剑平著：《当代国际经济关系政治化问题研究》，人民出版社，2002 年版。

卢进勇、杜奇华编著:《国际投资理论与实务》，中国时代经济出版社，2004 年版。

[美] 罗伯特·吉尔平著，杨宇光译:《国际关系政治经济学》，经济科学出版社，1989 年版。

[美] 罗伯特·吉尔平著，杨宇光、杨炯译:《全球政治经济学:解读国际经济秩序》，上海人民出版社，2003 年版。

牛南洁著:《开放与经济增长》，中国发展出版社，2000 年版。

欧阳卫民著:《两岸金融研究》，厦门大学出版社，2003 年版。

彭澎著:《国际政治经济学》，社会科学文献出版社，2001 年版。

全国台湾研究会编:《两岸关系研究报告》（2001 年、2002 年、2003 年、2004 年)，九州出版社，2002 -2005 年版。

任建兰著:《基于全球化背景下的贸易与环境》，商务印书馆，2003 年版。

单玉丽著:《台商直接投资与海峡西岸经济区建设》，中国经济出版社，2008 年版。

[日] 山本吉宣著，桑月译:《国际相互依存》，经济日报出版社，1989 年版。

宋新宁、陈岳著:《国际政治经济学概论》，中国人民大学出版社，1999 年版。

[英] 苏珊·斯特兰奇著，杨宇光等译:《国际政治经济学导论:国家与市场》，经济科学出版社，1990 年版。

[美] 唐·埃思里奇著:《应用经济学方法论》，经济科学出版社，1998 年版。

[巴西] 特奥托尼奥·多斯桑托斯著，杨衍永等译:《帝国主义与依附》，社会科学文献出版社，1999 年版。

佟家栋、周申编著:《国际贸易学——理论与政策》，高等教育出版社，2004 年版。

王家英、孙同文编:《两岸四地的互动整合:机遇与障碍》，香港中文大学香港亚太研究所，1996 年版。

王建民主编:《台湾研究论文精选·经济篇》，台海出版社，2006 年版。

王正毅、张岩贵著：《国际政治经济学：理论范式与现实经验研究》，商务印书馆，2003 年版。

王振中著：《政治经济学研究报告——经济全球化的政治经济学分析》，社会科学文献出版社，2001 年版。

汪斌著：《全球化浪潮中当代产业结构的国际化研究：以国际区域为新切入点》，中国社会科学出版社，2004 年版。

吴晓东著：《国际投资学》，西南财经大学出版社，2005 年版。

[美] 韦艾德、葛苏珊编著，张宓芜译：《台湾政治经济理论研究》，鹭江出版社，1992 年版。

[美] 小约瑟夫·奈著，张小明译：《理解国际冲突：理论与历史》，上海世纪出版集团，2002 年版。

徐松、沈明其、汪素芹主编：《国际贸易学》，中国统计出版社，2003 年版。

杨先明著：《发展阶段与国际直接投资》，商务印书馆，2000 年版。

易纲、许小年主编：《台湾经验与大陆经济改革》，中国经济出版社，1994 年版。

[美] 约瑟夫·S·奈、约翰·D·唐纳胡主编，王勇等译：《全球化世界的治理》，世界知识出版社，2003 年版。

张二震、马野青主编：《国际贸易学》，南京大学出版社，2003 年版。

张立勇主编：《海峡两岸民生与经贸往来中的法律问题》，法律出版社，2009 年版。

张可云著：《区域经济政策——理论基础与欧盟国家实践》，中国轻工业出版社，2001 年版。

张锡瑕主编：《国际贸易》，对外经济贸易大学出版社，2001 年版。

张相文主编：《国际贸易学》，武汉大学出版社，2004 年版。

张玉冰著：《大陆沿海与台湾地区竞争力比较研究》，九州出版社，2007 年版。

中共中央台湾工作办公室海研中心，中国国民党国政研究基金会编：《两岸经贸论坛文集》，九州出版社，2006 年版。

周志怀主编：《新时期对台政策与两岸关系和平发展》，华艺出版社，

2009 年版。

周志怀主编：《两岸关系和平发展与机遇管理》，九州出版社，2009 年版。

朱文莉著：《国际政治经济学》，北京大学出版社，2004 年版。

庄宗明、黄梅波等著：《两岸经贸合作研究》，人民出版社，2007 年版。

2. 台湾版

包宗和、吴玉山主编：《争辩中的两岸关系理论》，五南图书出版股份有限公司，1999 年版。

包宗和著：《台海两岸互动的理论与政策面向：1950－1989》，三民书局，1991 年版。

边裕渊著：《大陆经济国际化程度之研究：兼论对台湾之影响》，两岸交流远景基金会，2002 年版。

蔡东杰著：《东亚区域发展的政治经济学》，五南图书出版股份有限公司，2007 年版。

蔡学仪著：《两岸经贸之政治经济分析》，新文京开发出版股份有限公司，2003 年版。

蔡玮著：《新世纪的两岸秩序》，台湾海峡学术出版社，2002 年版。

蔡玮著：《中共涉台决策与两岸关系发展》，风云论坛出版社，2000 年版。

蔡政文、林嘉诚著：《台海两岸政治关系》，国家政策研究中心，1989 年版。

陈春山著：《两岸经贸政策解读：两岸关系与台湾经济之未来》，月旦出版股份有限公司，1994 年版。

陈长文著：《假设的同情：两岸的理性与感性》，天下远见出版股份有限公司，2005 年版。

陈德升著：《两岸政经互动：政策解读与运作分析》，永业出版社，1994 年版。

陈福成著：《国家安全与战略关系》，时英出版社，2000 年版。

陈力生著：《台湾海峡的和平与战争》，时英出版社，2002 年版。

陈荔彤著：《台湾主体论》，元照出版公司，2004 年版。

陈孔立著：《台湾学导论》，博扬文化事业有限公司，2004 年版。

陈一新等著：《胡温主政下对台政策与两岸关系》，财团法人两岸交流远景基金会，2006 年版。

［日］大前研一著，赵佳宜、刘锦秀译：《中华联邦》，商周出版社，2003 年版。

范世平著：《大陆出境旅游与两岸关系之政治》，秀威资讯科技股份有限公司，2006 年版。

高长著：《两岸经贸关系之探索》，天一出版社，1997 年版。

高长著：《大陆经改与两岸经贸关系》，五南图书出版股份有限公司，2002 年版。

高孔廉著：《两岸经贸整合的起点：自由贸易区》，国家政策研究基金会，2002 年版。

高希均、李诚、林祖嘉编：《台湾突破：两岸经贸追踪》，天下文化出版公司，1992 年版。

洪镰德著：《当代政治经济学》，杨智文化事业公司，1999 年版。

黄昭元主编：《“两国论”与台湾“国家定位”》，学林文化事业有限公司，2000 年版，

江宜桦著：《自由主义、民族主义与国家认同》，扬智文化事业股份有限公司，2000 年版。

李非主编：《海峡两岸经济一体论》，博扬文化事业有限公司，2003 年版。

李英明著：《全球化时代的台湾与两岸关系》，生智文化事业有限公司，2001 年版。

李英明著，《现阶段大陆政经社会发展与两岸关系》，永然文化出版股份有限公司，1994 年 8 月版。

李允杰著：《台湾政局与两岸关系》，海峡学术出版社，2007 年版。

李允杰著：《透视两岸·财经》，海峡学术出版社，2009 年版。

梁国树著：《国际经贸政策建言》，远流出版事业股份有限公司，1998 年版。

廖光生著：《两岸经贸互动的隐忧与生机》，允晨文化事业公司，1995

年版。

林信华著：《超国家社会学：两岸关系中的新台湾社会》，韦伯文化国际出版有限公司，2003 年版。

林祖嘉著：《两岸经贸与大陆经济》，天下远见出版股份有限公司，2005 年版。

刘文成著：《两岸经贸大未来：迈向区域整合之路》，生智文化事业有限公司，2001 年版。

彭素玲著：《两岸经贸互动与台湾中期经济成长：总体经济联结模型分析》，“行政院经济建设委员会”，2004 年版。

邵宗海著：《两岸关系》，五南图书出版股份有限公司，2006 年版。

邵宗海著：《两岸协商与谈判》，新文京开发出版公司，2004 年版。

邵宗海著：《当代大陆政策》，生智文化事业公司，2003 年版。

邵宗海著：《两岸关系与两岸对策——1996 年“总统”大选后的解析》，时报文化出版企业股份有限公司，1996 年版。

邵宗海主编：《两岸关系论丛——从乙亥到乙卯年》，华泰文化事业公司，2000 年版。

石之瑜著：《两岸关系概论》，扬智文化事业股份有限公司，1998 年版。

石之瑜、李念祖著：《规范两岸关系：人道努力与制度安排》，五南图书出版股份有限公司，1994 年版。

施正锋著：《台中美三角关系：由新现实主义到建构主义》，前卫出版社，2001 年版。

施正锋著：《台湾人的民族认同》，前卫出版社，2000 年版。

施正锋著：《台湾政治建构》，前卫出版社，1999 年版。

苏进强著：《全球化下的台海安全》，扬智文化事业股份有限公司，2003 年版。

苏进强主编：《911 事件后全球战略评估》，英文新闻股份有限公司，2002 年版。

苏起著：《危险边缘：从“两国论”到“一边一国”》，天下远见出版股份有限公司，2003 年版。

宋镇照著：《台湾海峡两岸与东南亚三角政经关系之解析》，五南图书出版股份有限公司，1999 年版。

台湾经济研究院编：《“我国”出口结构、依赖中国市场与两岸分工之分析》，“行政院经济部工业局”，2003 年版。

台湾经济研究院：《台湾制造业升级情势与策略之规划：两岸产品竞合及依赖监视指标之研究：中国近期政经变化对“我国”经济之影响》，“行政院经济部工业局”，2004 年版。

田志立著：《21 世纪中华经济区》，立绪文化公司，1998 年版。

童振源：《全球化下的两岸经济关系》，生智文化事业有限公司，2003 年版。

王昆义著：《全球化与台湾》，创世文化事业出版社，2001 年版。

王玉玲著：《由两岸关系探讨台湾的统独问题》，桂冠图书股份有限公司，1996 年 10 月版。

吴安家著：《台海两岸关系的回顾与前瞻》，永业出版社，1996 年版。

吴恒宇著：《现阶段中共对台“文攻武吓”之研究（1995－2001）》，台北：大屯出版社，2001 年版。

吴琼恩著：《腾飞与堕落：突破两岸关系僵局的新思维》，海峡学术出版社，2004 年版。

吴新兴著：《整合理论与两岸关系之研究》，五南图书出版股份有限公司，1995 年版。

吴玉山著：《抗衡与扈从——两岸关系新诠：从前苏联看台湾与大陆间的关系》，正中书局，1997 年版。

“行政院大陆委员会”主编：《中国大陆经济发展与两岸关系的回顾与前瞻》，“行政院陆委会”，1997 年版。

“行政院大陆委员会”编印：《坚持“主权、民主、和平、对等”四原则的两岸关系》，台北：“行政院大陆委员会”，2008 年版。

许光泰主编：《世贸组织与两岸发展》，政治大学国际关系研究中心，2003 年版。

许世楷、施正锋编：《台湾前途危机管理》，前卫出版社，2001 年版。

徐淑敏著：《敏感性与脆弱性：互赖理论下的两岸关系》，时英出版社，2005 年版。

杨连福著：《人口问题与台湾政治变迁》，博扬文化事业有限公司，2005年版。

杨开煌著：《出手——胡政权对台政策初探》，海峡学术出版社，2005年版。

杨开煌著：《困局——论陆台香濠》，海峡学术出版社，2000年版。

杨开煌著：《纵论两岸寻双赢》，智库出版有限公司，1996年版。

杨宪村、徐博东著：《世纪交锋：民进党如何同共产党打交道》，时报文化出版企业股份有限公司，2002年版。

游盈隆主编：《近二十年两岸关系的发展与变迁》，财团法人海峡交流基金会，2008年版。

虞义辉著：《台湾意识的多面向：百年两岸的民族主义》，黎明文化事业股份有限公司，2001年版。

于宗先著：《锐变中的台湾经济》，三民书局，1993年版。

于宗先著：《大陆经济台湾观》，五南图书出版公司，2000年版。

于宗先、侯家驹、高希均编：《海峡两岸经济关系之研讨》，三民书局，1990年版。

张亚中著：《两岸统合论》，生智文化事业有限公司，2000年版。

张亚中著：《全球化与两岸统合》，联经出版事业股份有限公司，2003年版。

郑竹园著：《海峡两岸经济发展与互动》，联经出版事业股份有限公司，1994年版。

郑竹园著：《大陆经济改革的进程与效果：两岸三地经济运作如何向共同体方向推进》，致良出版社有限公司，1997年版。

郑竹园著：《大陆经济改革与两岸关系》，联经出版事业股份有限公司，2000年版。

周添城著：《全球经贸的分合：区域化对全球化》，中华征信所企业股份有限公司，1999年版。

周添城著：《两岸经贸的禁忌》，中华征信所企业股份有限公司，1998年版。

朱延智著：《两岸经贸》，五南图书出版股份有限公司，2004年版。

## 二、英文论著

Anderson, James H., *Tensions Across the Strait: China's Military Options Against Taiwan Short of War*, Heritage, Washington, Backgrounder No. 1328, September 1999.

Alan D. Romberg, *Rein in at the Brink of the Precipice: American Policy toward Taiwan and U. S. - PRC relations*, Washington, D. C.: Henry L. Stimson Center, 2003.

Avery Goldstein, *Rising to the Challenge: China's Grand Strategy and International Security*, PaloAlto, CA: Stanford University Press, 2005.

Bonnie Glaser and Brad Glosserman, *Promoting Confidence Building across the Taiwan Strait*, Center for Strategic and International Studies, Washington D. C.: 2008.

David A. Shlapak, David T. Oelestsky, and Barry A. Wilson, *Dire Strait? Military Aspects of the china - Taiwan Confrontation and Options for U. S. Policy*, Santa Monica, CA: Rand, 2000.

David Shambaugh, *Power Shift: China and Asia's New Dynamics*, San Francisco, CA: University of California Press, 2006.

David Shambaugh ed., *Contemporary Taiwan*, New York: Oxford University, 1998.

Denney Roy, *Cross - Strait Economic Relations: Opportunities Outweigh Risks*, Honolulu: The Asia - Pacific Center for Security Studies, 2004.

Greg Austin, ed., *Missile Diplomacy and Taiwan's Future: Innovations in Politics and Military Power*, Strategic and Defence Studies Centre, Research School of Pacific and Asian Studies, Canberra, Australian National University, 1997.

George T. Crane & Abia Amawied, *The Theoretical Evolution of International Political Economy*, London: Oxford University Press, 1997.

James R. Lilley and Chuck Downs, eds., *Crisis in the Taiwan Strait*, Washington, D. C.: National Defense University Press, 1997.

Jed Babbin & Edward Timperlake, *Showdown: Why China Wants War With the United States*, N. Y.: Regnery Publishing, Inc., 2006.

Jeffery A. Friedend & David A. lake, *International Political Economy: Respective on Global Power and Wealth*, (St. Martin's Press, 1991).

John J. Tkacik, Jr., *Rethinking "One Chin."*, Washington D. C.: The Heritage Foundation, 2004.

John W. Garver, *Face Off: China, the United States, and Taiwan's Democratization*, Seattle: University of Washington Press, 1997.

Martin L. Lasater, *Policy in Evolution: the U. S. Role in China's reunification*, Boulder, Colorado: Westview Press, 1989.

Michael Swaine, Andrew Yang etc. des, *Assessing the Threat: the Chinese Military and Taiwan's Security*, Washington DC: Carnegie Endowment for International Peace, 2007.

Michael Swaine, Tuosheng Zhang, Danielle Cohen, *Managing Sino-American Crises: Case Studies and Analysis*, Washington DC: Carnegie Endowment for International Peace, 2006.

Michael S. Chase, Kevin L. Pollpeter, James C. Mulvenon, *Shanghaied? The Economic and Political Implications of Information of the Flow of Information Technology and* Investment Across the Taiwan Strait, Arlington: Rand Corporation, 2004.

Naughton, Barry. ed., *The China Circle: Economics and Technology in the PRC, Taiwan, and Hong Kong*, Washington, D. C.: Brookings Institution Press, 1997.

Richard C. Bush III, Untying the Knot *Making Peace in the Taiwan Strait*, Washington, D. C.: Brookings Institution Press, 2005.

Robert G. Sutter, *Chinese Policy Priorities and Their Implications for the United States*, WashingtonD. C.: United States of America Press, 2001.

Robert S. Ross & Alastair Iain Johnston, *New Directions in the Study of China's Foreign Policy*, PaloAlto, CA: Stanford University Press, 2006.

Ted Galen Carpenter, *America's Coming War with China: a Collision Course over Taiwan*, N. Y.: Palgrave Macmillan, 2006

## 三、期刊论文

1. 大陆期刊

鲍晓华:《台湾“产业空洞化”的检验——兼与台湾学者谢宽裕商榷》,《世界经济研究》, 2002 年第 4 期,

曹小衡:《海峡经贸政策、经贸关系现状与前景研究》,《台湾研究》, 2008 年第 3 期。

常欣欣:《和平与经济相互依赖关系的理论考察》,《北京行政学院学报》, 2001 年第 5 期。

陈动:《也谈主权理论及在台湾问题上的应用》,《台湾研究集刊》, 2003 年第 1 期。

陈刚:《经济全球化与相互依赖》,《外交学院学报》, 2000 年第 2 期。

陈丽明、张冠华:《新形势下加强两岸产业交流与合作的思考与探索》,《台湾研究》, 2009 年第 3 期。

陈雯:《中国——东盟自由贸易区对台湾地区经济的影响》,《国际贸易问题》, 2006 年第 8 期。

华晓红、赵旭梅:《对祖国大陆与台湾地区经济依存关系的分析》,《国际贸易问题》, 2005 年第 4 期。

黄嘉树:《两岸和平问题研究》,《教学与研究》, 2007 年第 7 期。

邝艳湘:《经济互赖与国际和平》,《外交评论》, 2007 年第 1 期。

邝艳湘:《和平还是冲突:经济相互依赖的政治后果》,《国际论坛》, 2007 年第 3 期。

李非:《两岸加入世界贸易组织对台商投资的影响》,《厦门大学学报(哲学社会科学版)》, 2002 年第 4 期。

李非:《台湾高科技产业与两岸产业合作趋势》,《厦门大学学报(哲学社会科学版)》, 2003 年第 1 期。

李非、张玉冰:《至 2020 年台湾经济发展趋势与两岸关系》,《台湾研究集刊》, 2004 年第 2 期。

李非：《论台湾经济投入与产出的变化》，《台湾研究》，2004 年第 4 期。

李非：《建立"两岸共同市场"问题研究》，《台湾研究》，2005 年第 3 期。

李非：《当前海峡两岸贸易形势分析》，《厦门大学学报（哲学社会科学版）》，2007 年第 1 期。

李非、熊俊莉：《论两岸科技产业的分工与合作》，《台湾研究》，2007 年第 5 期。

李非：《海峡西岸经济区对台先行先试政策研究》，《福建师范大学学报（哲学社会科学版）》，2009 年第 6 期。

李鹏：《海峡两岸的利益冲突及对共同利益的寻求》，《台湾研究集刊》，2001 年第 3 期。

林媛媛：《关于海峡两岸自由贸易区目标模式的研究》，《国际贸易问题》，2003 年第 8 期。

刘国深：《两岸关系不稳定态与制度创新》，《台湾研究集刊》，2000 年第 3 期。

刘国深：《试析现阶段两岸关系》，《台湾研究集刊》，2003 年第 2 期。

刘国深：《两岸关系和平发展新课题浅析》，《台湾研究集刊》，2008 年第 4 期。

刘国深：《试论和平发展背景下的两岸共同治理》，《台湾研究集刊》，2009 年第 4 期。

刘震涛、王花蕾：《关于两岸特色经济合作机制目标探讨》，《国际经济评论》，2009 年 9 – 10 期。

门洪华：《国际机制的有效性与局限性》，《美国研究》，2001 年第 4 期。

潘文卿、李子奈：《祖国大陆经济对台商投资的依存研究：一个基于联接模型的分析》，《世界经济》，2001 年第 10 期。

邱芝：《论欧洲一体化进程中集体认同的建构》，《世界经济与政治论坛》，2007 年第 4 期。

盛九元：《建立两岸经济合作机制的方式与途径研究》，《世界经济与政治论坛》，2009 年第 4 期。

石正方、刘严毅：《海峡经济区区域治理管见》，《台湾研究集刊》，

2007 年第 4 期。

沈丹阳：《海峡两岸贸易不平衡的现状、成因与可能的发展趋势》，《外贸调研》，2004 年第 19 期。

孙宁华、洪银兴：《新时期的两岸经贸关系：互补性、障碍和机遇》，《南京大学学报（哲学、人文科学、社会科学）》，2001 年第 3 期。

唐永红：《当前两岸制度性经济一体化的经济可行性考察》，《台湾研究集刊》，2007 年第 1 期。

唐永红、邓利娟：《当前两岸经济合作机制创新的空间与路径》，《台湾研究》，2005 年第 6 期。

王建民：《两岸经贸关系发展的不对称性分析及思考》，《台湾研究》，2004 年第 5 期。

王茹：《两岸命运共同体与两岸公共生活的建构》，《台湾研究集刊》，2006 年第 3 期。

许世铨：《东亚区域经济合作及对两岸关系的影响》，《台湾研究》，2002 年第 2 期。

殷存毅、卓凯：《东亚经济格局与两岸经济关系》，《台湾研究》，2006 年第 3 期。

于津平：《中国与东亚主要国家和地区间比较优势与贸易互补性》，《世界经济》，2003 年第 5 期。

于万里：《相互依赖研究评述》，《欧洲研究》，2003 年第 4 期。

于军：《相互依赖与国际冲突》，《国际政治研究》，2003 年第 3 期。

张冠华：《台商大陆投资对两岸贸易影响分析》，《台湾研究》，2003 年第 4 期。

张冠华：《两岸经济关系发展及其政经影响》，《台湾研究》，2005 年第 2 期。

曾华群：《论内地与香港 CEPA 之性质》，《厦门大学学报（哲学社会科学版）》，2004 年第 6 期。

周志怀：《论海峡两岸经贸关系的制度化安排》，《台湾研究》，2002 年第 2 期。

庄宗明：《“两岸共同市场”：理念架构及其现实意义》，《国际经济合作》，2006 年第 1 期。

2. 台湾期刊

蔡宏明：《CEPA 与两岸经贸合作机制》，《贸易政策论丛》，2004 年第 9 期。

蔡宏明：《台湾经贸发展对两岸经贸互动之影响》，《远景基金会季刊》，2006 年第 2 期。

蔡学仪：《全球化与两岸经济发展》，《展望与探索》，2005 年第 1 期。

蔡毓芳：《两岸经贸依存的迷思与展望》，《台湾经济研究月刊》，2005 年第 2 期。

陈丽瑛：《面对国际、两岸及台湾制约因素的两岸经贸关系》，《经济前瞻》，2006 年总第 107 期。

陈陆辉、耿曙、涂萍兰、黄冠博：《理性自利或感性认同？影响台湾民众两岸经贸立场因素的分析》，《东吴政治学报》，2009 年第 2 期。

陈明通：《台湾的“宪政改造”与两岸关系》，台湾《“国家”发展研究》，2005 年第 1 期。

陈添枝：《全球化与两岸经济关系》，台湾《经济论文丛刊》，2003 年第 3 期。

邓岱贤：《两岸签署综合性经济合作协议之研究》，《中华战略学刊》，2008 年秋季号。

傅丰诚：《两岸经贸政策共识难成之因》，《经济前瞻》，2006 年总第 104 期。

高长：《两岸经贸发展趋势与因应对策剖析》，《理论与政策》，1997 年第 4 期。

高长、王正旭：《两岸关系的回顾、新情势与前瞻》，《远景基金会季刊》，2008 年第 3 期。

高长、蔡依帆：《两岸双边贸易、投资与产业分工发展趋势》，《经济情势暨评论》，2006 年第 3 期。

高孔廉：《由两岸经贸政策看台湾经济出路》，台湾《经济前瞻》，2003 年第 3 期。

耿曙、陈陆辉：《两岸经贸互动与台湾政治版图：南北区块差异的推手?》，《问题与研究》，2003 年第 6 期。

黄镇台：《全球化下的两岸经贸政策与台湾竞争力》，《国家政策论坛》，2001 年第 6 期。

洪财隆：《两岸经贸关系的拓展与正常化》，《台湾经济研究月刊》，2008 年第第 4 期。

李允杰：《两岸新形势下签署双向投资保障协议之分析》，《展望与探索》，2009 年第 2 期。

练有为：《两岸经贸与知识经济对台湾产业结构的影响》，《台湾银行季刊》，2008 年第 2 期。

练有为：《两岸经贸政策对产业之影响——从台湾股市反应评估》，《台湾银行季刊》，2007 年第 2 期。

廖舜右：《WTO 架构下两岸经贸合作的可行性》，《台湾经济研究月刊》，2009 年第 1 期。

列嘉祺：《两岸经贸发展：台湾被边缘化或整合?》，《展望与探索》，2003 年第 3 期。

林祖嘉：《两岸经贸发展对台湾产业调整之影响：产业升级与边缘化之争议》，《“国家”政策论坛》，2003 年第 7 期。

林灼荣：《WTO 架构下两岸经贸关系之展望》，《台湾经济研究月刊》，2002 年第 8 期。

林琮盛、耿曙：《从“安全”与“利益”的两难中解套：再思两岸关系中的市场力量》，《远景基金会季刊》，2005 年第 4 期。

刘祥熹、蔡秀卿：《两岸经贸互动关系与经济整合性之研究》，《绩效与策略研究》，2005 年第 1 期。

刘祥熹、陈嘉福：《两岸经贸政策演变及贸易与投资之互动关系》，《华人经济研究》，2005 年第 1 期。

邱垂正：《两岸非正常化经济整合关系之省思与挑战》，《展望与探索》，2005 年第 11 期。

邱秀锦：《台湾经济对大陆经济依赖程度与可能影响》，《台湾经济金融月刊》，2001 年第 9 期。

邵宗海：《从两岸关系的变迁探讨两岸关系的定位》，《远景基金会季刊》，2003 年第 4 期。

孙震：《东亚区域经济发展与两岸经贸关系》，《永丰金融季刊》，2008 年第 9 期。

唐彦博：《两岸经贸发展趋势与展望》，《展望与探索》，2007 年第 4 期。

滕人杰：《两岸经贸互动对“国内”制造业就业市场之影响》，《台湾经济研究月刊》，2004 年第 27 卷第 8 期。

童振源：《台湾与“中国”经贸关系——经济与安全的交易》，《远景基金会季刊》，2000 年第 1 卷第 2 期。

童振源：《评陈水扁经济安全发展战略的两岸经贸政策》，《经济前瞻》，2000 年总第 68 期。

童振源：《两岸经济全球分工与互赖》，《经济情势暨评论》，2001 年第 3 期。

童振源：《两岸经济整合与台湾的“国家安全”顾虑》，《远景基金会季刊》，2003 年第 4 卷第 3 期。

吴秉叡：《技术外溢传递机制之研究——探讨“我国”技术管制对两岸经贸之影响》，《台湾银行季刊》，2009 年第 3 期。

吴金城：《特殊的两岸经济相互依赖关系与意涵》，《东亚论坛季刊》，2009 年第 3 期。

吴瑟致：《中国大陆经济崛起与台湾因应策略之研究》，《竞争力评论》，2005 年第 7 期。

夏乐生：《台商赴大陆投资现况及其对台湾经济之影响》，《展望与探索》，2004 年第 4 期。

徐淑敏：《互赖理论中“敏感性与脆弱性”概念应用于两岸互动关系的操作化分析》，《远景基金会季刊》，2004 年 4 期。

许振明：《台湾的两岸经贸政策及两岸经济合作之分析》，《国家政策论坛》，2004 年春季号。

杨仕乐：《中国威胁？经济互赖与中国大陆的武力使用》，《东亚研究》，2004 年第 2 期。

张弘远：《策略性依赖下的两岸经贸互动：一个简单贸易政策模型的分析》，《展望与探索》，2003 年第 11 期。

郑竹园：《从世界经济大势看两岸经贸关系》，《中华战略学刊》，2004年冬季号。

## 四、网站资料

中华人民共和国中央人民政府网站，http：//www. gov. cn/。

国务院台湾事务办公室网站，http：//www. gwytb. gov. cn/。

中华人民共和国外交部网站，http：//www. mfa. gov. cn/chn/。

全国台湾研究会网站，http：//tyh. chinataiwan. org/。

中国台湾网，http：//www. chinataiwan. org/。

华夏经纬网，http：//www. huaxia. com/。

人民网海峡两岸，http：//tw. people. com. cn/GB/index. html。

新华网台湾频道，http：//www. xinhuanet. com/tw/。

央视网海峡两岸，http：//www. cctv. com/taiwan/special/hxla/hxlasy/index. shtml。

（台湾）“中华民国总统府”网站，http：// www. president. gov. tw/。

（台湾）“行政院大陆委员会”网站，http：//www. mac. org. tw/。

（台湾）海峡交流基金会网站，http：//www. sef. org. tw/。

（台湾）“国家政策研究基金会”网站，http：//www. npf. org. tw/。

（台湾）“台湾智库”网站，http：//www. taiwanthinktank. org/。

（台湾）远见杂志民调中心网站，http：//www. gvm. com. tw/gvsrc/index. asp。

（台湾）中国国民党全球资讯网：http：//www. *km*t. org. tw/。

（台湾）民主进步党全球资讯网：http：//www. dpp. org. tw/。

（美国）国务院网站，http：//www. state. gov/。

（美国）传统基金会网站，http：//www. heritage. org/。

（美国）企业研究院网站，http：//www. aei. org/。

（美国）布鲁金斯研究院网站，http：//www. brookings. edu/。

（美国）战略与国际研究中心网站，http：//www. csis. org/index. php。

（美国）卡内基国际和平基金会网站，http：//www. carnegieendowment. org/。

# 后　记

本书是我所承担的2007年度教育部人文社会科学研究一般项目“两岸经济相互依赖之效应研究”（项目批准号：07JAGAT001）的最终研究成果，也是我博士论文课题研究的延续和深化。此书的出版恰逢厦门大学台湾研究院成立三十周年之际，也谨以此书献给长期以来支持和关心本院发展的各位同仁和朋友！

本书是我继《台海安全考察》和《海峡两岸关系析论——以和平发展为主题之研究》之后的第三本学术专著。实话实说，这本专著是最令我劳神费力的一本。从事这个课题的研究，对我来说是一个前所未有的挑战。我的专业研究领域是台湾政治与两岸关系，经济问题的研究并不是我的专长。当初决定报考本院区域经济学方向的博士研究生，一个重要的考虑是希望能够将经济研究与政治研究结合起来，更加全面系统地理解两岸关系的和平发展。但现在回过头来看，要做到这一点的确不容易。

本书能够付梓，首先要感谢我的博士生导师李非教授，他不仅有高深的学术造诣和渊博的知识，更有着独特的人格魅力。几年来，我不仅从他那里学到了很多让我终生受益的真知灼见，而且他对学术研究的认真和执着精神，他虚怀若谷、谦逊随和的为人之道，都将对我今后的学术之路产生重要影响。

我同样要感谢厦门大学台湾研究院的各位领导和老师多年来对我的包容、教诲和提携。除了刘国深、陈孔立、张文生、林劲、孙云、张敦财、陈先才、唐桦、沈惠平等政治学科的老师外，我也要特别感谢邓利娟、石正方、唐永红、赵玉榕、彭莉、王华、王勇等经济学科的老师，以及游泽民、邓孔昭、洪碧珍、叶宏明、张华姿、陈冬妮、陈宇华、陈荣华等各位同事，他们都直接或间接地对本书的写作提供过帮助。

本书的出版还得到九州出版社的大力支持，从交稿到出版，只有短短几个月的时间，出版社的领导和编辑付出的辛劳可想而知，在此同样表示诚挚的谢意。

每一本书的出版自然离不开要感谢家人。我的太太姚静可称得上是一位贤妻良母，她承担了绝大部分家务和照顾幼小女儿的重担，非常辛苦。在本书写作的过程中，正在呀呀学语的女儿沐蹊经常过来问：“爸爸，你在干什么呀?”我回答：“爸爸在写书”，她又问“写书是要干什么呀?”我一时哑然。稚嫩问题的背后往往潜藏着深刻的道理。培根说，书是思想的航船。作为学术著作，写书的目的当然不是为了赚钱，也不仅仅只是为了应付评职称，而更重要的是要实现一种思想上的满足感，追求一种学术上的成就感。因此，我时刻提醒自己，写这本书，不仅要对得起读者，更要对得起自己的学术良知，这便成为我在懈惰时的一种动力 。

两岸政治经济关系是一个复杂、敏感又处于动态变化中的研究课题，在本书写作的几年时间里，随着形势的变化，我不断地更新调整研究资料，以便体现时效性。随着本书的出版，选用研究资料只能截止到2010年3月底。倘若今后还有再版的机会，我定会根据形势的最新发展加以补充修订。

本书的某些问题在我2009年9月刚刚出版的《海峡两岸关系析论》中已经进行过探讨，为了体现研究思路的连贯性，本书的写作过程中也选取了《析论》中的部分内容，并在此基础上做了延伸性的阐述。因此，本书中的少数几个段落可能会与《析论》中有所雷同，也希望得到广大读者的理解和谅解。

由于本人才疏学浅，工作和生活日益忙碌，写作本书的过程中不断遭受疲态和惰性的侵扰，本书之研究难免会有疏漏，敬请广大读者海涵指正，将不胜感激！

李 鹏

2010年3月于石泉路寓所